梁启超新闻学文集

武汉大学新闻与传播学院资助出版

『晚清媒介形态史研究』之阶段性成果

周光明　贾梦梦　编

WUHAN UNIVERSITY PRESS

武汉大学出版社

图书在版编目(CIP)数据

梁启超新闻学文集/周光明,贾梦梦编.—武汉:武汉大学出版社,
2023.10

ISBN 978-7-307-23980-7

Ⅰ.梁… Ⅱ.①周… ②贾… Ⅲ.梁启超(1873-1929)—新闻学—文集 Ⅳ.①B259.11-53 ②G210-53

中国国家版本馆 CIP 数据核字(2023)第 171469 号

责任编辑:徐胡乡 责任校对:汪欣怡 版式设计:韩闻锦

出版发行:**武汉大学出版社** (430072 武昌 珞珈山)
(电子邮箱:cbs22@whu.edu.cn 网址:www.wdp.com.cn)
印刷:武汉邮科印务有限公司
开本:720×1000 1/16 印张:20 字数:251 千字 插页:1
版次:2023 年 10 月第 1 版 2023 年 10 月第 1 次印刷
ISBN 978-7-307-23980-7 定价:72.00 元

版权所有,不得翻印;凡购我社的图书,如有质量问题,请与当地图书销售部门联系调换。

目　　录

前言：报人梁启超

梁启超（1873—1929）是中国近代新知识体系的主要奠基人之一，百科全书式的大学者，著名的启蒙思想家，清末民初舆论界的"天之骄子"，中国近代报界的杰出代表。胡适先生对清末民初的过渡时代曾如此评价道："二十五年来，只有三个杂志可以代表三个时代，可以说是创造了三个新时代，一是《时务报》，一是《新民丛报》，一是《新青年》。"①梁启超独占其二。新闻史家称梁启超"是我国报业史上最伟大的报人之一"②、"堪称中国报界第一人"。③

梁启超的报刊活动始于 1895 年的《万国公报》。当年 8 月，梁氏奉其师康有为之命，与同门麦孟华一起办理该报。《万国公报》后改名《中外纪闻》，仍为双日刊，但后者是京师强学会的机关报。1896年 8 月，与黄遵宪、汪康年等人创办上海《时务报》，23 岁的梁启超出任该报的总撰述，发表著名的长篇政论文章《变法通议》，连载 21期。1897 年 2 月，参与创办澳门《知新报》（该报初拟名"广时务报"），兼任撰述，发表《知新报叙例》。同年，梁启超还先后为《农学报》《萃报》《会报》《蒙学报》及《演义报》作序。

---

① 《胡适之的来信》，《努力周报》第 75 期，1923 年 10 月 21 日。
② 朱传誉：《报人·报史·报学》，台北：台湾商务印书馆 1985 年版，第 28 页。
③ 赖光临：《中国近代报人与报业》（上册），台北：台湾商务印书馆 1987 年版，第 264 页。

1898 年 12 月，梁启超在日本横滨创办《清议报》，旬刊。1901 年 12 月因火灾停刊，共出 100 期。① 1902 年 2 月，在横滨续办《新民丛报》，该报后采用股份制，梁氏占六股之中的二股。1907 年 11 月停刊，共出 96 期。② 其间，梁启超创办了《新小说》(1902 年 11 月)，为《新民丛报》的姊妹刊，随《丛报》一同寄售。梁氏在该刊发表政治小说《新中国未来记》，预言十年后新中国(大中华民主国)当成立。他还参与创办康党在内地的第一份党报——《时报》(1904 年 6 月)，发表《上海〈时报〉缘起》。

1907 年 2 月，创办《学报》，执行主编何擎一为梁氏弟子。同年 10 月，又创办《政论》，月刊，为政闻社机关报。因鼓吹立宪，笔名"宪民"。1908 年 8 月，清廷查禁政闻社，遂停刊，共出 7 期。1910 年 2 月，在上海创办《国风报》，旬刊。以何国桢为编辑兼发行人，梁启超居日本遥领，同门汤觉顿、麦孟华协助。1911 年 8 月停刊，共出 52 期。

梁启超在清末还有几份报刊拟办而未办成的，略举如下。1902 年秋，梁氏致信黄遵宪，提出创办《国学报》，以保存国粹为宗旨。因黄氏持有异议，未果。1906 年冬，梁氏致信其师康有为，说要集资创办《北京报》，后因另组政闻社而中止。1908 年，梁氏酝酿在武汉办一大型日报，认为三镇居天下之中，乃兵家必争之地。报名初拟为《江汉公报》或《大江日报》，因故未果。1911 年，梁氏又准备在

① 严格地说，《清议报》最终出了 102 期。它的《本馆告白》说："本报向章每年三十三册，今年本自七十册起，出至一百零二册止，乃为足数。兹因举行一百号大祝典，特别增加叶数，是以一百零一、零二两册，亦一齐归并在内，叶数尚加两倍。"《清议报》(全六册)，北京：中华书局 2006 年版，第 6481 页。

② "停刊号第 96 号的出版日期写的是 1907 年 11 月 20 日，但其实是在次年 1 月左右出的。"参见[日]狭间直树著，高莹莹译：《梁启超：东亚文明史的转换》，北京：北京大学出版社 2021 年版，第 175 页。

国内开设两大报馆，以 7 万元办沪报，以 3 万元办京报。后因梁氏赴台筹款落空而中止。

1912 年 10 月梁启超归国，12 月在天津创办《庸言》，欲为北京新政府建言献策。吴贯因、黄远庸先后担任执行主编，共出 30 期。1915 年 1 月，主持中华书局的《大中华》杂志，月刊，共出 21 期。《异哉所谓国体问题者》一文发表在第 8 期。顺便说一句，此文先发表于北京的英文报纸《京报》(Peking Gazette)。① 这份《京报》1914 年 12 月增设汉文部，梁启超为此特撰祝辞。

1916 年 8 月，梁启超参与创办《晨报》。该报虽为进步党人的机关报，但副刊办得很活泼，在五四新文化运动中，其影响似不在《新青年》之下。梁氏与《时事新报》关系颇深。1917—1927 年，该报为梁派在南方的有力喉舌，其副刊《学灯》也是五四时期的著名副刊。1919 年 9 月，又在上海创办《解放与改造》。1920 年春，梁氏欧游归来，改刊名为《改造》，由半月刊变为月刊，至 1922 年 9 月停刊。

梁启超在 1910 至 1920 年代，还为多份刊物作序或发刊词，略举如下：《法政杂志》(1911 年 3 月)、《盐政杂志》(1912 年 12 月)、《中华警察协会杂志》(1913 年 1 月)、《大中华》杂志(1915 年 1 月)、《新太平洋》(1920 年 11 月)、《平民教育》(1922 年 3 月)、《经济界》(《晨报》增刊，1923 年 5 月)、《图书馆学季刊》(1925 年 12 月)、《司法储才馆季刊》(1927 年 3 月)。

梁启超的报刊活动长达 30 多年，主持、协助及参与的报刊多达几十种，毫无疑问，他是清末民初中国报界的风云人物。他开创了中国近代政治家办报的先河。

---

① 1915 年 9 月 3 日刊于《京报》，1915 年 9 月 8 日刊于《大中华》第 8 期(原定 8 月 20 日出版，因故延期)。参见李德芳：《梁启超〈异哉〉一文的公开发表问题》，《近代史研究》，1998 年第 3 期。

有学者认为，"乙未三报"标志着近代政治家开始步入报坛。①
的确如此。康、梁在乙未年(1895年)先后于京沪两地创办《万国公
报》《中外纪闻》及《强学报》，这是他们基于维新变法事业的一项重
大部署：先中央，后地方。选择京师的王公大臣为第一批读者，推
出顶层设计，自上而下发动变法；同时看中了上海这一"南北士大夫
走集之所"，并游说南方诸侯，以策应之。其基本思路是，为了变法
就要开风气(形成有利于变法的舆论态势)，为了开风气就要合大群
(进行社会动员)，为了合大群就要开会(开办学会)，为了开会就要
办报。由此可以简化为：办报——开会——合大群——开风气——
变法。办报是手段，是工具。一言以蔽之，其新闻事业是其政治事
业的一部分，是为其政治事业服务的。

政治家办报偏好组织传播(Organizational Communication)，因此
他们多办机关报，"乙未三报"就有两份是机关报：《中外纪闻》为京
师强学会的机关报，《强学报》为上海强学会的机关报。如果他们办
的不是机关报，要么当时条件不成熟，要么正在朝着机关报努力。
1898年夏秋间的《时务报》内讧事件可作如是观。一般来说，此种报
刊的组织传播成分与其大众传播成分为反比例关系。

梁启超眼中的机关报是个政治机关，它绝非上海望平街上的那
些一般报馆可比，后者几乎可视为一家家的临街店铺，而前者则以
经营天下为志。所以，这种机关报兼具学校、学会甚至议院的性质，
是寓校于报、寓会于报的。在《中外纪闻》《强学报》中，我们可以看
到乡校的影子。而在《清议报》中，仿佛有一群东林党人集体复活。

最初，这种机关报就是清议机关(可以想象成御史台之类的机
构)，他们拾遗补缺，或建言献策，总在现行体制中寻找着自己的位

① 马光仁主编：《上海新闻史(1850—1949)》，上海：复旦大学出版社1996年
版，第109页。

置。政论是梁启超的拿手好戏，这不仅因为他才华横溢，思想敏锐，也是他一贯热衷国事，职分之所在。梁启超的政论文章带有很浓厚的策士气，《变法通议》提出了中国改革的全盘计划，但要见诸实效，还得细化为一份份的奏折。

清议息而干戈至。流亡海外的梁启超在横滨所办的《清议报》仅存"清议"之名，他的报馆一度成了革命机关。他痛批慈禧政府，也意味着报馆在旧制度中已无所附丽。他的报馆不仅不再是朝廷的耳目喉舌，甚至还跃升在政府之上，俨然乃父乃兄一般。《新民丛报》时代，向导国民，成为报刊宣传的主要内容，他也正是在批判国民性的过程中成为"舆论之母"的。而同时，他及他的报馆与"不解事"的祖国政府则渐行渐远。如果不是内地立宪运动的兴起，久居海外的他都快忘了写奏折一事。

梁启超擅长办杂志。虽然在清末那个特殊时期，报刊尚未完全分化，但他所办的报多为刊，也是不争的事实。这里所说的刊，指旬刊、半月刊和月刊，梁启超习惯称之为丛报，而杂志(ざっし)，他认为是日本新名词。与报纸相比，杂志更适合刊载具有解释性、忠告性的文章，这为政论家梁启超提供了绝佳的用武之地。通论专论，长短不拘，长的可以连载若干期，短的则可以是一两个自然段。相对来说，他不大擅长于做新闻。在各种新闻报道中，他较关注时政要闻，其他新闻类型则兴味索然，对社会新闻更是鄙视。虽然他往往自称"记者"，但这个记者应理解为"编者"。①

总而言之，梁启超办报的兴趣来自他的政治热情。他一生未曾忘怀政治，所以他的办报活动也是一以贯之的。民初那几年，他进

---

① 参见周光明、唐宇：《"记者"的前身与本身：晚清新闻从业者职业称谓之演变》，《新闻与传播评论》，2018年第5期。周光明、朱婉玲：《中日文化交流视域下的"记者"称谓研究》，《新闻与传播评论》，2019年第6期。

可入阁，退可办报，基本实现了他在《时务报》时代所美慕的理想模式——"怀才抱德之士，有昨为主笔而今作执政者，亦有朝罢枢府而夕进报馆者。其主张国是，每与政府通声气。"大概自1917年年底梁派遭受安福系排挤之后，形式上他退出了政坛，对实际的政治生活热情明显下降了，他的办报活动也明显减少了，但也只是减少而已。

报人梁启超还给我们留下了丰富的报刊思想，可以说，他是中国前新闻学时代报刊思想的集大成者。在清季民初的报界，有比他从业时间更长的，也有比他更专心的，何以就他一人的报刊思想会如此丰富？因为梁启超本质上是一位学者。他善于从经验中提炼知识，他创造了很多的新概念、新术语，提出了很多重要的观点或命题。他不仅喜欢对自己的报刊活动作阶段性的总结，而且对自己在思想史上的地位有着很好的自觉。以下就其报刊思想的主要方面稍作展开说明。

一、耳目喉舌论。一般认为，当代主流媒介观的耳目喉舌论源于梁启超。梁氏认为报馆是国家的耳目喉舌，其主体是国家，其实最初仅指朝廷。若以朝廷耳目喉舌而论，则古已有之，北宋的都进奏院即是这种"出纳王命"的官报馆。其所针对的政治沟通上的问题，也是几千年来中国政治的老问题，但梁启超将其置于"全球村"的语境之中，旧的天下观转换成新的国际观，当然新增的"中外不通"仍可归诸"上下不通"。稍后，这个朝廷为国家所取代，同时臣民也为国民所取代。《时务报》创办后仅过两年时间，《清议报》就定位于"国民之耳目、维新之喉舌"。表面上看，梁启超将耳目与喉舌并列，实则他的重点放在喉舌功能上，这也是政治家办报的宣传本位的必然要求。

二、二大天职论。梁启超认为报馆有两大天职，一是监督政府，二是向导国民。为何要监督政府？因为"世非天平，人性固不能尽善"。虽然这一观点还带着"三世循环说"（它假设"太平世"的人性水平近乎神性）的烙印，但他从人性的弱点出发，是很有见地的。权力为何会造成腐败，因为所有的掌权者均不能幸免那些人性之恶。而从政治逻辑上讲，有效的媒体监督，既不能使报馆处于被监督者之中，更不能处于被监督者之下。报馆至少应是政府的"对待者"、旁观者。这种监督就是我们今天说的舆论监督，梁氏当时称之为名誉监督，与法律监督、宗教监督三足鼎立。报馆居于政府与国民之间，对政府如父兄之教子弟，对国民如孝子之侍双亲，政府地位何其低也！在两大天职中，监督政府是首位，属当务之急，而向导国民则须从长计议。一旦孺子不可教也，则不得不把主要精力放在《新民说》上。

三、党报观。"党报"概念系梁启超首创。在《清议报一百册祝辞》中，"党报"由"一党之报""一党报"而来，昭然可见。他把报刊分为四种：一人之报、一党之报、一国之报、世界之报。对照自己的报刊史，他认为，《时务报》《知新报》仅在一人报与一党报之间，现在的《清议报》已在一党报与一国报之间，预示着未来的《新民丛报》将在一国报与世界报之间。梁氏的这一报刊分类标准今天已经弃用，但其中蕴含的某些思想并未过时。由于四种报刊是递进的关系，也就是说，在梁启超看来，党报并不是最好的报刊类型，甚至还谈不上是较好的类型。对于一位热衷于机关报的党报编辑来说，这种观点真是难能可贵！实际上，梁氏早就对报刊的党派性有着清醒的认识，比如他希望《新民丛报》"一以国民公利公益为目的，持论务极公平，不偏于一党派"；他也希望《时报》"论说以公为主，不偏徇一党之意见"。

四、新闻自由观。梁启超未曾使用"新闻自由""报章自由"或"报馆自由"，但他在中国近代新闻自由观念史上仍然具有非常重要的地位。他是近代早期自由主义的主要代表人物①。1899—1903 年，梁启超比较系统地译介了西方的自由主义思想。他发现中文"自由"稍有语病，易以"自主""自治"似较妥。② 他认为，自由的对立面不是压力、限制，而是奴隶性（或奴性）。他创造的"文明自由""野蛮自由""真自由""伪自由""全自由""偏自由""自由之德""自由之俗"等一系列词汇，至今仍然适用。他对"思想自由""言论自由""出版自由"尤为致力宣传，后两项与"新闻自由"已十分接近了。在清末民初，新闻自由可以理解为报刊（或报馆）的言论自由和出版自由。

五、舆论观。梁启超说：舆论是"多数人意见之公表于外者也"。这已经非常接近今天的舆论定义。他区分了消极舆情与积极舆论或健全舆论，它们不仅在形态上有别，也在体制上有别，后者对应于立宪政治。他对舆论领袖在舆论形成过程中的作用颇多感慨，于是就有了"舆论之敌""舆论之母"与"舆论之仆"的身份转换。他对造舆论很有心得，甚至总结出了一套"骇术"。他对舆论现象的复杂性（包括群众心理）认识深刻，他是最早一批读过《乌合之众》的中国学者之一。最后，他还概括了重要的舆论原则：五本、八德。某种意义上讲，梁启超也是中国近代舆论学的创始人。

梁启超的报刊思想是如此的丰富，那它在梁启超的整个思想体系中又处于一个什么样的位置呢？大致说来，他的报刊思想或新闻思想从属于他的舆论思想，而他的舆论思想又从属于他的政治思想。因此，理解他的报刊思想（除少数技术层面外），应该与理解他的舆论思想、政治思想同步进行。

---

① 有学者称其为"一个儒家自由主义者"。参见［美］黄宗智著，王圣译：《梁启超与近代中国自由主义》，西安：西北大学出版社 2023 年版，第 62 页。

② 梁启超：《上康有为书》，1900 年 4 月 29 日。汤志钧、汤仁泽编：《梁启超全集》（第十九集），北京：中国人民大学出版社 2018 年版，第 193-195 页。以下《梁启超全集》即专指汤氏父子所编，不再附加原编者姓名。

当然，梁启超的报刊思想有其独特性。严格地说，报刊思想与新闻思想在他那儿是有很大区别的。在报刊的四大板块(言论、新闻、副刊、广告)中，他非常重视报刊言论，而对新闻版块则不大用心，新闻在版面上处于相对次要的位置。在论及报章良否的四项标准时，"报事速而确"，被他放在最后一项，且语焉不详。当他阐发各种"报论"时(至少在民国之前)，他的论述重心在报馆(或报社)，而不在报刊(或报章)。也就是说，他更关注机构性媒体(Institutional Media)。这个机构(报馆)不能自成一体，它不过是更大的机构(国家或社会)中的一部分，或者说是"国家身体的延伸"。① 以国家的视角看，这个报馆与其称为媒体，还不如称为媒介。而报刊则纯属工具，它既不能与它所属的报馆相比，甚至也不能与它刊载的内容(政论)相比。

最后，我们要回答一个问题，即梁启超具有怎样的新闻学学科意识？他无疑是最早知道有所谓新闻学的那批人之一。1901 年年底，他在《清议报一百册祝辞》中引用了松本君平②歌颂报馆神奇作用的观点。此时，《新闻学》单行本已在日本出版两年多了。1903 年，此书的中译本才与中国读者见面。出乎意料的是，梁启超极少使用"新闻学"，直到晚年，他似乎又想起了新闻学。1922 年 4 月，他在北京女子高等师范学校发表演讲，认为女大学生适合学习四个专业：史学、会计学、图书馆管理学以及新闻学。1925 年 1 月，他为戈公振的《新闻学撮要》作序，鼓励这位《时报》资深编辑的学术研究。不过，《梁序》中并没使用"新闻学"，而用的是"报学"。其实，

---

① 黄旦：《报纸和报馆：考察中国报刊历史的视野——以戈公振和梁启超为例》，《学术月刊》，2020 年第 10 期。

② 松本君平(1870—1944)，日本静冈人，美国布朗大学文学博士，著有《新闻学》(博文馆版，1899 年)等。参见周光明、孙晓萌：《松本君平〈新闻学〉新探》，《新闻大学》，2011 年第 2 期。

日本近代的新闻学指的就是报学，所以戈公振的《中国报学史》(1927年)的日译本名为《支那新闻学史》(小林保，1943年)。假如我们要梁启超在"新闻学"与"报学"中二选其一的话，他选择"报学"的可能性会大一些。

众所周知，梁启超特别热衷于学科命名，但为何我们没见到他笔下的"报馆学""报章学""舆论学""宣传学"？我们猜测：一是因为中文"新闻学"(1901年)、"报学"(1904年)①已捷足先登，梁启超慢了一步。二是学理与术业两分。梁氏更看重新闻的术业层面，新闻术、新闻业的色彩会更重一些，也似乎更接近 Journalism 的本义。用他的话说，就是他"以宣传为业"，"以报馆为生涯"。三是政治学太强势了。他的新闻学只能算是政治学的下属学科，甚至是舆论学之下的三级学科。在梁启超时代，中国近代新闻学尚未最终确立。如果我们说梁启超的新闻学学科意识不强，这固然是事实，但已属苛责前贤了。本书名为"新闻学文集"，当然使用的是今天的学科标准。其内容既有传统新闻学的史论部分，又有新闻实务部分；还有大量涉及相邻学科的，如传播学、舆论学、宣传学等。梁启超驰骋报界30年，留下报刊作品近千万字，仅新闻学专文就多达数十篇，编辑这样一本《新闻学文集》，不亦宜乎！

编者

2023年6月于珞珈山

----

① 周光明、刘瑞：《"报学"与"新闻学"——近代新闻学两个学科用名的竞争》，《湖北大学学报(哲学社会科学版)》，2012年第4期。

一、上编(戊戌变法时期)

1. 报馆考略[*]

西国日报，德国有五百六十种，英国一百六十九种，法国一百二十八种，意大利一百零五种，比利时、荷兰二国共九十四种，其余各国共有二百五十种，合欧洲各国日报共计一千三百零六种，每一种均计七千张。美国日报九百六十二种，南美洲共一百十五种。

英京城伦敦计共报馆四百五十九所，伦敦统属之郡邑镇市计共报馆一千三百一十三所。总合英京本岛大小报馆一千七百七十二所。他如施哥兰^①诸处，计共报馆一百一十九所；爱尔兰等处，计共报馆一百六十六所；为力斯^②计共报馆一百零二所。又以外小岛计共报馆二十四所。至于此，各报馆有逐日出报者，有七日乃出一报者，有按月出一报者，更有历一季三月始出一报者。内日报馆计有一百九十二馆，并有讲求道学之报，合共四百五十六馆云。

泰西诸国之新闻报馆，何以能周悉各国近时情事而编诸报章，且语皆征实，初无模糊影响之失？厥故有二：一则各报馆中，延有名人分驻各国京师及诸大埠，侦探各国之用人行政、通商懋工一切庶务，分期告之馆中；一则凡在各海口之西税务司，遵照西例，所

    ＊ 刊于《万国公报》第 18 期，1895 年 9 月（本书所标注的出版时间皆为公历）。原文未署名。《梁启超全集》未收录。原刊为第 18 号，今改"号"为"期"，以下凡标"号""册""期"者，皆统称"期"，不再另作说明。

    ① 即苏格兰，Scotland。

    ② 即威尔士，Wales。

有彼处之大小事故，或一礼拜，或一月，或一季，必行开呈，报之本国。一年期满，又行汇总，详报一次。又驻各国各口之领事人员，无不将凡关系民生商务最要之举，按期报之本国。无论有事无事，必行遵例报明。又驻各国京都之钦使，遇有关涉各国之务，或大或小，亦皆按时开报。除此以外，又随所在之大制造厂、大商务局，或贸易货物，或买卖股份，亦须一一开报本国，即就诸所呈报，刊布清单，以供众览。故近而数千里、远而万里他国之事，有如目睹。而凡设报馆者，类皆有达官贵人为之主持，故所采列报中之事，无不即就税务司、领事钦使诸所呈报之事而撷择要件，公之同好。宜乎事皆确凿，不致有不实不尽，为识者所呵也。此西报之所由见重一时、为众所取信也。

《泰晤士》为伦敦第一大报馆，日售新闻纸七万份，每份四纸，价值三边士，约中国钱二十文，计每日入纸价洋银四千三百七十五元。周年除礼拜五十二日停工外，实共入洋银一百三十六万九千三百六十五元。有大机器六具，每具值银一万五千元。总轮机力抵马二百五十匹，一日可出数十万张，其所售七万余份，以一点钟印讫。所用仅司字模者二人，司机器者六人而已。《泰晤士》之外，美国滴森报馆，亦有机器六具，日出报以十万纸计。

日本外国新报云，日人近议设一大报馆，仿英泰晤士报馆例，一以西文从事，盖欲自居于万国之中也。合本银计共二十万洋元，有五分之三已有有爵位之富人承当，以六年为期。①

古者采诗以观民风，诵诗而知国政，专立太师之官，以主其事。盖诗者即今之新报也。上自政教，下而风俗，无不备陈。虽大经孔

---

① 关于当时国外报业的发展情况，作者在此可能借用了哪些文献，读者可参见周伟驰：《康有为创办的北京〈万国公报〉各期内容及其来源》，《世界宗教研究》，2020年第1期。

子删削，而蛰氓抱布，寡妇握粟，庶士感慨，淫巫野舞，驱狼从猎，赠芍逸遊，琐琐具见。此如新报之录琐屑新闻也。其鹿鸣之谦臣，皇华之命使，车攻之金同，江汉之征伐，斯干之考室①，驹马②之畜牧，如新报之纪时事也。特古者创简弃难，故出以韵语，以便简约易传。若如汉后之有纸笔，宋后之有刻本，近今之有石印，自必推之弥详，不必限以韵语。太师派人采诗，如今之探事人也。每国皆有太师，古者万国是有万报馆也。故人君及士大夫可坐一室而知四海，其妇人女子亦识文字而习辞章，耳目洞达，恶慝③难作。宣上德而通下情，三代之治盖以此也。今外国自明末开设报馆，自本国人民风俗、外国军政国事及天文地理之新义、军械船舶之新样，一日新出，人人皆得知之，用此风行。上自国主，下自兵丁、妇女，无不乐观。故能下情无壅，邻敌互知，识见日广，人才日多，泰西富强盖以此也。

今言报馆之利益，约有数事：一、士夫可通中外之故，识见日广，人才日练，是曰广人才；二、公卿大臣耳目渐广，边事敌情渐熟，办事立约不至大误，是曰保疆土；三、士夫终日当差，余则酬酢，绝无暇日读书，有报则每日一张，各学皆有日日增长，是曰增学问。四、吏畏上闻，不敢作奸，是曰除舞弊。五、小民疾苦，纤细皆知，是曰达民隐。所谓一举而数善备也。

---

① 考室，宫寝落成之礼。典出《诗经》。
② 驹，音 jiōng，膘肥体壮。驹马，良马。典出《诗经》。
③ 慝，音 tè，邪念，罪恶。

2. 论报馆有益于国事*

觇①国之强弱，则于其通塞而已。血脉不通则病，学术不通则陋。道路不通，故秦、越之视肥瘠，漠不相关；言语不通，故闽、粤之与中原，邈若异域。惟国亦然：上下不通，故无宣德达情之效，而舞文之吏，因缘为奸；内外不通，故无知己知彼之能，而守旧之儒，乃鼓其舌。中国受侮数十年，坐此焉耳！

去塞求通，厥道非一，而报馆其导端也。无耳目，无喉舌，是曰废疾。今夫万国并立，犹比邻也，齐州以内，犹同室也。比邻之事，而吾不知，甚乃同室所为，不相闻问，则有耳目而无耳目；上有所措置，不能喻之民，下有所苦患，不能告之君，则有喉舌而无喉舌。其有助耳目喉舌之用，而起天下之废疾者，则报馆之为也。

报馆于古有征乎？古者太师陈诗以观民风，饥者歌其食，劳者歌其事，使乘轺轩以采访之，乡移于邑，邑移于国，国移于天子，犹民报也。公卿大夫，揄扬上德，论列政治，皇华命使，江汉纪勋，斯干考室，骊马畜牧，君以之告臣，上以之告下，犹官报也。又如

---

* 刊于《时务报》第1期，1896年8月9日。此文被置于篇首，相当于该报的发刊词。此文后曾编入《变法通议》：据研究，在《变法通议》第一次结集时（1898年7月）就已为作者编入。参见茅海建：《梁启超〈变法通议〉进呈本阅读报告》，《近代史研究》，2016年第6期。

① 觇，音 chān，窥视，考察。

诵训①掌道方志，以诏观事。掌道方慝，以诏辟忌，以知地俗；外史掌四方之志，达书名于四方；撢人②掌诵王志，道国之政事，以巡天下之邦国而语之。凡所以宣上德、通下情者，非徒纪述，兼有职掌，故人主可坐一室而知四海，士夫可诵三百而知国政。三代盛强，罔不由此。

西人之大报也，议院之言论纪焉，国用之会计纪焉，人数之生死纪焉，地理之险要纪焉，民业之盈绌纪焉，学会之程课纪焉，物产之品目纪焉，邻国之举动纪焉，兵力之增减纪焉，律法之改变纪焉，格致之新理纪焉，器艺之新制纪焉。其分报也，言政务者可阅官报，言地理者可阅地学报，言兵学者可阅水陆军报，言农务者可阅农学报，言商政者可阅商会报，言医学者可阅医报，言工务者可阅工程报，言格致者可阅各种天、算、声、光、化、电专门名家之报。有一学即有一报，其某学得一新义，即某报多一新闻。体繁者证以图，事赜者列为表。朝登一纸，夕布万邦。是故任事者无阂隔蒙昧之忧，言学者得观善濯磨之益。犹恐文义太赜，不能尽人而解，故有妇女报，有孩孺报。其出报也，或季报，或月报，或半月报，或旬报，或七日报，或五日报，或三日报，或两日报，或每日报，或半日报。国家之保护报馆如鸟鬻③子；士民之嗜阅报章如蛾附膻。阅报愈多者，其人愈智，报馆愈多者，其国愈强，曰：惟通之故。

其益于国事如此，故怀才抱德之士，有昨为主笔而今作执政者，亦有朝罢枢府，而夕进报馆者。其主张国是，每与政府通声气。如俄土之争战，德、奥、意之联盟，五洲之人，莫不仰首企足以观《泰晤士》之议论。文甫脱稿，电已飞驰，其重之又如此！然而英国、德

---

① 诵训，先秦职官名。
② 撢，音 dǎn。撢人，先秦职官名。
③ 鬻，音 yù，同"育"。

国、日本国，或于报馆有谗谤之律，有惩罚之条，则又何也？记载琐故，采访异闻，非齐东之野言，即秘辛之杂事，闭门而造，信口以谈，无补时艰，徒伤风化，其弊一也。军事敌情，记载不实，仅凭市虎之口，罔惩夕鸡之嫌，甚乃揣摩众情，臆造诡说，海外已成劫烬，纸上犹登捷书，荧惑听闻，贻误大局，其弊二也。臧否人物，论列近事，毁誉凭其恩怨，笔舌甚于刀兵，或飏颂权贵，为曳裾之阶梯，或指斥富豪，作苞苴之左券，行同无赖，义乖祥言，其弊三也。操觚发论，匪有本原，蹈袭陈言，剿撮途说，或乃才尽为忧，敷衍塞责，讨论轶闻，纪述游览，义无足取，言之无文，其弊四也。或有译录稍广，言论足观，删汰秽芜，颇知体要，而借阐宗风，不出郑志，虽有断章取义之益，未免歌诗不类之憾，其弊五也。具此诸端，斯义遂牿①，遂使海内一二自好之士，反视报馆为蟊贼，目报章为妖言，古义不行，良法致敝。呜呼！不其恫欤！

今设报于中国，而欲复西人之大观，其势则不能也。西国议院议定一事，布之于众，令报馆人入院珥②笔而录之；中国则讳莫如深，枢府举动，真相不知，无论外人也。西国人数、物产、民业、商册，日有记注，展卷粲然，录副印报，与众共悉；中国则夫家六畜，未有专司，州县亲民，于其所辖民物产业，末由周知，无论朝廷也。西人格致制造专门之业，官立学校，士立学会，讲求观摩，新法日出，故亟登报章，先睹为快；中国则稍讲此学之人，已如凤毛麟角，安有专精其业、神明其法而出新制也？坐此数故，则西报之长皆非吾之所能有也。

然则报之例当如何？曰：广译五洲近事，则阅者知全地大局与

---

① 牿，音 gù，同"梏"。
② 珥，音 ěr，原指把笔插在帽子上，以便随时记录。

其强盛弱亡之故，而不至夜郎自大，坐智①井以议天地矣；详录各省新政，则阅者知新法之实有利益，及任事人之艰难经画，与其宗旨所在，而阻挠者或希矣；博搜交涉要案，则阅者知国体不立受人嫚辱，律法不讲为人愚弄，可以奋厉新学，思洗前耻矣；旁载政治学艺要书，则阅者知一切实学源流门径，与其日新月异之迹，而不至抱八股八韵、考据词章之学，枵②然而自大矣。准此行之，待以岁月，风气渐开，百废渐举，国体渐立，人才渐出。十年以后，而报馆之规模，亦可以渐备矣。

嗟夫！中国邸报兴于西报未行以前，然历数百年未一推广。商岸肇辟，踬事滋多；劝百讽一，裨补盖寡；横流益急，晦盲依然；喉舌不通，病及心腹。虽蟁蝱③之力，无取负山，而精禽之心，未忘填海。上循不非大夫之义，下附庶人市谏之条，私怀救火弗趋之愚，迫为大声疾呼之举。见知见罪，悉凭当途。若听者不亮，目为诽言，摧萌拉蘖④，其何有焉！或亦同舟共艰，念厥孤愤，提倡保护，以成区区，则顾亭林所谓"天下兴亡，匹夫之贱与有责焉已耳！"

---

① 智，音 yuān，枯竭。

② 枵，音 xiāo，空虚。

③ 蟁，音 wén，同"蚊"。蝱，音 méng，同"虻"。

④ 蘖，音 niè，新芽，幼枝。

3.《知新报》叙例*

东西各国之有报也，国家以之代宪令，官府以之代条诰，士夫以之代著述，商民以之代学业，郁郁乎！洋洋乎！宗风入于人心，附庸蔚为大国，何其盛也！齐州之大，神裔之繁，而华文之报，未及三十，致远恐泥，可观者希。自曩时间有翻述，《西国近事》《格致汇编》，惟彼二种，颇称美善。虽匪语于大备，乃有助于多识。数年以来，译印中止，志士惜焉。去年结集同志，设馆海上，负山填海，绵薄滋惭。顾承达人，谬见许可。曾靡胫翼，已走陬澨①。岂非恒饥之子不择馔而食，去国之客见似人而喜者耶？篇幅隘短，编志漏略，记事则西多而中少，译报则政详而艺略，久怀扩充，未之克任。濠镜②海隅，通商最早，中西孔道，起点于斯。二三豪俊，继倡此举，公拟略例，属为弁词。盖闻伐木之义，每感怀于友声，横流之砥柱，或危凛于独木。洛钟见应，闻喜欲狂。若夫报章所关，与国消息，义具前论，靡取缀疣。谨依来书，略标义例：

子舆好辩，孔图卒赖其功。贾生建策，孝景始感其言。言之若罪，闻者足兴。录论说第一。

大哉王言，如丝如纶。录上谕第二。

---

* 刊于《知新报》第 1 期，1897 年 2 月 22 日。

① 澨，音 shì，水边。

② 濠镜，澳门之旧称。

创巨痛深，知耻不殆。齐威不忘在莒，勾践每怀会稽，海隅逖听，拭观新政。录近事第三。

周知四国，行人之才。知己知彼，兵家所贵。观螳蝉之机心，识棒喝之妙用。译录西国政事报第四。

生众食寡，是曰大道。智作巧述，不耻相师。译录西国农学、矿政、商务、工艺、格致等报第五。

4.《萃报》叙*

军兴以后，齐州学者，渐知以识时务、知四国为学中第一义，于是报馆雾兴云涌。一稔①之间，继轨十数，而可观者亦三四焉。顾闻之泰西诸国之报馆，国以万计，省以千计，城市以百计，以今日中国所有视之，何其少也！西国农工皆知书，妇孺皆识字，举国之人，视报如布帛菽粟，被之馈之，是以虽汗万牛、阗亿室，日出未有止，而莫或厌其多也。虽然，作者既盛，而一人之才力，势不能尽群报而阅之，乃不得不为披沙拣金、和花成蜜之举，于是乎有《而立非吴亚夫奇而立非吴司②报》(译言"温故")③之作。中土嗜报之俗，既远不逮西国，报虽日增，而阅报之人只有此数，其一人阅数报者，殆不数见。又报章体例未善，率互相剿说，杂采谰语，荒唐悠谬，十而七八。一篇之中，可取者仅二三策，坐是方闻之士，薄报章愈甚。而内地道路未通，邮递艰滞，每日一纸，芜词过半，阅者益希。

启超居常想念，宜有如《而立非吴亚夫奇而立非吴司报》者出，尽集群报，撷其精英，汰其糟粕，以饷天下。天下识时务、知四国之士，其必有增益，而国家亦有所赖。启超又痛中国互市数十载，

---

* 刊于《时务报》第33期，1897年7月20日。

① 稔，音 rěn。一稔，一年。

② Review of Reviews 之音译，评论之评论，评论综述。

③ 原为正文小字夹注，今改为正文字号，加括号。以下皆同。

交涉之策，一误再误。授人阿柄，自陷棘淖，往车既折，来轸瘉①甚，谓宜取数十年旧案，编为《通商以来纪事本末》，所谓前事不忘，后事之师。启超又念，自今以往之中国，如梦渐觉，新政次第举者必勿乏，不有纪述，靡以取鉴，宜用《春秋大事表》之例，作为《新政表》，分别部居，旁行斜上，以资比较。怀此者亦有年。岁三月，见朱君强父②于上海，以《萃报》告，且出叙若例相示，乃取畴昔所欲为而未克就者，毅然与同志任之。呜呼！才士也已。余交朱君之日虽浅，然读其文，渊懿若皇甫③，持正明七子④，其学有所受，尊其师法，爱厚逾寻常，是真能忧时之人哉！愿天下之读《萃报》者，且有以察其志也。

———————————

① 瘉，音 yù，同"愈"。
② 朱克柔（1871—1902），字强甫，浙江嘉兴人。
③ 皇甫谧（215—282），字士安，西晋著名学者。
④ 明代的文学流派，有"前七子""后七子"之分。

5.《会报》序*

　　呜呼！欲救今日之中国，舍学会末由哉！自强学一役，被议中缀，而京师一二劬①学之士，曾为小会，月辄数集，相与讲论治平之道，亹亹②勿绝。今琉璃厂之西学堂是也。惟岁以来，此风渐鬯③，于是桂林有圣学会，长沙有湘学会，武昌有质学会，苏州有苏学会，上海有算学会、务农会、不缠足会等，次第兴起，或规模已成，或草创未定。若其肇始建议者，若医会、游历会、化学会、格致会、工艺会、红十字会、戒烟会等，继轨并作。盖公理既明，此风益盛，实中国剥极而复一大键也。兴者瘏众，海内志士，益属④耳目焉。不有记载，靡以公其义于天下。爰就《时务报》末简，附载此编，凡各会办事情形及序记、章程等皆入焉。觇新国、觇新学者，或有乐乎此也。启超记。

---

* 刊于《时务报》第 38 期，1897 年 9 月 7 日。原题有注："《会报》专纪会中各事，每册附一二页，有则录，无则缺。"

① 劬，音 qú，辛劳。

② 亹亹，音 wěi，缓慢流动。亹亹勿绝，无休无止，形容孜孜不倦。

③ 鬯，音 chàng，同"畅"。

④ 属，音 zhǔ，关注。

6.《蒙学报》《演义报》合叙*

人莫不由少而壮，由愚而智。壮岁者，童孺之积进也；士夫者，愚民之积进也。故远古及泰西之善为教者，教小学急于教大学，教愚民急于教士夫。嗟夫！自吾中国道术废裂，舍八股八韵、大卷白折之外，无所谓学问。自其就傅之始，其功课即根此以立法。驱万万之童孺，使之桎梏汩溺于味根串珠、对偶声病、九宫方格之中，一书不读，一物不知，一人不见，一事不闻，闭其脑筋，瘫其手足，窒其性灵，以养成今日才尽气敝之天下。斯义也，吾昔《论学校·幼学》一编，既已重忧之而长言之矣。抑士夫之所谓学问者，既惟是光方乌、钓渡挽，① 是讲是肆，是切是磋。此学也，农学之无救于馁，工学之无救于窳②，商学之无救于困也。然天下之学，既无有出此之外者，则彼农也，工也，商也，以为学也者，固非吾人所当有事焉耳，于是乎普天下皆不学。今言变法，必自求才始，言求才，必自兴学始。然今之士大夫，号称知学者，则八股八韵、大卷白折之才十八九也。本根已坏，结习已久，从而教之，盖稍难矣。年既二、三十，而于古今之故，中外之变，尚寡所识，妻子、仕宦、衣食，日日扰其胸，其安能教？其安能学？故吾恒言，他日救天下者，其

---

* 刊于《时务报》第 44 期，1897 年 11 月 5 日。

① 科举考试的陈规陋习。光、方、乌，字体的三种要求；钓、渡、挽，作文的三种技法。

② 窳，音 yǔ，低劣，腐败。

25

在今日十五岁以下之童子乎！

西国教科之书最盛，而出以游戏、小说者尤夥①。故日本之变法，赖俚歌与小说之力，盖以悦童子，以导愚氓，未有善于是者也。他国且然，况我支那之民，不识字者十人而六，其仅识字而未解文法者，又四人而三乎？故教小学、教愚民，实为今日救中国第一义。启超既与同志设《时务报》，哀号疾呼，以冀天下之一悟，譬犹见火宅而撞钟，睹入井而怵惕，至其所以救焚拯溺，切实下手之事，未之及也。既又思为《学校报》，通中西两学，按日而定功课，使成童以上之学僮诵焉。自谓得此，则于教学者殆庶几矣。而于教小学、教愚民二事，昧昧思之，未之逮也。

岁九月归自鄂，而友人叶君浩吾②、汪君甘卿③，有《蒙学报》之举。门人章生仲和及其哲兄伯初，有《演义报》之举。两日之间，先后见告。既闻之，且忭且舞，且喜不寐。呜呼！其或者天之不欲亡中国，故一败之辱，而吾国人士之扼腕攘臂，思为国民效力，为天下开化者，趾相错。自今以往，而光方乌、钓渡挽之凶焰，或可以少熄，中国之人亦渐可教矣乎？斯固救焚者之突梯，拯溺者之桔槔也。他日吾《学校报》成，使童孺诵《蒙学报》者，既卒业而受焉，则荀卿子所谓"始于为士，终于学圣"，其由兹矣，岂曰小之云乎哉！

---

① 夥，音 huǒ，同"伙"。
② 叶瀚（1861—1936），字浩吾，浙江仁和（今杭州）人。
③ 汪钟霖（1867—1933），号甘卿，江苏吴县（今苏州）人。

7. 请饬一切书籍报章概免纳厘税呈[*]

　　再：查泰西各国通例，凡书籍、报纸，一概免税，所以流通典籍，开广风气，意至美也。中国海关税则，本无书报纳税之条，惟仍须作为纸税完纳，各处厘卡亦然。统计此项税厘，国家每年所入，其数极微，而因此之故，劳费留滞，大碍流通。故山、陕、云、贵、四川各省份士子欲购一书，欲阅一报，殊不易易，因之见闻固陋者多，通知外事者少。此非我皇上作育人材之意也。请援各国通例，饬总理衙门通饬各海关、各厘局，凡一切书籍、报章，概准免纳厘税。计国帑此项每年所省，不过数百金，而沾溉士林，获益匪鲜。谨附片陈明，伏乞代奏，请旨施行。谨呈。

---

　　* 此文录自国家档案局明清档案馆编：《戊戌变法档案史料》，北京：中华书局1958 年版，第 456 页。档案原题为《梁启超呈》，今题名为《梁启超全集》编者所加。梁启超所呈奏折的时间为 1898 年 8 月 26 日(光绪二十四年七月初十)。

8. 梁卓如孝廉述创办《时务报》源委*

本日在《国闻报》中，见有汪君穰卿①告白云："康年于丙申秋，在上海创办《时务报》，延请新会梁卓如孝廉为主笔"等语②，阅之不胜骇诧！现《时务报》既奉旨改为官报，又适派吾师南海康先生督办，局外人见穰卿告白，恐将有谓启超搀夺彼所独创之事者，故不得不详细言之。

夫所谓创办者何？一曰筹款，二曰出力而已。查《时务报》初起，系用上海强学会余款。当乙未九月，康先生在上海办强学会，张南皮师首捐一千五百两为开办经费，沪上诸当道亦有捐助者，遂在王家沙地方开办。当时，康先生以母寿之故，不能久驻上海，因致穰卿一函两电，属其来沪接办。时穰卿犹在湖北就馆也。既而穰卿到沪，而京师强学会为言者中止，沪会亦因停办。当时尚余银七百余两；又将原租房屋已交去一年之租银追回半年，得三百五十元；又将会中所置器物、书籍等项变卖，得二百余元。共得千二百金，实为《时务报》嚆矢。

第一期报中所登汪穰卿进士、梁卓如孝廉捐集银一千二百两者，

---

* 刊于《知新报》第 66 期，1898 年 9 月 26 日。此文先刊于《申报》（1898 年 8 月 28、29 日），题为《创办时务报源委记》。梁启超，字卓如，号任公。孝廉，举人之雅称。

① 汪康年（1860—1911），字穰卿，浙江钱塘（今杭州）人。

② 《上海时务、昌言报馆告白》，《国闻报》在 1898 年 8 月 10 日至 14 日间多次刊发。而这份《告白》汪康年已于 8 月 7 日在《申报》上刊发过。

即此项也。第三期以后，改为张孝达制军捐银七百两，汪、梁捐集六百元者，以原存七百两，乃南皮师原捐，故改登；其追回房租、变卖器物等项，无从指名，故仍冒我等二人名号。当时，穰卿因欲没康先生之旧迹，故不将此款声明强学会之余款，而登为汪某某捐集云云。黄公度①京卿改之，使并列两名，实则启超何尝有捐集之功，而冒此称，实滋不安耳。此《时务报》最初之起点也。

强学会停办之后，穰卿即在沪度岁，(时穰卿已移家上海，时启超方在京师。)康先生并招出沪改办报以续会事。时同乡黄公度京卿遵宪适在沪，公度固强学会同事之人，愤学会之停散，谋再振之，亦以报馆为倡始。于是与穰卿及启超三人，日夜谋议此事。公度自捐金一千元为开办费，且语穰卿云："我辈办此事，当作为众人之事，不可作为一人之事，乃易有成。故吾所集款，不作为股份，不作为垫款，务期此事之成而已。"此等语固公度屡言之，穰卿屡闻之者也。

创办时所出印《公启》三十条，系由启超初拟草稿，而公度大加改定。(彼时穰卿力主办日报，欲与天南遯叟②争短长。公度及启超力主旬报之说，乃定议。)其后聘请英文翻译张少塘，系公度托郑瀚生司马代请者；东文翻译古城贞吉，系由公度托日本驻上海总领事代请者。所立合同，亦出公度之手；其致函各处劝捐，托各处派报，亦多公度之力。当时公度在上海，至九月始北行。数月之中，报馆一切事，公度无不与闻，其捐款之独多也如彼，其开办之出力也如此。今穰卿自称《时务报》为彼所创办者，不知置公度于何地也！

邹殿书部郎凌瀚，亦强学会同事之人，志愿与公度同，故首捐

---

① 黄遵宪(1848—1905)，字公度，广东嘉应(今梅州)人。
② 王韬(1828—1897)，号天南遯叟，江苏吴县(今苏州)人，曾长期主持香港《循环日报》(1874—1884)，与《申报》渊源颇深。

五百金开办。吴季清大令德渊与公度、穰卿、启超皆至交，当时又与启超同寓京师，故《时务报》开办一切事，无不共之。丙申五月，季清先生与其子亡友铁樵（名樵）同到沪，即寓在报馆，朝夕商榷一切，故《时务报》公启，亦以公度、季清、殿书、穰卿及启超五人出名，此人人所共见者。（当时《公启》订成一小本，自四五月间，即分送各处同志；至第一期出报时，用单张夹在报内，想阅报诸君无不共见。四人之名，岂可划①去？）今穰卿自称《时务报》为彼所创办者，不知置季清、殿书于何地也！

同人既定议此报为众人之事，不得作为一人之事，因得以公义向各同志劝捐，而海内君子，亦以公义之故而乐助之。两年以来，捐款至万余金，此实《时务报》为公事而非私事之明证。今穰卿自称《时务报》为彼所创办者，不知置捐款诸公于何地也？

至于启超，既为穰卿雇工之人，亦复何足比数，然自问创办时固不无微劳矣。当丙申五六月间，穰卿湖北馆地尚未辞却，恐报馆之或不能支，住鄂住沪，不能自决。屡商之于启超，启超谓报能销四千份，则此局便可支持，因固留之。启超自以不谙会计，惮管杂务，因与穰卿约彼理事务，兼外间酬应，而启超主报中文字，此总理、撰述之名，所由分也。当时各因其才，自执一职，天泽之分不甚严。总办之与属员，名分平等，而启超亦贸贸然自忘其受总办厚恩，为总办雇请之人也。当时总办之勤劳，固云至矣。然即如启超者，忝任报中文字，每期报中论说四千余言，归其撰述；东西文各报二万余言，归其润色；一切奏牍、告白等项，归其编排；全本报章，归其覆校。十日一册，每册三万字，经启超自撰及删改者几万字，其余亦字字经目经心。六月酷暑，洋蜡皆变流质，独居一小楼上，挥汗执笔，日不遑食，夜不遑息。记当时一人所任之事，自去

---

① 划，音 chǎn，同"铲"。

年以来，分七八人始乃任之。虽云受总办厚恩，顾东家生意，然自问亦无负于《时务报》矣。

然犹不止此。计丙申七月初一为《时务报》出报之日，而穰卿于六月前赴湖北，月底始返沪；七月下旬，又因祝南皮寿辰，前赴湖北，中秋后始返沪。彼时正当创办吃紧之时，承乏其间者谁乎？虽以启超之不才，亦只得竭蹶从事，僭行护理总办而已。此后局面既成矣，捐款既至万余金矣，销报既至万余份矣，穰卿之以启超为功狗，固其宜也。且穰卿之自称《时务报》为彼创办，不自今日始。当丙申夏秋间，海内巨公同志提倡斯举，捐款日多，当时我两人商议，谓不可无谢启。启超谓宜将公启内出名之五人作为公函，凡有捐款者，五人公谢之。穰卿谓何必如是，只我两人出名足矣。凡此等馆中杂务向章，皆由穰卿主办，启超不能争也。自八月后，凡有捐款者，皆穰卿一人出名函谢矣，其函中之言，犹夫本日《国闻报》告白之言也。盖当初办之时，早已有据为汪氏产业之计；而天下之人，视此局为汪氏产业也，亦已久矣。穰卿既为东家，则启超虽欲辞佣工之名，岂可得哉？

当开办之始，公度恐穰卿应酬太繁，（盖穰卿宗旨谓必须吃花酒，乃能广通声气。故每日常有半日在应酬中，一面吃酒，一面办事。）不能兼办全局之事，因议推吴铁樵（名樵，四川人，季清先生之子，去年已即世①矣。）为坐办。时铁樵方由蜀至湘，公度屡函电促之。又开办时所出公启内办事规条第九款云："本报除住馆办事各人外，另举总董四人。所有办事规条，应由总董议定，交馆中照行"云云。自丙申秋至丁酉夏，公度屡申此议，谓当举总董。以此两事之故，穰卿深衔公度，在沪日日向同人诋排之。且遍腾书各省同志，攻击无所不至，以致各同志中，有生平极敬公度，转而为极恶公度

---

① 即世，去世，离世。

者。至去年八月，公度赴湘任，道经上海，因力持董事之议，几于翻脸，始勉强依议举数人。然此后遇事，未尝一公商如故也。总董虽有虚名，岂能干预汪家产业哉！

穰卿常语启超云："公度欲以其官稍大，捐钱稍多，而挠我权利，我故抗之，度彼如我何？公度一抗，则莫有毒予者矣。"此言启超之所熟闻也。自兹以往，正名之论大起，日日自语云："总理之名不可不正，总理之权利不可不定。"于是东家之架子益出矣。去年一年中，馆中凡添请十余人。时启超在沪同事也，而所添请之人，未有一次与启超言及者。虽总办之尊，东家之阔，亦何至如是乎？启超性狭隘，诚不能无所芥蒂，自去秋以来，常不免有龃龉总办之事，此实不容自讳也。

至于馆中开销，公度与启超开办时，再四熟筹，能销报四千份，即可支持。乃后此捐款万余金，销报万余份，而去年年底，犹几于不能度岁，致使《万国公报》①，从旁讪笑。虽由各处报费，难于收齐，然其中曲折，固有非佣工小人所能窥者。穰卿与启超之有意见，自去年以来矣。同事之难，自古所叹；以乱易整，旁观所笑。启超所以隐忍于心，绝不敢为我同志一言之也。独所不解者，穰卿于康先生何怨何仇？而以启超有嫌之故，迁怒于康先生，日日向花酒场中，专以诋排为事；犹以为未足，又于《时务日报》中，编造谣言，嬉笑怒骂；犹以为未足，又腾书当道，及各省大府，设法构陷之，至诬以不可听闻之言。夫谤康先生之人亦多矣，诬康先生之言，亦种种色色，怪怪奇奇，无所不有矣。启超固不与辩，亦不稍愤，独怪我穰卿自命维新之人，乃亦同室操戈，落井下石，吾不解其何心也！

---

① 此为传教士在上海所办的《万国公报》，不是"乙未三报"中的那份《万国公报》。

康先生之待穰卿，自启超观之，可谓得朋友之道矣。乙未办强学会，屡致函电，请其来沪接办，是久以同志可信之人待之也。此次奉旨督办《时务报》后，即致一电一函与穰卿，请其仍旧办理，已不过遥领而已。（电文云："奉旨办报，一切依旧，望相助。有为叩。"其函则系六月十二由邮政局寄者，长文不能全录。）康先生之于穰卿，可谓尽道矣。而穰卿既无复电，又无回信；既不肯仍旧同办，又不肯交出。私众人所捐之金为己产，私众人所出之力为己功，不顾交情，显抗圣旨，吾不解其何心也！此后之事，既改归官办，则亦非启超之所敢言。惟于创办之原委，及启超之果为佣工与否，不得不哓哓①一辩白之。褊心之诮，固不敢辞。知我罪我，听之海内同志而已。

六月二十四日，新会梁启超谨白

---

① 哓，音 xiāo。哓哓，因害怕而乱嚷乱叫的声音；争辩不止的声音。

二、中编（流亡海外时期）

1.《横滨清议报》叙例[*]

　　呜呼！我支那国势之危险，至今日而极矣。虽然，天下之理，非剥则不复，非激则不行。辀^①近百余年间，世界社会日进文明，有不可抑遏之势。抑之愈甚者，变之愈骤。遏之愈久者，决之愈奇。故际列国改革之始，未尝不先之以桎梏刑戮干戈之惨酷。吾尝纵观合众国独立以后之历史，凡所谓十九世纪之雄国，若英、若法、若奥、若德、若意、若日本，当其新旧相角、官民相争之际，无不杀人如麻，流血成河。仁人志士，前仆后起，赴汤蹈火者，项背相望。国势岌岌，危于累卵，不绝如线。始则阴云妖雾，惨黯蔽野；继则疾风暴雨，迅雷掣电，旋出旋没，相搏相击；其终乃天日忽开，赫曦在空，和风甘雨，扇囿群类。世之浅见者，徒艳羡其后此文物之增进，民人之自由，国势之浡^②兴，而不知其前此抛几多血泪，掷几多头颅以易之也。我支那数千年来，义侠之风久绝，国家只有易姓之事，而无革政之事，士民之中，未闻有因国政而以身为牺牲者。是以民气嗒^③然不昌，国势薾^④焉不振，日渐月削，以至于今日，而否塞极矣！善夫，烈士谭君嗣同之言也，曰："世界万国之变法，无

---

* 刊于《清议报》第 1 期，1898 年 12 月 23 日。后一律称"《清议报》叙例"。

① 辀，音 wǎn，同"挽"。

② 浡，音 bó，同"勃"。

③ 嗒，音 tà，失意。

④ 薾，音 ěr，疲困状。

不经流血而后成。中国自古未有因变法而流血者，此国之所以不昌也。有之，请自嗣同始。"呜呼！吾闻谭君之言，始焉而哀，终焉而喜。盖我支那数十年以来，正如严冬寒冱①，水泽腹坚，及有今日之事，乃所谓一声春雷，破蛰启户。自此以往，其必有仁人志士，前仆后起，以扶国家之危于累卵者。安知二十世纪之支那，必不如十九世纪之俄、英、德、法、日本、奥、意乎哉？乃者三年以前，维新诸君子创设《时务报》于上海，大声疾呼，哀哀长鸣，实为支那革新之萌蘖焉。今兹政变，下封禁报馆之令，揆其事实，殆与一千八百十五年至三十年间欧洲各国之情形，大略相类。呜呼！此正我国民竭忠尽虑、扶持国体之时也。是以联合同志，共兴《清议报》，为国民之耳目，作维新之喉舌。呜呼！我支那四万万同胞之国民，当共鉴之；我黄色人种欲图二十世纪亚洲自治之业者，当共赞之。今将本报宗旨、规例列左：

宗旨

一、维持支那之清议，激发国民之正气。

二、增长支那人之学识。

三、交通支那、日本两国之声气，联其情谊。

四、发明东亚学术，以保存亚粹。

规例

一、本报所刊，约分六门：

（一）支那人论说。

（二）日本及泰西人论说。

（三）支那近事。

（四）万国近事。

---

① 冱，音 hù，冻结。

（五）支那哲学。

（六）政治小说。

二、本报每月发刊三次，以阴历一日、十一日、二十一日发行。每次于发行前五日定稿。

三、报中所登"支那人论说"，系由本馆自聘之主笔撰述。其"日本及泰西论说"，则由寄稿或译稿采登。各国志士如有关心支那大局惠赐大稿者，请于每次定稿之前惠寄，必当照录。

2. 本报改定章程告白*

　　本报开设仅数月，承海内外有心人称许，销售已至三千余份。惟本报宗旨专以主持清议、开发民智为主义，①今更加改良，特取东西文各书报中言政治学、理财学者，撷取精华，每期登录数页。因政治等学为立国之本原，中国向来言西学者，仅言艺术及事绩之粗迹，而于此等实用宏大之学，绝无所知。风气不开，实由于此。本馆既延请通人多译政治、理财学之书，今复先按期登录，以供众览。兹定自第十一册起，每册分为九类：一本馆论说，二来稿杂文，三中国近事，四外论汇译，五万国近事，六政治学谈，七支那哲学，八政治小说，九诗文辞随录。用特布告，望阅报诸君子鉴之。

---

　　*　刊于《清议报》第 11 期，1899 年 4 月 10 日。无署名。《梁启超全集》未收录。
　　①　《清议报》创刊号上列有"宗旨"四项，详见前文。

3. 读《经济新报》布版权于支那论*

　　吾昔在吾国，见吾其所谓老臣有名于时者，与之谈救国之策，彼则曰：莫急于练兵，莫急于开矿，莫急于兴铁道，莫急于勤工商。吾叩其如何而后能练兵，如何然后能开矿、若兴铁道、勤工商？则罕有能言之者。吾今游东邦，东邦者与我唇齿，举国以扶我助我为心者也。吾与其一般人士谈扶助之策，彼则曰：莫急于迁都，莫急于革财政，莫急于改官制，莫急于革命。吾叩其如何然后能迁都，如何而后能革财政、改官制乃至革命？则罕有能言之者。吾盖不能无浩叹焉！夫所谓练兵、开矿、兴铁道、勤工商、迁都、革财政、改官制，乃至于革命，皆吾支那今日之良药，尽人而知之，吾亦不敢非难之。虽然，此形式上之事，非精神上之事也。凡人必先有精神，然后形式乃为有用。非然者，则如机造之人形①，虽五官四肢，无一不备，然无脑气筋以配达之，终不能使之为一般人所能为之事。今日吾支那之弱点，则在脑气筋之能力，未达充分也。换言之，则国民之智识，未足以比于世界文明之国，故未能使之为文明国人所为之事也。不致力于此点，而日日与之言形式上之事，是犹不造因而欲得结果，其必不能得，可断言也。

---

　　* 刊于《清议报》第 13 期，1899 年 4 月 30 日。原题有注"原论见本册译篇"。《梁启超全集》未收录。此文是否为梁启超所作，尚存争议。参见陈立新：《〈清议报〉时期梁启超的版权思想》，《编辑学刊》，2009 年第 6 期。
　　① 和制汉语，にんぎょう，人偶，傀儡。

　　或曰：然则莫如设学校以养之，派游学外国以教之。此事之必要，固无待言。虽然，缓而不能急也，偏而不能全也。何以言之？凡入学校者，必成童以下之年，按次第等级以教之，非十年不能卒业也。其游学外国者亦然，必待光绪三十四五年间，国家乃得而收其用也。而此十年之间，内忧外患，洊①至踏来，岂能待我乎？故学校之生徒，与外国之留学生，俟诸改革功成之后，为赞理治法之用则可也，然非所以救今时之危局也，故曰缓而不急也。今以十八行省之大，而学校之可观者，不及十所，所养之生徒，能有几何？若夫留学外国，学费浩大，非寒士所能任也。故欲入学校而不能，欲游外国而不能之人，其数正不知凡几。使非有别途以教育之，则此等既成弃材矣，故曰偏而不全也。然犹不止此。今举国学校之有力者，皆官设者也，留学生，皆官派遣者也，其规则紊乱，其教师劣下，其学课浅陋，其气习败坏，故青年有志自爱之士，皆不屑厕其列。故此两项学生中，殆无一人才焉。观于近年来游学日本之生徒，可以知其他也。然则欲为我支那养人才，改智识，必不可专求之此辈，明矣。支那可以为他日的人物者何在乎？则今日年在二三十之间，已通支那本有之学，而热心欲求外国之学者即是也。此辈之人，全国合计其数，殆不下数十万。其年格既不合于入学校，亦不屑入官设之学校，而其力量又不能自备资斧，以游学于外国，则惟取已译出之西书，残篇断简，支离割裂而读之，欲以窥见外情于一二而已。其情之可怜可悯，殆莫甚焉。此辈正当青年，志盛气锐，苟导之以学问，广其智识，增其才力，则数年之间，大体既具，即可以效力为国家之用。而所以能致此者，则舍广译书籍之外，无他途焉。然则盛翻译之事业，为扶植支那唯一之要策，殆不容疑也。

　　吾读《东洋经济新报》，有"论布版权制度于支那"之一篇，为之

---

　　① 洊，音 jiàn，屡次，接连。

狂喜赞叹，可谓先得我心者矣。译书之要，与版权制度之益，原论既详之，无待赘言。抑原论所最注意者，在广译良教科书，斯固然矣。虽然，教科书固极急之务，然其效所及者，仅在学校及幼年之生徒，犹有缓而不急、偏而不全之欠点①。故以鄙意论之，于一方译良教科书之外，其他之一方，不可不急译国家社会的理论上之书，及政治经济的实际之书，以改变吾国青年之思想界，此尤为急务之急务也。凡治久病孱弱之国民，不可不投以剧药，使之为无规则之动力，万弩齐发，目不暇给，飘风骤雨，廓清宿障。经此一界，然后可以复归于规则也。故今日当铸造支那青年之脑质，使之如佛国②革命前后之时，如日本明治七八年乃至十三四年之时，则支那可救矣。然其权则在译书之人操之，此又吾所深望于日本之有心人也。

版权制度，吾支那昔无有也。而英米之宣教师，有为我译书者，其名曰广学会，实为行版权之嚆矢。今者同学会译著出版之书，坊贾无敢翻印者，此亦可以见其制度之实可行矣。去年五月，我皇上改革之际，亦深知此事，为开广人智之要务，故于五月十三日，特颁谕旨，亦有著书译书专利之一条。今日本与我政府提议此事，吾知其必无窒碍也。若夫我内地制度废弛，法律之効力甚乏，实行恐不易易，斯固诚然。吾窃以为此版权制度，但于京师及通商各口岸严行之，而于内地则稍宽之，亦未始不可也。盖推原译书之意，于其一方，当保护著者之权利，使之功劳相偿，以劝其业；于他之一方，则仍欲广为流通，以骤进国民之智识。内地陬僻之区，书籍之配达既不易，制度之稽查亦甚难，则虽稍宽之，不亦可乎？通行学问之人，皆在京师及各通商口岸，但于京师通商口岸禁私印、禁私

---

① 和制汉语，けってん，缺点，弱点。
② 即法国。

售,则所以偿著译之劳者,亦不尠①矣。然当其与北京政府提议之时,则仍以一般地方版权为定案,然后其权限乃适可行于此有限之区域而已。凡与我国今日政府相交涉,其事率多类是,不可不察也。

抑我支那之危殆,岌岌不可终日,其扶植之也,当如救火、如追亡,合群力以并进,一日不可少缓。故吾甚望日本之当道,速定此议,勿轻视之而迟回以误事机。大望日本之学士大夫仁人君子,人人认译书为扶植支那唯一之政策,合众力以共赞之,务使一二年之内,日本之要籍,悉输入于支那,则非惟我国之福,亦东方全局之福矣。

---

① 尠,音 xiǎn,稀有的,罕见的。

4. 传播文明三利器[*]

犬养木堂①语余曰：日本维新以来，文明普及之法有三，一曰学校，二曰报纸，三曰演说。大抵国民识字多者，当利用报纸。国民识字少者，当利用演说。日本演说之风，创于福泽谕吉氏②（案福泽氏日本西学第一之先锋也，今尚生存，为一时之泰斗。），在其所设之庆应义塾开之，当时目为怪物云。此后有嘤鸣社者，专以演说为事。风气既开，今日凡有集会，无不演说者矣。虽至数人相集宴饮，亦必有起演者。斯实助文明进化一大力也。我中国近年以来，于学校、报纸之利益，多有知之者；于演说之利益，则知者极鲜。去年湖南之南学会，京师之保国会，皆西人演说会之意也。湖南风气骤进，实赖此力，惜行之未久而遂废也。今日有志之士，仍当著力于是。

自强学会之后，三年以来，各省倡立会名者，所在皆是，可谓极一时之盛。然不知外国人所谓会者，有种种之类别，故将学会与政党、与协会、与演说会混而为一，因宗旨不定，条理错杂，故办

---

* 刊于《清议报》第 26 期，1899 年 9 月 5 日。此期有"饮冰室自由书 凡九则"的目录，小标题为后来的《饮冰室自由书》（横滨版，1902）编者所加。《清议报全编》更名"文明普及之法"，《梁启超全集》仍依《全编》例，延用"文明普及之法"，但内容有所增加。

① 犬养毅（1855—1932），号木堂，日本近代著名政治家。

② 福泽谕吉（1835—1901），日本近代著名启蒙思想家，被誉为"日本近代教育之父"。

之难有成效，而守旧媢①嫉之徒，又视之与秘密结社同类，故一举而
芟②薙之矣。实则此数者之间，自有绝异之形式，一望可分识者。中
国此风，正在萌芽，亦无怪其然也。

于日本维新之运有大功者，小说亦其一端也。明治十五、六年
间，民权自由之声，遍满国中，于是西洋小说中，言法国、罗马革
命之事者，陆续译出，有题为"自由"者，有题为"自由之灯"者，次
第登于新报中。自是译泰西小说者日新月盛，其最著者则织田纯一
郎氏之《花柳春话》，关直彦氏之《春莺啭》，藤田鸣鹤氏之《系思
谈》、③《春窗绮话》、《梅蕾余熏》、《经世伟观》等，其原书多英国
近代历史小说家之作也。翻译既盛，而政治小说之著述亦渐起，如
柴东海之《佳人奇遇》，末广铁肠之《花间莺》、《雪中梅》，藤田鸣鹤
之《文明东渐史》，矢野龙溪之《经国美谈》(矢野氏今为中国公使，
日本文学界之泰斗，进步党之魁杰也。)等。著书之人，皆一时之大
政论家，寄托书中之人物，以写自己之政见，固不得专以小说目之。
而其浸润于国民脑质最有效力者，则《经国美谈》、《佳人奇遇》两书
为最云。呜呼！吾安所得如施耐庵其人者，日夕促膝对坐，相与指
天画地，雌黄今古，吐纳欧亚，出其胸中所怀魂礧④磅礴、错综繁杂
者，而一一熔铸之，以质于天下健者哉！

---

① 媢，音 mào，嫉妒。

② 薙，音 shān，割除。

③ 据考证，此处"、"应改为"，及"。参见夏晓虹：《梁启超与日本明治小说》，
《北京大学学报(哲学社会科学版)》，1987 年第 5 期。

④ 魂礧，音 wěi léi，嶙峋。

5. 本馆第一百册祝辞并论报馆之
责任及本馆之经历*

第一 祝典之通例及其关系

祝典乌乎起？所以纪念旧事业而奖励新事业也。凡天下一事之成，每不易易，恒历许多曲折，经许多忍耐，费许多价值，而后仅乃得之。故虽过其时，不亡其劳，于是乎有以祝之。其祝之也，或以年年，或以十年，或以五十年，或以百年，要之借已往之感情，作方新之元气，其用意至深且美。若美国之七月四日，法国之七月十四日，为其开国功成之日，年年祝之勿替焉。一千八百八十七年，美国举行独立百年之祝典。八十九年，法国举行共和百年之祝典。九十三年，开万国大博览会于芝加哥，以举行哥伦布寻出西半球四百年之祝典。去年，开十九世纪博览会于巴黎，以举行耶稣降生一千九百年之祝典。又如亚丹·斯密氏《原富》出版后第一百年，世界之理财学者，共举祝典焉。瓦特氏发明汽机后第五十年，世界之工艺学者，共举祝典焉。达尔文氏《种源论》成书后第三十年，世界之物理学者，共举祝典焉。下之如一市，如一乡，如一学校，如一医院，如一船舰，如一商店，亦往往各有其祝典。大抵凡富强之国，

＊ 刊于《清议报》第 100 期，1901 年 12 月 21 日。

其祝典愈多；凡文明之事业，其祝典愈盛。岂好为侈靡烦费以震骇庸耳俗目哉？所以记已往，振现在，厉将来。所谓历史的、思想精神的教育，其关系如此其重大也。

中国向无所谓祝典也，中国以保守主义闻于天下。虽然，其于前人之事业也，有赞叹而无继述，有率循而无扩充，有考据而无纪念，以故历史的思想甚薄弱，而爱国、爱团体、爱事业之感情，亦因以不生。夫西人以好事而强，中国以无动而弱。斯事虽小，亦可以喻大矣。《清议报》，事业之至小者也，其责任止在于文字，其目的仅注于一国，其位置僻处于海外，加以其组织未完备，其体例未精详，其言论思想未能有所大补助于国民，况当今日天子蒙尘，宗国岌岌之顷，有何可祝？更何忍祝！虽然，菲葑不弃，敝帚自珍，哓音瘏口①，亦已三年。言念前劳，不欲泯没。且以中国向来无此风气，从而导之，请自隗始②。故于今印行第一百册之际，援各国大报馆通例，加增页数，荟萃精华，从而祝之。亦庶几以纪念既往，而奖励将来，此同人区区之微意也。

第二　报馆之势力及其责任

《清议报》之事业虽小，而报馆之事业则非小。英国前大臣波尔克，尝在下议院指报馆记事之席（各国议院议事时，皆别设一席，以备各报馆之傍听记载。）而叹曰："此殆于贵族、教会、平民三大种族之外，而更为一绝大势力之第四种族也。"（英国议院以贵族、教徒、平民三阶级组织而成，盖英国全国民实不外此三大种族而已。）日本

① 瘏，音 tú，病。瘏口，苦口也。
② 隗，音 wěi。郭隗，战国时代燕国大臣。此处用"筑台自隗始"之典，意即从我做起。

松本君平氏著《新闻学》一书，其颂报馆之功德也，曰："彼如豫言者，讴国民之运命；彼如裁判官，断国民之疑狱；彼如大立法家，制定律令；彼如大哲学家，教育国民；彼如大圣贤，弹劾国民之罪恶；彼如救世主，察国民之无告苦痛而与以救济之途。"谅哉言乎！近世泰西各国之文明，日进月迈，观已往数千年，殆如别辟一新天地，究其所以致此者何自乎？或曰：是法国大革命之产儿也。而产此大革命者谁乎？或曰：中世神权专制政体之反动力也。而唤起此反动力者谁乎？或曰：新学、新艺勃兴之结果也。而勃兴此新学、新艺者谁乎？无他，思想自由，言论自由，出版自由。此三大自由者，实惟一切文明之母，而近世世界种种现象，皆其子孙也。而报馆者，实荟萃全国人之思想言论，或大或小，或精或粗，或庄或谐，或激或随，而一一绍介之于国民。故报馆者，能纳一切，能吐一切，能生一切，能灭一切。西谚云：报馆者，国家之耳目也，喉舌也，人群之镜也，文坛之王也，将来之灯也，现在之粮也。伟哉！报馆之势力。重哉！报馆之责任。

欧美各国之大报馆，其一言一论，动为全世界人之所注观所耸听，何以故？彼政府采其议以为政策焉，彼国民奉其言以为精神焉。故往往有今日为大宰相、大统领，而明日为主笔者；亦往往有今日为主笔，而明日为大宰相、大统领者。美国禁黑奴之盛业何自成乎？林肯主笔之报馆为之也。英国爱尔兰自治案何以通过乎？格兰斯顿主笔之报馆为之也。近日俄皇何以开弭兵会乎？吐尔斯吐主笔之报馆为之也。报馆者，政本之本，而教师之师也。惟其然也，故其人民嗜之如饮食，男女不可须臾离。闻之英国人，无论男妇老幼、贫富贵贱，有不读书者，无不读报者。其他文明诸国国民，大率例是。以此之故，其从事于报馆事业者，亦益复奋勉刻厉，日求进步。故报章愈多，体例愈善，议论愈精，记载愈富，能使人专读报纸数种，而可以尽知古今天下之政治、学问、风俗事迹，吸纳全世界之新空气于其脑中。故欲觇国家之强弱，无他道焉，则于其报章之多寡良否而已矣。

校报章之良否，其率何如？一曰宗旨定而高，二曰思想新而正，三曰材料富而当，四曰报事确而速。若是者良，反是则劣。

所谓宗旨定而高者何也？凡行一事，著一书，皆不可无宗旨，惟报亦然。宗旨一定，如项庄舞剑，其意常在沛公，旦旦而聒之，月月而浸润之，大声而呼之，谲谏而逗之，以一报之力而发明一宗旨，何坚不摧！何艰不成！虽然，宗旨固有择焉，牟利亦宗旨也，媚权贵亦宗旨也，悦市人亦宗旨也。故为报馆者，不可不以热诚慧眼，注定一最高之宗旨而守之。政治学者之言曰：政治者，以国民最多数之公益为目的。若为报者，能以国民最多数之公益为目的，斯可谓真善良之宗旨焉矣。

所谓思想新而正者何也？所贵乎报馆之著述者，贵其能以语言文字开将来之世界也。使取人人所已知者而敷衍之，则与其阅报，何如坐禅？使拾前人所已言者而牙慧之，则与其阅报，何如观剧？故思想不可以不新。凡欲造成一种新国民者，不可不将其国古来误谬之理想摧陷廓清，以变其脑质。而欲达此目的，恒须借他社会之事物理论输入之而调和之，如南北极之寒流与赤道之热流相剂而成新海潮，如常雪界之冷气与地平之热气相摩而成新空气。故交换智识，实惟人生第一要件。而报馆之天职，则取万国之新思想以贡于其同胞者也。不宁惟是，凡一新理之出世也，恒与旧义不相容，故或举国敌之，一世弃之，固又视其自信力何如焉。信之坚而持之毅，此又前者所谓定宗旨也。若夫处今日万芽齐茁之世界，其各种新思想毂列而不一家，则又当校本国之历史，察国民之原质，审今后之时势，而知以何种思想为最有利而无病，而后以全力鼓吹之。是之谓正。

所谓材料富而当者何也？凡真善良之报，能使人读其报，而全世界之智识无一不具备焉。若此者，日报与丛报（丛报者指旬报、月报、来复报等，日本所谓杂志者是也。）皆所当务，而丛报为尤要。各国之大丛报，其搜罗极博，其门类极繁，如政治，如理财，如法律，如哲学，如教育，如宗教，如格致，如农工商，如军事，如各国近事，如小说，如文苑，如图画，如评骘各报，无一不载。而其选择又极严，闻之欧美有力之丛报，每年所蒐集著记之论说纪事，在一万篇以上，而其刊发者不过二百篇内外。盖其目的在使阅者省无谓之日力，阅一字则得一字之益，而又不使有所罣漏，有所缺陷。诚哉！其进步。诚哉！其难能而可贵也。

所谓报事速而确者何也？报之所以惠人者不一端，而知今为最要。故各国之报馆，不徒重主笔也，而更重时事，或访问，或通信，或电报，费重赀以求一新事不惜焉。此事之要，业此者多能知之，兹不具论。

合此四端，则成一完全尽善之报。盖其难哉！是以报章如牛毛，而良者如麟角也。欧美且然，而况于中国乎？

第三　中国报馆之沿革及其价值

西谚曰：罗马者，非一日之罗马。凡天下大业，必非一蹴可几，必渐次发达，以进于圆满之域。此事物之公例，无可逃避者也。虽然，其发达之迟缓而无力，独未有如中国之报馆者。中国邸报视万国之报纸，皆为先辈，姑勿置论。即自通商以后，西国之报章形式始入中国，于是香港有《循环日报》，上海有《申报》，于今殆三十余年矣。其间继起者虽不少，而卒无一完整良好，可以及西人百分之

一者。以京都首善之区，而自联军割据以前，曾无一报馆，此真天
下万国之所无也。十八行省，每省之幅员户口皆可敌欧洲一国，而
除广东、福建外，省会之有报馆者无一焉，此亦世界之一怪现象矣。
近年以来，陈陈相接，惟上海、香港、广州三处，号称最盛，而其
体例无一足取。每一展读，大抵"沪滨冠盖""瀛眷南来""祝融肆虐"
"图窃不成""惊散鸳鸯""甘为情死"等字样阗塞纸面，千篇一律。甚
乃如台湾之役，记刘永福之娘子军，团匪之变，演李秉衡之黄河水。
明目张胆，自欺欺人。观其论说，非"西学原出中国考"，则"中国
宜亟图富强论"也。展转抄袭，读之惟恐卧。以故报馆之兴数十年，
而于全国社会无纤毫之影响。大抵以资本不足，阅一年数月而闭歇
者，十之七八，其余一二，亦若是则已耳。（参看本册附录《中国各
报存佚表》）。惟前者天津之《国闻报》，近日上海之《中外日报》《同
文沪报》《苏报》，体段稍完，然以比诸日本一僻县之报，犹不能望
其肩背，无论东京之大者，更无论泰西也。若夫丛报，则更不足道。
前者惟《格致汇编》稍称完整，然出于西人之手，且据上海制造局官
书之力，又不过每季一册，又仅明一义，不及其他。然犹仅出二十
八册，遽亦中断。其次则《万国公报》，亦出西人之手，凭教会之力，
其宗旨多倚于教，于政治学问界非有大关系焉。甲午挫后，《时务
报》起，一时风靡海内，数月之间，销行至万余份，为中国有报以来
所未有。举国趋之，如饮狂泉。作者当时承乏斯役。虽然，今日检
阅其旧论，辄欲作呕；覆勘其体例，未尝不汗流浃背也。夫以作者
今日之学识、思想、经历，其固陋浅薄，不足以当东西通人之一指
趾甚明也，则数年前之庸滥愚谬，更何待论！而举国士夫乃啧啧然
目之曰：此新说也，此名著也。呜呼伤哉！吾中国人之文明程度，
何低下之至于此极也？《时务报》后，澳门《知新报》继之，尔后一年
间，沿海各都会继轨而作者，风起云涌，骤十余家。大率面目体裁

悉仿《时务》，若惟恐不肖者。然其间惟天津《国闻汇编》成于硕学之
手，精深完粹，敻[1]乎尚矣。然仅出五册，便已戛然。此外余子，等
诸自郐。及戊戌政变，《时务》云亡，而所谓此十余家者，亦如西山
残阳，倏忽匿影，风吹落叶，余片无存。由此观之，其当初设报之
心果何在乎？不待鞫讯矣。《知新报》僻在贫岛，灵光岿然者凡四年
有余，出报至一百三十余册。旬报之持久者，以此为最。然其文字
体例尚不及《时务报》，于社会之关系盖甚浅薄。己、庚之间，上海
有所谓《亚东时报》《五洲时事报》《中外大事报》者出，皆颇阐新理，
视《时务》有过之无不及，然当中国晦盲否塞达于极点之际，不为学
界所欢迎，旋兴旋废，殆无足论。客冬今春以来，日本留学生有《译
书汇编》《国民报》《开智录》等之作。《译书汇编》至今尚存，能输入
文明思想，为吾国放一大光明，良可珍诵，然实不过丛书之体，不
可谓报。《国民报》《开智录》亦铮铮者也，而以经费不支，皆不满十
号，而今已矣。此实中国数十年来报界之情状也。由此观之，其发
达之迟缓无力，一何太甚！吾向者谓：欲觇国家之强弱，则于其报
章之多寡良否而已。使此言而无稽也则可，此言如稍有可信者，则
是岂可不为寒心哉？推原其所以致此之由，盖有数端：一由于创设
报馆者，不预筹相当之经费，故无力扩充，或小试辄蹶。二由于主
笔时事等员之位置，不为世所重，高才之辈，莫肯俯就。三由于风
气不开，阅报人少，道路未通，传布为难。四由于从事斯业之人，
思想浅陋，学识迂愚，才力薄弱，无思易天下之心，无自张其军之
力。而四者之中，尤以第四项为病根之根焉。呜呼！案既往，考现
在，不知吾中国所谓此第四种族者，何时始见其成立也？掷笔三思，
感慨系之矣。

---

① 敻，音 xiòng，远。

第四 《清议报》之性质

《清议报》可谓之良报乎？曰：乌乎可。《清议报》之与诸报，其犹百步之与五十步也。虽然，有其宗旨焉，有其精神焉。譬之幼儿，虽其肤革未充，其肢干未成，然有灵魂莹然湛然，是亦进化之一原力欤！《清议报》之特色有数端：一曰倡民权。始终抱定此义，为独一无二之宗旨。虽说种种方法，开种种门径，百变而不离其宗。海可枯，石可烂，此义不普及于我国，吾党弗措也。二曰衍哲理。读东西诸硕学之书，务衍其学说以输入于中国，虽不敢自谓有所得，而得寸则贡寸焉，得尺则贡尺焉。《华严经》云："未能自度，而先度人，是为菩萨发心。"以是为尽国民责任于万一而已。三曰明朝局。戊戌之政变，己亥之立嗣，庚子之纵团，其中阴谋毒手，病国殃民。本报发微阐幽，得其真相，指斥权奸，一无假借。四曰厉国耻。务使吾国民知我国在世界上之位置，知东西列强待我国之政策，鉴观既往，熟察现在，以图将来。内其国而外诸邦，一以天演学"物竞天择，优胜劣败"之公例，疾呼而棒喝之，以冀同胞之一悟。此四者，实惟我《清议报》之脉络之神髓，一言以蔽之曰：广民智，振民气而已。

其内容之重要者，则有谭浏阳之《仁学》，以宗教之魂、哲学之髓，发挥公理，出乎天天，入乎人人，冲重重之网罗，造劫劫之慧果。其思想为吾人所不能达，其言论为吾人所不敢言，实禹域未有之书，抑众生无价之宝。此编之出现于世界，盖本报为首焉。有《饮冰室自由书》，虽复东鳞西爪，不见全牛，然其愿力所集注，不在形质而在精神。以精锐之笔说微妙之理，谈言微中，闻者足兴。有《国家论》《政治学案》，述近世政学大原，养吾人国家思想。有章氏《儒术新论》，诠发教旨，精微独到。有《瓜分危言》《亡羊录》《灭国新法论》等，陈宇内之大势，唤东方之顽梦。有《少年中国说》《呵旁观者文》《过渡时代论》等，开文章之新体，激民气之暗潮。有《埃及近世史》《扬子江》《中国财政一斑》《社会进化论》《支那现势论》等，皆东西名著巨构，可以借鉴。有政治小说《佳人奇遇》《经国美谈》等，以稗官之异才，写政界之大势，美人芳草，别有会心。铁血舌坛，几多健者，一读击节，每移我情。千金国门，谁无同好？若夫雕虫小技，余事诗人，则卷末所录诸章，类皆以"诗界革命"之神魂，为斯道别辟新土。凡兹诸端，皆我《清议报》之有以特异于群报者。虽然，以云良也，则前途辽哉邈乎。非所敢言也，非所敢望也！不有椎轮①，安有大辂？不有萌蘗，安有森林？思以此为我国报界进化之一征验云尔。祝之祝之，非祝椎轮，祝大辂也；非祝萌蘗，祝森林也。

第五　《清议报》时代中外之历史

《清议报》之在中国，其沧海之一粟乎？《清议报》之在世界，其大千之一尘乎？虽然，其寿命固已亘于新旧两世纪，无舌而鸣；其踪迹固已遍于纵横五大洲，不胚而走。今请与阅报诸君一为戏言，斯亦可谓文字界中之得天最厚者耶？且勿具论。要之，《清议报》时代，实为中国与世界最有关系之时代。读者若能研究此时代之历史，而有所心得，有所感奋，则其于天下事，思过半矣。

请先言中国。《清议报》起于戊戌十月，其时正值政变之后，今上皇帝百日维新之志事，忽大挫跌，举国失望，群情鼎沸。自兹以往，中国遂闭于沉沉妖雾之中，其反动力一起再起而未有已。翌年

---

① 椎，音 chuí。椎轮，无辐车轮。

己亥春秋之间，刚毅下江南、岭南，搜括膏脂，民不堪命。其冬十二月，遂有议废君、立伪储之事。本朝二百年来，内变之祸，未有甚于此时者也。既而臣民犯颜，友邦侧目，志不得逞，遂乃积羞成怒，大兴党狱；积怒成狂，自弄兵戎。奖群盗为义民，尸邻使于朝市。庚子八月，十国联兵，以群虎而搏一羊，未五旬而举万乘。乘舆播荡，神京陆沉，天坛为刍牧之场，曹署充屯营之帐，中国数千年来，外侮之辱，未有甚于此时者也。反动之潮，至斯而极！过此以往，而反动力之反动力起焉。十九世纪与二十世纪交点之一刹那顷，实中国两异性之大动力相搏相射、短兵紧接而新陈嬗代之时也。今年以来，伪维新之诏书屡降，科举竟废，捐例竟停，动力微蠢于上。俄人密约，士民集议，日本游学，簦蹻①纷来，动力萌蘗于下。故二十世纪之中国，有断不能以长睡终者，此中消息，稍有识者所能参也。《清议报》虽不能为其主动者，而欲窃附于助动者，未敢多让焉。

请更言世界。《清议报》时代世界之大事，除北京联军外，有最大者三端：一曰美国与非律宾之战，二曰英国与波亚之战，三曰俄皇开万国和平会。其次大者五端：一曰日本政党内阁之两次失败，二曰意大利政府之更迭，三曰俄国学生之骚动，四曰美国大统领之被刺，五曰南亚美利加之争乱。美国之县非律宾也，是其伸权力于东方之第一着，而将来雄飞于二十世纪之根据地也。英国之蠲波亚也，植民政略之结果也，其下种在数十年以前，而刈实在数十年以后。凡在英国势力范围之下者，不可不引为前车也。俄皇之倡和平会也，保欧洲之平和也。欧洲平和，然后可合力以逞志于欧洲以外也。意大利政府之更迭也，为索三门湾不得也，索不得而政府遂不能安其位，意人之心未熄也。日本政党内阁之屡败也，东方民政思

---

① 簦，音 dēng，伞。蹻，音 qiāo，同"蹺"。

想尚幼稚之征验也。非加完全之教育，养民族之公德，则文明之实未易期也。日本且然，我中国更安得不兢兢也！俄罗斯学生之骚动也，革命之先声也，专制政体未有能立于今世界者也，中国之君民不可不自择也。美国大统领之被刺与南美之争乱也，由贫富两级太相悬绝，而社会党之人从而乘之也。此事将为二十世纪第一大事，而我中国人蒙其影响，将有甚重者！而现时在北美，侨民为工党所排；在南美，侨民为乱党所掠。犹其小焉者也。要之，二十世纪世界之大问题有三：一为处分中国之问题，二为扩张民权之问题，三为调和经济革命(因贫富不均所起之革命，日本人译为经济革命。)之问题。其第一题，各国直接于中国者也。其第二题，中国所自当从事者也。其第三题，各国间接于中国，而亦中国所自当从事者也。抑今日之世界与昔异，轮船、铁路、电线大通，异洲之国犹比邻而居，异国之人犹比肩而立，故一国有事，其影响未有不及于他国者也。故今日有志之士，不惟当视国事如家事，又当视世界之事如国事，于是乎报馆之责任愈益重，若《清议报》则有志焉而未之逮也。

第六　结论

有一人之报，有一党之报，有一国之报，有世界之报。以一人或一公司之利益为目的者，一人之报也；以一党之利益为目的者，一党之报也；以国民之利益为目的者，一国之报也；以全世界人类之利益为目的者，世界之报也。中国昔虽有一人报，而无一党报、一国报、世界报。日本今有一人报、一党报、一国报，而无世界报。若前之《时务报》《知新报》者，殆脱一人报之范围而进入于一党报之范围也。敢问《清议报》于此四者中位置何等乎？曰：在党报与国报之间。今以何祝之？曰：祝其全脱离一党报之范围而进入于一国报之范围，且更努力渐进，以达于世界报之范围。乃为祝曰：报兮报兮，君之生涯，亘两周兮。君之声尘，遍五洲兮。君之责任，重且遒兮！君其自爱，罔俾羞兮！祝君永年，与国民同休兮！重为祝曰：《清议报》万岁！中国各报馆万岁！中国万岁！

6. 中国各报存佚表[*]

报章之利益，近世士夫，类能言之。沈沈震旦，报章阙如，考古之士，潜思冥索，以为古者太史所陈，辐轩所采，百工朦瞽所箴诵，已为报章之权舆，不过以其通上下之情，陈列国政治风俗之得失利病，与报馆之职颇相类，爰比附之，自张其军，然究不得谓之为报也。邸抄既兴，略为相近，然所纪者，谕旨、奏牍之外，屏焉不录，但为椎轮，体未备也。近世以来，斯道渐盛，林文忠公命译外国近事，名为《西国近事汇编》，月出一册，是吾国报章之最早者，是为月报之始^①；五口通商，风潮渐播，上海一隅，尤为中西人士荟萃之所，《申报》既出，是为日报之始；丁戊之间，吾国迭受大创，乃讲求中外之政学，是时魁人杰士，创《时务报》于上海，风靡一时，吾国始有旬报；是岁也，《广仁报》亦创于桂林，七日一册，名虽不著，绝鲜知者，然溯星期报之始，首屈一指焉。报章体制，几乎备矣。继轨并兴，斯道大畅。《知新报》屹立于澳门，《湘学报》屹立于吾湘，与《时务报》鼎足分峙，彪炳一时。他若《国闻汇报》以及各旬报中，颇多佳构。日报则以《国闻报》《湘报》为巨擘焉。月报寥寥，仅《万国公报》孤鸣于世，星期报则尤阙如也。圣主幽囚，新政隳堕，

---

* 刊于《清议报》第 100 期，1901 年 12 月 21 日。无署名。《梁启超全集》未收录。

① 此处作者记述似有误。《西国近事汇编》为江南机器制造局编译的，而林则徐编译的是《澳门新闻纸》(1839 年 7 月 23 日—1840 年 11 月 7 日)。

内地报馆，封禁无存。天津、上海、澳门为权奸势力所不能及，岿然存者，仅二三焉。《天南新报》突起于星架坡，颇为敢言，不溺其职，苟能始终如一，亦何尝非报馆之伟著也。《汉报》以日本人之力，大声疾呼于汉口。《新闻报》于政变之始，亦属敢言，惜乎不能强立而不返，论者悋①焉。日报之卓卓者，尽于此矣！香港各报章，能不媚权贵者，亦不乏其人。他若《亚东时报》《五洲时事汇报》《中外大事报》，皆出于政变之后，卓然名论，砥柱狂澜，吾国旬报之不易得者，然绵力微薄，不能久远。悲夫！后之兴者，《苏报》《中外日报》《同文沪报》，皆日报矫矫者，屹立于惊涛骇浪、狂飚毒雾之中，难矣，诚可贵矣！岁在辛丑，新政再振，俊杰之士，多所建立，后之来者，蒸蒸日上，进步未知其所底止。今不具论，祝之祷之！若夫《国民报》《开智录》等，皆丛报之后来居上者也。《申报》开设最早，前之主持者，虽未能如近日各报之良，然颇能以开风气为宗旨；近则以无耻小人，妄主笔政，颠倒是非，媚奸嗜利，吾恐自世界有报以来所未有者，异矣！本报主持清议，议论撰述，千秋万世，自有评定者，不敢自誉。今采吾国自有报以来，列为一表，亦报界之历史所不可阙者。约分二类：一曰日报(星期报附之)，二曰丛报(旬报、月报附之)。

日　报

宫门钞	北京	存
官书局报	同	佚
京话报	同	存
燕京时报	同	同
新闻汇报	同	同

① 悋，音 lìn，遗憾。

津报	天津	未详
直报	同	存
国闻报	同	佚
天津时报	同	未详
天津日日新闻	同	存
申报	上海	同
新闻报	同	同
时务日报	同	（改为中外日报）
中外日报	同	存
字林沪报	同	（改为同文沪报）
同文沪报	同	存
苏报	同	同
指南报	同	佚
博闻报	同	同
商务日报	同	存
游戏报	同	同
采风报	同	同
消闲报	同	（同文沪报附张）
笑林报	同	存
寓言报	同	同
华洋报	同	同
奇新报	上海	存
世界繁华报	同	同
博闻报	同	佚
觉民报	同	存
汇报	同	同
广报	广东	佚
中西报	同	（改名越峤纪闻）

续表

越峤纪闻	同	存
博闻报	同	(改名安雅书局世说编)
安雅书局世说编	同	存
岭南报	同	佚
岭海报	同	同
环球报	同	同
商务报	同	存
纪南报	同	佚
广智报	同	同
湘报	湖南	佚
电抄	同	同
京电录	同	同
杭报	浙江	佚
白话报	同	同
无锡白话报	江苏	存
汉报	湖北	存
博闻报	江西	未详
广仁报	广西	佚
渝报	四川	未详
闽报	福州	存
胶州报	山东	存
华字日报	香港	存
中国日报	同	同
中外新报	同	同
循环日报	同	同
维新日报	同	同
香港新报	同	佚
通报	同	同

续表

邮报	同	同
澳报	澳门	佚
天南新报	星架坡	存
日新报	同	同
叻报	同	同
槟城新报	槟榔屿	存
东华新报	雪梨	存
广益华报	同	同
岷报	马尼剌	存
文兴日报	旧金山	存
华洋报	同	同
翰香报	同	同
宝文报	同	同
中西报	同	同
华美报	同	同
万球报	同	同
新中国报	檀香山	存
隆记报	同	同
华夏报	同	同
丽记报	同	同

丛　报

京报	北京	存
谕折汇存	同	同
官书局汇报	同	佚
国闻汇编	天津	佚
时务报	上海	佚

续表

集成报	同	同
昌言报	同	佚
农学报	同	同
蒙学报	同	续出
算学报	同	佚
实学报	同	同
萃报	同	同
卫生报	同	未详
谋新报	同	未详
益智报	同	未详
亚东时报	同	佚
五洲时事汇报	同	同
中外大事报	同	同
格致新报	同	未详
教育世界报	同	存
画报	同	同
益闻报	同	未详
选报	同	存
外交报	同	同
金粟斋译书	同	同
中西教会报	同	同
格致汇编	同	佚
万国公报	同	存
湘学报	湖南	佚
经济报	同	同
译林	浙江	存
经世报	同	佚
群学社编	同	存

续表

医学报	同	佚
励学译编	江苏	存
商务报	湖北	存
中国旬报	香港	佚
知新报	澳门	佚
东亚报	神户	佚
国民报	东京	佚
译书汇编	同	存
大同学录	横滨	佚
开智录	同	同
清议报	同	存

　　右表所列，仅得八九，阙漏谬误，自知不免，深自恧①焉。自报章兴，吾国之文体，为之一变，汪洋恣肆，畅所欲言，所谓宗派家法，无复问者；夫宗派家法，固不足言，然藩篱既决，而芜杂鄙俗之弊，亦因之而起。觉世之文，与传世之文固异，不能执此以绳，然后生来学，亦不可不知也。又或嬉笑怒骂，不无已甚，君子病焉。至如法言庄论，指斥是非，而纤佻谐浪之语，杂乎其间而不自觉，浮薄之习，贤哲所呵。吾自犯之，且为尤甚，矢志前涤，来者可追，并愿普告我同文者。

---

① 恧，音 nǜ，惭愧。

7. 本报告白[*]

中国报馆之兴久矣。虽然，求一完全无缺具报章之资格，足与东西各报相颉颃者，殆无闻焉。非剿说陈言，则翻译外论，其记事繁简失宜，其编辑混杂无序，殆幼稚时代势固有不得不然者耶？本社同人有慨于是，不揣梼昧①，创为此册。其果能有助于中国之进步与否，虽不敢自信，要亦中国报界中前此所未有矣。兹将章程略列于下：

第一章　宗旨

一、本报取《大学》"新民"之义，以为欲维新吾国，当先维新吾民。中国所以不振，由于国民公德缺乏，智慧不开。故本报专对此病而药治之，务采合中西道德，以为德育之方针；广罗政学理论，以为智育之本原。

二、本报以教育为主脑，以政论为附从。但今日世界所趋，重在国家主义之教育，故于政治亦不得不详。惟所论务在养吾人国家思想，故于目前政府一二事之得失，不暇沾沾词费也。

三、本报为吾国前途起见，一以国民公利公益为目的，持论务

---

* 刊于《新民丛报》第 1 期，1902 年 2 月 8 日。

① 梼，音 táo。梼昧，愚昧。

66

极公平，不偏于一党派；不为灌夫骂坐之语，以败坏中国者咎非专在一人也；不为危险激烈之言，以导中国进步当以渐也。

第二章　门类

本报纯仿外国大丛报之例，备列各门类，务使读者得因此报而获世界种种之智识。其门类如下：

一、图画。每卷之首，印中外各地图或风景图及地球名人影像。

二、论说。必取政事学问之关于大本大原，切于时用者，乃著为论。

三、学说。述泰西名儒学说之最精要者。

四、时局。论天下大势以为中国之鉴。

五、政治。专以养国家思想，使吾人知文明世界立国之本原。

六、史传。或中史，或外史，或古史，或近史，或人物传，随时记载。

七、地理。或总论，或分论。

八、教育。本报以教育为主义，故于此门尤注意焉。或论原理，或述方法，总以合于中国国民教育为的。

九、宗教。宗教者，德育之本也。本报主信仰自由、思想自由。惟陈列各义，加以发明，以备读者之采择，无入主出奴[①]之弊。

十、学术。或哲学，或艺学，或中国固有之学，撷其精华论之。

十一、农、工、商。三者富国之本也。述泰西斯业发达之状及其由来，以资比较。

十二、兵事。武备者，国民之精神也，特注意焉。

---

① 指门户之见、宗派偏见。

十三、财政。理财学今为专门科学,凡立国者所宜讲也,故条述其理法。

十四、法律。中国人所尤缺者,法律思想也,故述法家言以导之。

十五、国闻短评。择中国、外国近事之切要者,略加绪论,谈言微中,闻者足戒。

十六、名家谈丛。短篇小文,一语破的,时或有绝精之论,江湖大雅,盖同好焉。

十七、舆论一斑。各报纸中之论说,择其雅驯者,撮其大意,加以评论,此东西报馆之通例也。

十八、杂俎。一名"新智识之杂货店"。

十九、问答。阅报诸君或有疑问,本社同人当竭所闻以对,亦望阅报者代答焉。

二十、小说。或章回体,或片假体①,要以切于时势,摹写人情,使读者拍案称快。

二十一、文苑。诗古文辞妙选附录,亦可见中国文学思潮之变迁也。

二十二、绍介新著。凡各处新出之书,无论为著为编为译,皆列其目,时加评骘,以便学者别择购读。

二十三、中国近事。以简要确实为主。

二十四、海外汇报。地球大事为吾人所不可不注目者,皆备载之。

二十五、余录。无可归类者附于此。

---

① 指日本文体。

第三章 体例

一①、本报用洋式钉装，每册约六万字内外，比之《万国公报》《时务报》《清议报》等，加两倍有余。

二、本报月出两次，以朔、望日发行，每年共出二十四册。

三、第二章所载各门类，不能每册具备，然一册中最少必有十五门以上。

四、各门类皆由通人撰述编纂，非直译洋报、剪抄华报也。

五、定阅全年廿四册者，价洋五元；定阅半年十二册者，价二元六毫；每册零售者，价洋二毫五仙。美洲、澳洲、南洋、海参崴各埠，全年六元，半年三元二毫，零售每册三毫。各外埠邮费照加。

六、有愿任代派者，乞函告本报社，自当按址寄送。

七、代派处派至五份以上者，提一成半为酬劳；派至十份以上者，提二成为酬劳。

八、如欲购阅本报者，乞先将报费邮寄前来，乃为作实。各代派处亦必须于本报既出第二册以后，即向阅报诸君收取报资，汇寄本社，否则一概停寄，仍追取前费。

---

① 本章序号为编者所加。

69

8. 本报之特色*

一、本报全册皆经同人意匠①经营，精心结撰，无一语不用心，无一字属闲笔。非敢自夸，却堪自信。

二、本报议论，其取材虽大半原本于西籍，然一一皆镕铸之，以适于中国人之用。盖他邦之论著，无论若何精深透辟，而其程度能适合于吾国民之脑筋，而使之感动，使之受用者，殆希也。故本报从无直译之文。

三、吾国民最乏普通知识，常有他邦一小学生徒所能知之事理，而吾士大夫犹瞢然者。故本报多设门类，间册论载，但能阅本报一年者，即他种书一部不读，亦可以知政治、学术之崖略矣。

四、求学者最苦于不得门径，读本报则能知各学之端倪，可以自择自进。

五、人不可以因事而废学，而事务繁忙之人，实无日力读书，则莫如读本报，既有学理以助思想之进步，复知时局以为治事之应用。

六、本报所载中国、外国近事，择精语详，可省则省，应有尽有。又设"舆论一斑"一门，凡中国各报之名论，皆择载其大要。苟无日力多读他报者，即专阅本报，所得已多矣。

---

* 刊于《新民丛报》第 1 期，1902 年 2 月 8 日。
① 意匠，构思布局。

七、本报每类皆各自为叶，各自为次。阅满全年后，分拆而装潢之，可得数十种绝妙佳书。

八、本报于新出各书皆加以评骘，如书目解题之例，学者可因以知所别择，无迷厥途。

九、本报每卷必有名人画像、地球名胜数种，读者可得尚友卧游之乐。

十、本报之杂俎、小说、文苑等门，皆趣味浓深，怡魂悦目。茶前酒后，调冰围炉，能使读者生气盎然。非若寻常丛报，满纸胪载生涩之语，令人如耽古乐，惟恐卧也。

本社同人自述

9. 舆论之母与舆论之仆[*]

凡欲为国民有所尽力者，苟反抗于舆论，必不足以成事。虽然，舆论之所在，未必为公益之所在。舆论者，寻常人所见及者也；而世界贵有豪杰，贵其能见寻常人所不及见，行寻常人所不敢行也。然则豪杰与舆论常不相容，若是，豪杰不其殆乎！然古今尔许之豪杰，能烂然留功名于历史上者踵相接，则何以故？

赫胥黎尝论格兰斯顿①曰："格公诚欧洲最大智力之人。虽然，公不过从国民多数之意见，利用舆论以展其智力而已。"约翰·摩礼（英国自由党名士，格公生平第一亲交也。）驳之曰："不然。格公者，非舆论之仆，而舆论之母也。格公常言：大政治家不可不洞察时势之真相，唤起应时之舆论而指导之，以实行我政策。此实格公一生立功成业之不二法门也。盖格公每欲建一策，行一事，必先造舆论。其事事假借舆论之力，固不诬也；但其所假之舆论，即其所创造者而已。"

饮冰子曰：谓格公为舆论之母也可，谓格公为舆论之仆也亦可。彼其造舆论也，非有所私利也，为国民而已。苟非以此心为鹄，则舆论必不能造成。彼母之所以能母其子者，以其有母之真爱存也。

---

* 刊于《新民丛报》第 1 期，1902 年 2 月 8 日。

① 格兰斯顿（William Ewart Gladstone，1809—1898），19 世纪中后期英国著名政治家，曾四次出任英国首相。

母之真爱其子也，恒愿以身为子之仆。惟其尽为仆之义务，故能享为母之利权。二者相应，不容假借。豪杰之成功，岂有侥幸耶！

古来之豪杰有二种：其一以己身为牺牲，以图人民之利益者；其二以人民为刍狗，以遂一己之功名者。虽然，乙种之豪杰，非豪杰而民贼也。二十世纪以后，此种虎皮蒙马之豪杰，行将绝迹于天壤。故世界愈文明，则豪杰与舆论愈不能相离。然则欲为豪杰者如之何？曰：其始也，当为舆论之敌；其继也，当为舆论之母；其终也，当为舆论之仆。敌舆论者，破坏时代之事业也；母舆论者，过渡时代之事业也；仆舆论者，成立时代之事业也。非大勇不能为敌，非大智不能为母，非大仁不能为仆。具此三德，斯为完人。

10. 尺素五千纸之一（记者与读者）*

某顿首，读者诸君阁下：

本报首事不过数月，而印刷之数自二千增至五千，读者之数当自二万增至五万。予居海外，乃得借此文字因缘，与当世数万贤士大夫以精神相往来，荣幸何加！顾以覆瓿①之资，承燕石之赏，良自觖耳。屡得来书，相责备以"记事"一门，简陋为病。虽微②尊谕，固自知之，但僻在三岛，涉海以求中原文献，动费旬日；求得而赍之以东，又费旬日；著录印布，反哺厥母，又费旬日，则宁止六日蒲、十日菊③而已。为地限，为时限，记者复见闻固陋，材力薄弱，实无术以答盛意。虽然，报馆第一责任在报新闻，固未敢全放弃此义务。今后每日有所闻，谨当飞函遍告，半月一付驿使，但无责以速且备，则免于罪戾矣。某谨复。

五月十六日

---

　　* 刊于《新民丛报》第 11 期，1902 年 7 月 5 日。《尺素五千纸》共 15 节，此为第 1 节。"记者与读者"为编者所加。尺素者，短简也。
　　① 瓿，音 bù，小瓮。
　　② 微，音 wēi，若无。
　　③ 日语"六日の菖蒲，十日の菊"，意为明日黄花、时过境迁。

11. 中国唯一之文学报——《新小说》*

小说之道感人深矣。泰西论文学者，必以小说首屈一指，岂不以此种文体曲折透达，淋漓尽致，描人群之情状，批天地之窾①奥，有非寻常文家所能及者耶？

中国自先秦以前，斯道既圮，《汉书·艺文志》已列小说家于九流。但汉唐以后，学者拘文牵义，困于破碎之训诂，骛于玄渺之心性，而于人情事理切实之迹毫不措意，于是反鄙小说为不足道。

夫人之好读小说，过于他书，性使然矣。小说既终不可废，而所谓好学深思之士君子吐弃不肯从事，则儇薄②无行者从而篡其统，于是小说家言遂至毒天下。中国人心风俗之败坏，未始不坐是。本社同人恫焉！是用因势而利导之，取方领矩步之徒所不屑道者，集精力而从事焉。班孟坚不云乎："闾里小知者之所及，亦使缀而不忘。如或一言可采，此亦刍荛狂夫之议也。"其诸新世界之青年，亦在所不弃欤？条例如下：

一、本报宗旨，专在借小说家言，以发起国民政治思想，激厉其爱国精神。一切淫猥鄙野之言，有伤德育者，在所必摈。

一、本报所登载各篇，著、译各半，但一切精心结撰，务求不

---

* 刊于《新民丛报》第 14 期，1902 年 8 月 18 日。原题有小字注："每月一回，十五日发行，洋装百八十叶。"

① 窾，音 kuǎn，孔穴。

② 儇，音 xuān。儇薄，巧佞轻佻。

损中国文学之名誉。

一、本报文言、俗语参用。其俗语之中，官话与粤语参用。但其书既用某体者，则全部一律。

一、本报所登各书，其属长篇者，每号或登一回、二、三回不等。惟必每号全回完结，非如前者《清议报》登《佳人奇遇》之例，将就钉装，语气未完，戛然中止也。

本报之内容如下：

一、图画

专搜罗东西古今英雄、名士、美人之影像，按期登载，以资观感。其风景画，则专采名胜地方趣味浓深者及历史上有关系者登之。而每篇小说中，亦常插入最精致之绣像绘画，其画皆由著译者意匠结构，托名手写之。

二、论说

本报论说专属于小说之范围，大指欲为中国说部创一新境界。如论文学上小说之价值，社会上小说之势力，东西各国小说学之进化之历史及小说家之功德，中国小说界革命之必要及其方法等，题尚夥，多不能豫定。

三、历史小说

历史小说者，专以历史上事实为材料，而用演义体叙述之。盖读正史则易生厌，读演义则易生感。征诸陈寿之《三国志》与坊间通行之《三国演义》，其比较厘然矣。故本社同志宁注精力于演义，以恢奇俶诡之笔，代庄严典重之文。兹将拟著译之目列下：

(一)①《罗马史演义》

此书乃翻译西人某氏所著。罗马为古代世界文明之中心点，有王政时代，有贵族政时代，有共和政时代，有帝政时代。其全盛也，

---

① 各门小说内之序号为编者所加。

事事足为后世法；其就衰也，事事足为后世戒。有大政治家，有大宗教家，有大文学家，有空前绝后之豪杰，有震今铄古之美人，盖历史之最有趣味者，莫罗马史若也。此书原本在欧洲既重版十四次，今特译之，以饷同好。

(二)《十九世纪演义》

欲知今日各文明国之所以成立，莫要于读十九世纪史矣。此书乃采集当代大史家之著述数十种镕铸而成，起维也纳会议，迄义和团事变，其中五大洲各国之大事一一详载，精神活现。

(三)《自由钟》

此书即美国独立史演义也。因美人初起义时，于费特费府①建一独立阁，上悬大钟，有大事则撞之，以召集国民金议②焉，故取以为名。首叙英人虐政，次叙八年血战，末叙联邦立宪。读之使人爱国自立之念油然而生。

(四)《洪水祸》

此书即法国大革命演义也。昔法王路易第十四临终之言曰："朕死后，大洪水将来。"故取以为名。此书初叙革命前太平歌舞骄奢满盈之象，及当时官吏贵族之横暴，民间风俗之腐败；次叙革命时代空前绝后之惨剧，使人股栗；而以拿破仑撼天动地之霸业终焉。其中以极浅显之笔，发明卢梭、孟德斯鸠诸哲之学理，尤足发人深省。

(五)《东欧女豪杰》

此书专叙俄罗斯民党之事实，以女豪杰威拉、莎菲亚、叶些三人为中心点，将一切运动之历史皆纳入其中。盖爱国美人之多，未有及于俄罗斯者也。其中事迹出没变化，悲壮淋漓，无一不出人意想之外。以最爱自由之人，而生于专制最烈之国，流万数千志士之

---

① 即费城(Philadelphia)。

② 金，音 qiān。金议，协商。

血，以求易将来之幸福，至今未成，而其志不衰，其势且日增月盛，有加无已。中国爱国之士，各宜奉此为枕中鸿祕者也。

(六)《亚历山大外传》

(七)《华盛顿外传》

(八)《拿破仑外传》

(九)《俾斯麦外传》

(十)《西乡隆盛外传》

四、政治小说

政治小说者，著者欲借以吐露其所怀抱之政治思想也。其立论皆以中国为主，事实全由于幻想。其书皆出于自著。书目如下：

(一)《新中国未来记》

此书起笔于义和团事变，叙至今后五十年止。全用幻梦倒影之法，而叙述皆用史笔，一若实有其人、实有其事者然，令读者置身其间，不复觉其为寓言也。其结构，先于南方有一省独立，举国豪杰同心协助之，建设共和立宪完全之政府，与全球各国结平等之约，通商约好。数年之后，各省皆应之，群起独立，为共和政府者四五。复以诸豪杰之尽瘁，合为一联邦大共和国。东三省亦改为一立宪君主国，未几亦加入联邦。举国国民戮力一心，从事于殖产兴业，文学之盛，国力之富，冠绝全球。寻以西藏、蒙古主权问题，与俄罗斯开战端，用外交手段联结英、美、日三国，大破俄军。复有民间志士，以私人资格暗助俄罗斯虚无党，覆其专制政府。最后因英、美、荷兰诸国殖民地虐待黄人问题，几酿成人种战争，欧美各国合纵以谋我，黄种诸国连横以应之，中国为主盟，协同日本、菲律宾等国，互整军备。战端将破裂，匈加利人出而调停，其事乃解。卒在中国京师开一万国平和会议，中国宰相为议长，议定黄白两种人权利平等、互相亲睦种种条款，而此书亦以结局焉。

（二）《旧中国未来记》

此书体例亦与前同，惟叙述不变之中国，写其将来之惨状。各强国初时利用北京政府及各省大吏为傀儡，剥夺全国民权利无所不至，人民皆伺外国一颦一笑，为其奴隶，犹不足以谋生，卒至暴动屡起。外国人借口平乱，实行瓜分政策。各国复互相纷争，各驱中国人从事军役，自斗以糜烂。卒经五十年后，始有大革命军起，仅保障一两省，以为恢复之基。是此书之内容也。

（三）《新桃源》（一名《海外新中国》）

此书专为发明地方自治之制度，以补《新中国未来记》所未及。其结构，设为二百年前，有中国一大族民，不堪虐政，相率航海，遁于一大荒岛，孳衍发达，至今日而内地始有与之交通者。其制度一如欧美第一等文明国，且有其善而无其弊焉。其人又不忘祖国，卒助内地志士奏维新之伟业，将其法制一切移植于父母之邦。是此书之内容也。

五、哲理科学小说

专借小说以发明哲学及格致学，其取材皆出于译本：

（一）《共和国》，希腊大哲柏拉图著

（二）《华严界》，英国德麻摩里著

（三）《新社会》，日本矢野文雄著

（四）《世界未来记》，法国埃留著

（五）《月世界一周》

（六）《空中旅行》

（七）《海底旅行》

六、军事小说

专以养成国民尚武精神为主，其取材皆出于译本。题未定。

七、冒险小说

如《鲁宾逊漂流记》之流，以激厉国民远游冒险精神为主。题未定。

八、探侦小说

探侦小说，其奇情怪想，往往出人意表。前《时务报》曾译数段，不过尝鼎一脔耳。本报更博采西国最新最奇之本而译之。题未定。

九、写情小说

人类有公性情二：一曰英雄，二曰男女。情之为物，固天地间一要素矣。本报窃附《国风》之义，不废《关雎》之乱，但意必蕴藉，言必雅驯。题未定。

十、语怪小说

妖怪学为哲理之一科，好学深思之士喜研究焉。西人谈空说有之书，汗牛充栋，几等中国。取其尤新奇可诧者译之，亦研究魂学之一助也。

十一、札记体小说

如《聊斋》《阅微草堂》之类，随意杂录。

十二、传奇体小说

本社员有深通此道、酷嗜此业者一二人，欲继索士比亚、福禄特尔之风，为中国剧坛起革命军，其结构、词藻决不在《新罗马传奇》下也。题未定。

十三、世界名人逸事

体例略如《世说新语》，但常有长篇巨制。大率刺取古今中外豪杰之轶事足以廉顽立懦者，撮而录之，于青年立志最有裨助。

十四、新乐府

本报全编皆文学科所属也，故文苑一门，视寻常报章应有特色。专取泰西史事或现今风俗可法可戒者，用白香山《秦中》《乐府》，尤西堂《明史乐府》之例，长言永叹之，以资观感。

十五、粤讴及广东戏本

此门专为广东人而设，纯为粤语。

其余或有应增之门类，随时补入。

补充说明如下:①

一、以上各门不能每册具备，但每册最少必在八门以上。

二、定价。零售每册定价四角，定阅全年十二册者定价四元，定阅半年六册者定价二元二角，邮费另加，惟皆须依日本银折交。

三、代派至十份以上者，照例提二成为酬劳。

四、定阅全年、半年者，必须先将报费清交，乃为作实。否则一概不寄，决弗徇情。

五、海内外各都会市镇，凡代派《新民丛报》之处，皆有本报寄售，欲阅者请各就近挂号。

六、本报第一号定于中历九月十五日发行，欲先睹为快，请预行挂号通知。

横滨山下町百五十二番

新小说报社

---

① 此标题与此节内序号均为编者所加。

12. 敬告我同业诸君*

某顿首，上书于我同业诸君阁下：

呜呼！国事不可问矣！其现象之混浊，其前途之黑暗，无一事不令人心灰望绝。其放一线光明，差强人意者，惟有三事，曰：学生日多，书局日多，报馆日多是也。然此三者，今皆在幼稚时代中，其他日能收极良之结果欤？抑收极不良之结果欤？今皆未可定。而结果之良不良，其造因皆在今日。吾侪业报馆，请与诸君纵论报事。某以为报馆有两大天职：一曰对于政府而为其监督者，二曰对于国民而为其向导者是也。

所谓监督政府者何也？世非太平，[①] 人性固不能尽善。凡庶务之所以克举，群治之所以日进，大率皆借夫对待者[②]、旁观者之监督，然后人人之义务乃稍完。监督之道不一。约而论之，则法律上之监督、宗教上之监督、名誉上之监督是也。法律监督者，以法律强制之力明示其人曰：尔必当如此，尔必不可如彼。苟不尔者，将随之于刑罚。此监督权之最有力者也。宗教监督者，虽不能行刑罚于现在，而曰善不善报于而身后，或曰善不善报于而后身。而使中人以下，咸有所警焉。（报于身后之说，中土宗教家言是也。所谓积善之

＊ 刊于《新民丛报》第 17 期，1902 年 10 月 2 日。署名"中国之新民"。

① 此处指"太平世"，由"据乱世"、"升平世"而来。

② 对待者，指成对出现的人际关系，二者缺一不可，如父子、师生、夫妇、兄弟。

家有余庆，积不善之家有余殃，皆言因果之在子孙也。报于后身者，西方宗教家言，如佛、如耶皆是也。谓人虽死而魂不灭，因果业报应之来生也。此两义皆监督人类之一大法门，今以非本论目的，不详论之。）此亦监督权之次有力者也。名誉监督者，不能如前两者之使人服从，使人信仰，使人畏惮，然隐然示人曰：尔必当如此，尔必不可如彼。苟不尔者，则尔将不见容于社会，而于尔之乐利有所损。此其监督之实权，亦有不让于彼两途者。此种监督权谁操之？曰：舆论操之。舆论无形，而发挥之代表之者，莫若报馆，虽谓报馆为人道之总监督可也。政府者，受公众之委托而办理最高团体（今世政学家谓国家为人类最高之团体。）之事业者也，非授以全权，则事固不可得举。然权力既如此重且大，苟复无所以限制之，则虽有圣智，其不免于滥用其权，情之常也。故数百年来，政治学者之所讨论，列国国民之所竞争，莫不汲汲焉以确立此监督权为务。若立法、司法两权之独立，政党之对峙，皆其监督之最有效者也。犹虑其力之薄弱也，于是必以舆论为之后援。西人有恒言曰：言论自由，出版自由，为一切自由之保障。诚以此两自由苟失坠，则行政之权限万不能立，国民之权利万不能完也。而报馆者，即据言论、出版两自由，以龚行监督政府之天职者也。故一国之业报馆者，苟认定此天职而实践之，则良政治必于是出焉。拿破仑常言："有一反对报馆，则其势力之可畏，视四千枝毛瑟枪殆加甚焉。"诚哉！报馆者，摧陷专制之戈矛，防卫国民之甲胄也。在泰西诸国，立法权、司法权既已分立，政党既已确定者，而其关系之重大犹且若是，而况于我国之百事未举，惟恃报馆为独一无二之政监者乎！故今日吾国政治之或进化、或坠落，其功罪不可不专属诸报馆。我同业诸君，其知此乎？其念此乎？当必有瞿然于吾侪之地位如此其居要，吾侪之责任如此其重大者，其尚忍以文字为儿戏也！抑吾中国前此之报馆，固亦自知其与政府有关系焉矣，然其意曰：吾将为政府之顾问焉，吾将为政府之拾遗补阙焉。若此者，吾不敢谓非报馆之一职，虽然，谓吾职而尽于是焉，非我等之所以自处也。何也？报馆者，非政府之臣属，而与政府立于平等之地位者也。不宁惟是，政府受国民之委托，是国民之雇佣也，而报馆则代表国民发公意以为公言者也。故报馆之视政府，当如父兄之视子弟，其不解事也，则教导之；其有过失也，则扑责之，而岂以主文谲谏毕乃事也。夫吾之为此言，非谓必事事而与政府为难也。教导与扑责，同时并行，而一皆以诚心出之，虽有顽童，终必有所感动，有所忌惮。此乃国家所以赖有报馆，而吾侪所以尽国民义务于万一也。抑所谓监督云者，宜务其大者远者，勿务其小者近者。豺狼当道，安问狐狸？放饭不惩，乃辨齿决，苟非无识，其必有所规避取巧矣。某以为我同业者，当纠政府之全局部，而不可挑得失于小吏一二人；当监政府之大方针，而不必摭献替于小节一二事。苟不尔者，则其视献媚权贵之某报，亦百步与五十步耳。吾侪当尽之天职，此其一。

所谓向导国民者何也？西哲有言："报馆者，现代之史记也。"故治此业者，不可不有史家之精神。史家之精神何？鉴既往，示将来，导国民以进化之途径者也。故史家必有主观、客观二界。（参观本报第三号《历史学之界说》篇 ①。）作报者亦然。政府、人民所演之近事，本国、外国所发之现象，报之客观也；比近事，察现象，而思所以推绎之发明之，以利国民，报之主观也。有客观而无主观，不可谓之报。主观之所怀抱，万有不齐，而要之以向导国民为目的者，则在史家谓之良史，在报界谓之良报。抑报馆之所以向导国民也，与学校异，与著书亦异。学校者，筑智识之基础，养具体之人物者

---

① 指《新史学》第二章"史学之界说"。《新民丛报》第 3 期，1902 年 3 月 10 日。

也。报馆者，作世界之动力，养普通之人物者也；著书者，规久远，明全义者也；报馆者，救一时，明一义者也。故某以为业报馆者，既认定一目的，则宜以极端之议论出之，虽稍偏稍激焉而不为病。何也？吾偏激于此端，则同时必有人焉偏激于彼端以矫我者，又必有人焉执两端之中以折衷我者。互相倚，互相纠，互相折衷，而真理必出焉。若相率为从容模棱之言，则举国之脑筋皆静，而群治必以沉滞矣。夫人之安于所习而骇于所罕闻，性也。故必变其所骇者而使之习焉，然后智力乃可以渐进。某说部尝言：有宿逆旅者，夜见一妇人，摘其头置案上而梳掠之，则大惊。走至他所，见数人聚饮者，语其事，述其异。彼数人者则曰：是何足怪，吾侪皆能焉。乃各摘其头，悉置案上以示之，而客遂不惊。此吾所谓"变骇为习"之说也。不宁惟是，彼始焉骇甲也，吾则示之以倍可骇之乙，则能移其骇甲之心以骇乙，而甲反为习矣。及其骇乙也，吾又示之以数倍可骇之丙，则又移其骇乙之心以骇丙，而乙又为习矣。如是相引，以至无穷。所骇者进一级，则所习者亦进一级。驯至①举天下非常异义可怪之论，无足以相骇，而人智之程度乃达于极点。不观夫病海者乎？初时渡数丈之涧，犹或瞑眩焉；及与之下三峡，泛五湖，则此后视横渡如平地矣。更与之航黄、渤之海，驾太平、大西之洋，则此后视内河亦如平地矣。国民之智识亦然。勿征诸远，请言近者。二十年前，闻西学而骇者，比比然也。及言变法者起，则不骇西学而骇变法矣。十年以前，闻变法而骇者，比比然也，（王安石变法，为世诟病。数百年来，"变法"二字为一极不美之名词。吾于十年前在京师犹习闻此言，今则消灭久矣。）及言民权者起，则不骇变法而骇民权矣。一二年前，闻民权而骇者，比比然也，及言革命者起，

①　驯至，渐至。

则不骇民权而骇革命矣。今日我国学界之思潮,大抵不骇革命者,千而得一焉;骇革命不骇民权者,百而得一焉;若骇变法、骇西学者,殆几绝矣。然则诸君之所以向导国民者可知矣。诸君如欲导民以变法也,则不可不骇之以民权;欲导民以民权也,则不可不骇之以革命。当革命论起,则并民权亦不暇骇,而变法无论矣。若更有可骇之论,倍蓰①于革命者出焉,则将并革命亦不暇骇,而民权更无论矣。大抵所骇者过两级,然后所习者乃适得其宜。(如欲其习甲,则当先骇之以乙,继骇之以丙,然后其所习者适在甲。当其骇乙时,骇乙者十之七,而骇甲者犹十之三。及骇之以丙,则彼将以十之七骇丙,以十之三骇乙,而甲已成为习矣。)某以为报馆之所以导国民者,不可不操此术。此虽近于刍狗万物之言乎?然我佛说法,有实有权。众生根器,既未成熟,苟不赖权法,则实法恐未能收其效也。故业报馆者而果有爱国民之心也,必不宜有所瞻徇顾忌,吾所欲实行者在此,则其所昌言者不可不在彼。吾昌言彼,而他日国民所实行者不在彼而在此焉。其究也不过令后之人笑我为无识,訾我为偏激而已。笑我、訾我,我何伤焉?而我之所期之目的则既已达矣。故欲以身救国者,不可不牺牲其性命;欲以言救国者,不可不牺牲其名誉。甘以一身为万矢的,曾不于悔,然后所志所事,乃庶有济。虽然,又非徒恃客气②也,而必当出以热诚。大抵报馆之对政府,当如严父之督子弟,无所假借;其对国民,当如孝子之事两亲,不忘几谏③。委曲焉,迁就焉,而务所以喻亲于道,此孝子之事也。吾侪当尽之天职,此其二。

以上所陈,我同业诸君其谓然也,则愿共勉之;其不谓然耶,

---

① 倍蓰,音 bèi xǐ,由一倍至五倍,形容很多。
② 此处指意气用事。
③ 几谏,对长辈的劝告。

则请更摅①鸿论有以教我。吾侪手无斧柯，所以报答国民者，惟恃此三寸之舌、七寸之管。虽然，既俨然自尸此重大之天职而不疑，当此中国存亡绝续之交，天下万世之功罪，吾侪与居一焉，夫安得不商榷一所以自效之道，以相劝勉也。由幼稚时代而助长之成立之，是在诸君矣！某再拜。

---

① 摅，音 shū，同"抒"。

13. 嗜报国民 *

　　今世文明国国民，皆嗜读报纸如食色然，而发达最速者，莫如美国。美国当五十年前，即西历一千八百五十年，全国报馆仅有二百五十四种，读报者七十五万八千人，至今年(一千九百二年。)有报一万一千二百二十六种，读报者一千五百十万人。五十年前，全国报馆印出报纸总数四万万零二千六百四十万部，今年增至八十一万万零六千八百五十万部。今年统计全国报馆平均支出费用，美银一万万零九千二百四十四万元，内主笔、访事及司理人等，共二万七千五百余名，支出薪俸美银二千七百万元；职工共九万四千人，支出薪俸美银五千万元；其余机器、纸料、杂费等，支出美银五千万元。全国报馆平均收入金，美银二万万零二千三百万元，收支相消，实每年赢余总额美银三千万元。

　　据美国最近人口统计，凡七千六百五十余万人，以此比例，是六人中必有一人读报者也。中国民数五倍美国，以此比例，应有读报人八千万有奇，每年印出报纸总数，当在四百五十三万万零四千万有奇。呜呼！吾中国何日始能有此盛况乎？不禁慨叹！然美国五十年中，增率二十倍有奇，安知中国五十年后，其盛大不有更惊人耳目者乎？是在造时势之英雄焉矣。

---

　　* 刊于《新民丛报》第 17 期，1902 年 10 月 2 日。《饮冰室合集》改题为"嗜报之国民"。

　　以今日金值计之，美银一元，当中国口岸通用银二元，是美国全国报馆每年总支出数，将近四万万元。其总收入数，将近四万万零五千万元。视今日中国国帑出入总数，且三倍矣。呜呼！人之度量相越，乃至如是耶？

14. 尺素六千纸之二十二（中国报界）*

一年以来，中国报界大添活气，真是差强人意之一事。顷者日报中光芒万丈、咄咄逼人者，莫如美国旧金山之《文兴日报》①，每论说一篇，动五六万言，登至二三十续，诚前此日报所未有也。又如汕头之《岭东日报》，天津之《大公报》，皆有特色，有新论，实可称日报进化之一级。上海各报向优于他地，今则靡然不振，除《苏报》屹然砥柱中流，有一定之主义，外此皆次第堕落，可胜慨叹！惟丛报体则视数年前大有进步。去年发行之《选报》，最称铮铮。自廿一期以后，虽顿减色，然新出之《新世界学报》，魄力亦有大惊人者。虽其间多有影响之语，然文章之锐达，理想之斓斑，实本社记者所深佩！其中主持论坛者似多得力于浏阳谭先生之学，尤使我起敬。又有《政艺通报》，亦不失为上海报界第二流之位置，每月二册，似皆成于一人之手，其精力亦可惊矣。言论为实事之母，我国今日言论界一线曙光，杲杲方出，其或者事实之良结果殆将不远。吾欲为中国前途贺！

八月十八日　社员某

＊　刊于《新民丛报》第 17 期，1902 年 10 月 2 日。《尺素六千纸》共 22 节，此为第 22 节。"中国报界"为编者所加。
①　保皇会的重要机关报。康门弟子欧榘甲（1865—1913）时任主笔，笔名"太平洋客"。参见夏晓虹：《〈新广东〉：从政治到文学》，《学术月刊》，2016 年第 2 期。

15. 论小说与群治之关系*

欲新一国之民，不可不先新一国之小说。故欲新道德，必新小说；欲新宗教，必新小说；欲新政治，必新小说；欲新风俗，必新小说；欲新学艺，必新小说；乃至欲新人心，欲新人格，必新小说。何以故？小说有不可思议之力支配人道故。

吾今且发一问：人类之普通性，何以嗜他书不如其嗜小说？答者必曰：以其浅而易解故，以其乐而多趣故，是固然。虽然，未足以尽其情也。文之浅而易解者，不必小说。寻常妇孺之函札，官样之文牍，亦非有艰深难读者存也，顾谁则嗜之？不宁唯是，彼高才赡学之士，能读《坟》《典》《索》《邱》，能注虫鱼草木，彼其视渊古之文与平易之文，应无所择，而何以独嗜小说？是第一说有所未尽也。小说之以赏心乐事为目的者固多，然此等顾不甚为世所重。其最受欢迎者，则必其可惊、可愕、可悲、可感，读之而生出无量噩梦，抹出无量眼泪者也。夫使以欲乐故而嗜此也，而何为偏取此反比例之物而自苦也？是第二说有所未尽也。吾冥思之，穷鞫之，殆有两因：凡人之性，常非能以现境界而自满足者也。而此蠢蠢躯壳，其所能触能受之境界，又顽狭短局而至有限也。故常欲于其直接以触以受之外，而间接有所触有所受，所谓身外之身，世界外之世界也。此等识想，不独利根众生有之，即钝根众生亦有焉。而导其根

＊ 刊于《新小说》第1期，1902年11月14日。群治，合群而治。

器使日趋于钝、日趋于利者,其力量无大于小说。小说者,常导人游于他境界,而变换其常触常受之空气者也。此其一。人之恒情,于其所怀抱之想象,所经阅之境界,往往有行之不知、习矣不察者。无论为哀、为乐、为怨、为怒、为恋、为骇、为忧、为惭,常若知其然而不知其所以然。欲摹写其情状,而心不能自喻,口不能自宣,笔不能自传。有人焉和盘托出,澈底而发露之,则拍案叫绝曰:善哉善哉,如是如是。所谓"夫子言之,于我心有戚戚焉"。感人之深,莫此为甚。此其二。此二者实文章之真谛,笔舌之能事。苟能批此窾、导此窍,则无论为何等之文,皆足以移人。而诸文之中能极其妙而神其技者,莫小说若,故曰:小说为文学之最上乘也。由前之说,则理想派小说尚焉;由后之说,则写实派小说尚焉。小说种目虽多,未有能出此两派范围外者也。

抑小说之支配人道也,复有四种力:一曰熏。熏也者,如入云烟中而为其所烘,如近墨朱处而为其所染。《楞伽经》所谓"迷智为识,转识成智"者,皆恃此力。人之读一小说也,不知不觉之间,而眼识为之迷漾,而脑筋为之摇飏,而神经为之营注。今日变一二焉,明日变一二焉,刹那刹那,相断相续。久之而此小说之境界,遂入其灵台而据之,成为一特别之原质之种子。有此种子,故他日又更有所触所受者,旦旦而熏之,种子愈盛,而又以之熏他人,故此种子遂可以遍世界。一切器世间、有情世间之所以成、所以住,皆此为因缘也。而小说则巍巍焉具此威德以操纵众生者也。

二曰浸。熏以空间言,故其力之大小,存其界之广狭;浸以时间言,故其力之大小,存其界之长短。浸也者,入而与之俱化者也。人之读一小说也,往往既终卷后数日或数旬而终不能释然。读《红楼》竟者,必有余恋有余悲,读《水浒》竟者,必有余快有余怒。何也?浸之力使然也。等是佳作也,而其卷帙愈繁、事实愈多者,则其浸人也亦愈甚。如酒焉，作十日饮，则作百日醉。我佛从菩提树下起，便说偌大一部《华严》，正以此也。

三曰刺。刺也者，刺激之义也。熏、浸之力利用渐，刺之力利用顿；熏、浸之力在使感受者不觉，刺之力在使感受者骤觉。刺也者，能使人于一刹那顷，忽起异感而不能自制者也。我本蔼然和也，乃读林冲雪天三限，武松飞云浦厄，何以忽然发指？我本愉然乐也，乃读晴雯出大观园，黛玉死潇湘馆，何以忽然泪流？我本肃然庄也，乃读实甫之琴心酬简，东塘之眠香访翠，何以忽然情动？若是者，皆所谓刺激也。大抵脑筋愈敏之人，则其受刺激力也愈速且剧，而要之，必以其书所含刺激力之大小为比例。禅宗之一棒一喝，皆利用此刺激力以度人者也。此力之为用也，文字不如语言，然语言力所被不能广不能久也，于是不得不乞灵于文字。在文字中，则文言不如其俗语，庄论不如其寓言。故具此力最大者，非小说末由。

四曰提。前三者之力，自外而灌之使入；提之力，自内而脱之使出，实佛法之最上乘也。凡读小说者，必常若自化其身焉，入于书中，而为其书之主人翁。读《野叟曝言》者必自拟文素臣，读《石头记》者必自拟贾宝玉，读《花月痕》者必自拟韩荷生若韦痴珠，读《梁山泊》者必自拟黑旋风若花和尚。虽读者自辩其无是心焉，吾不信也。夫既化其身以入书中矣，则当其读此书时，此身已非我有，截然去此界以入于彼界，所谓华严楼阁，帝网重重，一毛孔中万亿莲花，一弹指顷百千浩劫。文字移人，至此而极！然则吾书中主人翁而华盛顿，则读者将化身为华盛顿；主人翁而拿破仑，则读者将化身为拿破仑；主人翁而释迦、孔子，则读者将化身为释迦、孔子，有断然也。度世之不二法门，岂有过此！此四力者，可以卢牟①一

---

① 卢牟，音 lú mù，规模。

世，亭毒①群伦，教主之所以能立教门，政治家所以能组织政党，莫不赖是。文家能得其一，则为文豪；能兼其四，则为文圣。有此四力而用之于善，则可以福亿兆人；有此四力而用之于恶，则可以毒万千载。而此四力所最易寄者，惟小说。可爱哉小说！可畏哉小说！

小说之为体其易入人也既如彼，其为用之易感人也又如此，故人类之普通性，嗜他文终不如其嗜小说。此殆心理学自然之作用，非人力之所得而易也；此天下万国凡有血气者莫不皆然，非直吾赤县神州之民也。夫既已嗜之矣，且遍嗜之矣，则小说之在一群也，既已如空气如菽粟，欲避不得避，欲屏不得屏，而日日相与呼吸之餐嚼之矣。于此其空气而苟含有秽质也，其菽粟而苟含有毒性也，则其人之食息于此间者，必憔悴，必萎病，必惨死，必堕落，此不待蓍龟而决也。于此而不洁净其空气，不别择其菽粟，则虽日饵以参苓，日施以刀圭，而此群中人之老病死苦，终不可得救。知此义，则吾中国群治腐败之总根原，可以识矣。吾中国人状元宰相之思想何自来乎？小说也。吾中国人佳人才子之思想何自来乎？小说也。吾中国人江湖盗贼之思想何自来乎？小说也。吾中国人妖巫狐鬼之思想何自来乎？小说也。若是者，岂尝有人焉提其耳而诲之，传诸钵而授之也？而下自屠爨贩卒、妪娃童稚，上至大人先生、高才硕学，凡此诸思想必居一于是，莫或使之，若或使之，盖百数十种小说之力，直接间接以毒人，如此其甚也。(即有不好读小说者，而此等小说既已渐渍社会，成为风气，其未出胎也，固已承此遗传焉，其既入世也，又复受此感染焉，虽有贤智，亦不能自拔，故谓之间接。)今我国民惑堪舆，惑相命，惑卜筮，惑祈禳，因风水而阻止铁路，阻止开矿，争坟墓而合族械斗，杀人如草，因迎神赛会而岁耗百万金钱、废时生事、消耗国力者，曰惟小说之故。今我国民慕科

---

① 亭毒，音 tíng dú，养育。

第若膻，趋爵禄若鹜，奴颜婢膝，寡廉鲜耻，惟思以十年萤雪，暮夜苞苴，易其归骄妻妾、武断乡曲一日之快，遂至名节大防，扫地以尽者，曰惟小说之故。今我国民轻弃信义，权谋诡诈，云翻雨覆，苛刻凉薄，驯至尽人皆机心，举国皆荆棘者，曰惟小说之故。今我国民轻薄无行，沉溺声色，绻恋床笫，缠绵歌泣于春花秋月，销磨其少壮活泼之气；青年子弟，自十五岁至三十岁，惟以多情多感、多愁多病为一大事业，儿女情多，风云气少，甚者为伤风败俗之行，毒遍社会，曰惟小说之故。今我国民绿林豪杰，遍地皆是，日日有桃园之拜，处处为梁山之盟，所谓"大碗酒、大块肉，分秤称金银，论套穿衣服"等思想，充塞于下等社会之脑中，遂成为哥老、大刀等会，卒至有如义和拳者起，沦陷京国，启召外戎，曰惟小说之故。呜呼！小说之陷溺人群，乃至如是，乃至如是！大圣鸿哲数万言谆诲之而不足者，华士坊贾一二书败坏之而有余。斯事既愈为大雅君子所不屑道，则愈不得不专归于华士坊贾之手。而其性质，其位置，又如空气然，如菽粟然，为一社会中不可得避、不可得屏之物，于是华士坊贾，遂至握一国之主权而操纵之矣。呜呼！使长此而终古也，则吾国前途，尚可问耶？尚可问耶！故今日欲改良群治，必自小说界革命始！欲新民，必自新小说始！

16.《新民丛报》第二十五号以后改良告白[*]

本报开办未及一年，承海内外大雅不弃，谬加奖励，发行总数递增至九千份，诚非本社同人所克荷承！至二十四号即满一年之期。本社辱承厚爱，且感且奋，自维初办伊始，百事草创，体例漏略，缺点殊多。今特悉心研究，务实进步改良，以期副读者诸君之盛意焉。兹将改良条件列下：

一、增加页数、字数。本报原定百二十页，皆用四号字，今拟随时增加页数。八页至二十页，其时评、记事、杂俎、余录等门，皆改用五号字。报中内容约比今年增加四分之一。

二、多聘撰述。今年报中文字大率成于一人之手，议论、思想未免简单。今得海内硕学能文之士数人，相助为理，各任专门，议论更归实际，思想益求繁赜。惟本社总撰述之文字仍有增无减。

三、分设时评。丛报之体，本以评论为天职。今年之报偏于论说而缺于实际，就中惟有"国闻短评"一门，稍具时评之体，殊为缺憾。今拟增置政治时评、教育时评、学艺时评、风俗时评等门，就中国现在利病，一一指陈，以求国民之自省。

四、增加图画。各国风景及名人造像，每号增加数页。

---

* 刊于《新民丛报》第 22 期，1902 年 12 月 14 日。此后又以同题刊于第 23 期，以《本社紧要告白》为题刊于第 24 期，以《本社改良广告》为题刊于第 25 期。《梁启超全集》未收录。

五、改铸铅字。本馆铅字印刷既多，未免时有模糊之患，今一律淘汰，挑去旧字，补铸新字，以求娱目。

六、改良纸张。改用上等洁白厚韧之纸，以求美观。

七、印送附录。元旦所出之第二十五号，为本报一年纪念，增加附录百数十页。来年有闰月，别出临时增刊一厚册，比本报页数约增加一倍有余，由本社总撰述自行编著。凡定阅全年报者，一律奉送，不取分文。

本报为开广风气、裨补国民起见，故取价极廉，比诸上海各书局译印之书，价值较贱倍蓰。此意当为识者所同认。惟年来内地银价下落殊甚，日本工价、纸墨，事事昂贵，所亏不赀，不得不酌为弥补，今定例：自二十五号至四十八号，盖凡内地定阅全年者，实收报费银六元；定阅半年者，三元四角；零售每册三角。邮费照加，其海外各埠亦照收通用银六元，惟日本各地不加收分文。

新民丛报社谨启

17. 本社编辑部告白[*]

一、各处来书，多劝将本年报中所载论文全行完结，以便钉装者。惟编中未完之文，或著者因事返国，久未能续，或篇幅太长，断非一年所能尽登者，故此两号中惟务取其稍易完者，完其数篇，余则俟诸明年，读者谅之。

一、前号论说第二行"英国千八百三十二年国会"之 Revolution 字实 Reform 字之误，校对时偶失捡，合并更正。再者，全编讹落之字尚多，容俟来春为一"第一年总刊误表"。

一、顷得东京有题"楚北少年"者一书，责以本报及《新小说》之宗旨卑劣。相规之深，感悚何言！但所谓卑劣者，未知何指，伏乞明示，以便遵改。若指革命论非革命论之辩争，则此乃中国前途一大问题，非仅关一人一姓之事，似未可禁国民之自由研究也。至责其以无谓陈言，滥充篇幅，实咎无可辞。恨本社员学浅才短，不能出一大杂志，依日本《太阳》报之叶数、字数，而一一自撰述之耳，污蔑"新民"二字之名义，某等知罪矣，复此敬谢"楚北少年"！

---

　　* 《新民丛报》第 23 期，1902 年 12 月 30 日。《梁启超全集》未收录。

18. 编辑《清议报全编》缘起及凡例*

本报起戊戌十月，讫辛丑十一月，凡阅三年，共出一百册。至举行第一百册祝典后，即行停止。三年之间，流传海内外者，既已不少；惟是辽远之区，犹多以未覩①为憾；又或前经购阅，而随手散佚不能具备全帙。以故数月以来，函致本馆索购索补者络绎不绝，而本馆亦以印刷无多，随印随销，存本寥寥，无以应命，歉仄殊甚，是以将全编重行校印，聊以供海内同好之求云尔。

一、初时同人怂恿属将原文依样排印，继思原本论说、书籍等项，大率长篇巨构，连亘数册或数十册，文气隔断，读者苦之；又其中记事，亦随时载笔，不能连络，而过去事蹟已成明日黄花者亦不少，是以重行编辑一次，将全编文字分别部居，不相杂厕，断者连之，阙者补之，无用者删之。大率删去者十分之四，补入者十分之二，以一月之功编成今本，首尾釐然②可观矣。

一、全编分为六集，第一集"本馆论说"，第二集"名家著述"，第三集"新书译丛"，第四集"文苑"，第五集"外论汇译"，第六集"纪事"，而别采近数年来海内外各报馆之伟论名著，别为"群报撷华"两卷，附录于后，共为二十六卷。

---

* 《清议报全编》（第一集"本馆论说"）卷首，横滨新民社辑印，光绪二十八年（1902）。《梁启超全集》未收录。

① 覩，音 dǔ，同"睹"。

② 釐，音 lí。釐然，形容有条理。

一、第一集"本馆论说",分为通论、专论两类。通论者,论全国全体之大问题也;专论者,论一时一事之问题也。其琐故杂论者亦附焉,问题已过而无关大体者则删之。

一、通论、专论两门,各以原报之先后为次序,惟《第一百册祝辞》一篇叙"报馆之责任及本馆之经历",可当全编总序,故提出,以弁卷首焉。

一、第二集凡得书十四种,第三集凡得书十四种。其卷帙繁重者,则每种各为一卷;篇幅简短者,则数种合为一卷。而合卷之例,亦各从其本书之性质以类归焉,不依原本登录之先后也。

一、原本附印各书多有未完者,今为补缀之,以餍①读者之望。亦有卷帙太繁,非仓卒可以卒业者,则姑缺之,俟他日单行木之刻,读者谅焉。

一、原本论说著述,多不标撰人名氏,当时盖有所为而为之,今悉为标出。文中宗旨之当否,议论之长短,撰述者悉负其责任也。

一、第一、第二、第三集,一一注明其原本册数于目录之下,使读者以观本报思想之变迁进化焉。其第四集以下不注者,或因割裂移补者,多不能得其原文;或题目太碎,不能徧注也,读者谅之。

一、第四集"文苑"分为二类,上编汇录来稿杂文,不注撰人名氏者,因来稿多不得其真名也。虽间有知之者,亦一律不注,以归画一也。下篇诗辞歌赋,其目太繁,故并目录亦不列。

一、第五集"外论汇译",分为论中国、论外国及通论三类,每类各以原本先后为次第,读者可因以观时变、考舆论焉。

一、第六集"纪事"一门,原本随时登载,最为殽②乱。今以《清议报》时代中国三大案分类纪之,为"戊戌政变纪事本末"、"己亥立

---

① 餍,音 yàn,满足。
② 殽,音 xiáo,同"淆"。

储纪事本末"各一卷，"庚子国难纪事本末"上下二卷，而各以其时之杂事附后焉。比事类情，条理秩然，读此者于数年来变乱之迹及其原因、结果，皆可以了了于胸中矣。

一、外国大事，如美菲英杜之战争、巴黎之博览会、俄皇之万国平和会等，皆于全球大势有关系者也，但与吾国相去稍远。春秋之义内其国而外他人，详略之间，义所当尔。且原本于记此等事，亦未能首尾完具，故今不复以纪事本末体论次之，惟记其荦荦大者，而于每日电报及所译电报，反多删削焉，以清眉目、避繁重也，读者谅之。

近年以来，报馆之风渐盛，精言伟论，璀璨可观，此实足以徵吾国文明渐进之现象也。学者一一备购，固属不易，即能搜罗毕备，亦苦无时日徧读之以吸其精要。本馆于各处报章，或交换、或购采，无不具备，故特为"群报撷华"一门，附录于后，专采论说，不及其他。计所采诸报，上海曰：《万国公报》《时务报》《亚东时报》《选报》《中外日报》《同文沪报》《政艺通报》《外交报》《普通学报》《新闻报》《苏报》《商务日报》《政学报》《算学报》《蒙学报》《集成报》《农学报》《采风报》《游戏报》《南洋七日报》《新世界学报》；天津曰：《直报》《国闻汇编》《国闻报》《大公报》《天津日日新闻》；北京曰：《强学报》《顺天时报》《工艺报》《京话报》；山东曰：《同益报》《胶州报》《杭州白话报》《无锡白话报》；湖南曰《湘学报》《湘报》；福州曰：《闽报》《鹭江报》《汕头岭东日报》；香港曰：《中国旬报》《中国日报》《维新日报》《华字日报》《循环日报》；澳门《知新报》；广州《安雅书局世说编》；桂林《广仁报》；台湾《日日新闻》；星架坡曰：《天南新报》《叻①报》；庇能《槟城②新报》；新金山《东华新报》；旧金山

---

① 叻，音 lè，新加坡旧称。
② 槟城，马来西亚的旧称。

《文兴日报》；檀香山《新中国报》；东京曰：《国民报》《译书汇编》；横滨曰：《开智录》《新民丛报》等，凡六十种有奇，皆择其精论有裨时局者，乃行采入。读者得此编，庶亦可以网罗全国之新智识而无遗矣。

19.《清议报全编》十大特色[*]

一、本编之论说，皆以发明爱国真理、输入文明思想为主，而又指陈时弊，毫无假借。读者可因以见外国进化之所由及中国受病之所在，为他书所莫能及者一。

一、本编名虽为报，而其中实含佳书三十余种之多，实新学界之一大丛书也。所含诸书或明哲理，或晰学术，或述近史，皆独辟途径，益人神智，为他书所莫能及者二。

一、本编附有"政治小说"两大部，以稗官之体写爱国之思。二书皆为日本文界中独步之作，吾中国向所未有也，令人一读不忍释手，而希贤爱国之念自油然而生，为他书所莫能及者三。

一、本编附录《诗界潮音集》一卷，皆近世文学之精英，可以发扬神志，涵养性灵，为他书所莫能及者四。

一、本编不徒一党派之私言，凡海内外名流寄稿，崇论闳议，络绎不绝，实可见中国舆论之一斑，为他书所莫能及者五。

一、本编网罗泰东泰西各国之时论，他山之石，可以攻玉。良药苦口，使我瞑眩。^① 一棒一喝，字字皆宝，为他书所莫能及者六。

一、本报所经历时代，为中国存亡绝续之所关。本编特将中国

＊《清议报全编》(第一集"本馆论说")卷首，横滨新民社辑印，光绪二十八年(1902)。《梁启超全集》未收录。

① 中医认为，不起瞑眩，病即不愈。

三大案编为纪事本末,以明其现象及原因、结果。学者畴昔虽读他报,然或过而辄忘,且其事蹟散见,网罗不易。得此裒集,实可称为一最良之现世史也,为他书所莫能及者七。

一、各报佳构良多,苦难一一备购备读,本编裒采各报三十余种,撮录其论说之精采者,是读一报不啻兼读数十种报也,为他书所莫能及者八。

一、综此八长而又同时并出,视前者每月三册支支节节者,有难得易得之别;又编纂归类,视各卷散漫捡读费时者,有劳逸之殊,为他书所莫能及者九。

一、综此九长而又志在开风气,取价极廉,虽寒士亦可人置一帙,但得一编,而内外学术思想之光华、国势时事之变幻,皆历历在目矣,所谓不出户而知天下也,为他书所莫能及者十。

20. 第二年之《新民丛报》[*]

本报改良章程略具于上，今将改定内容大概，再布如下：

第一、论著门

一论说　由本社总撰述主稿，其《新民说》及《新民议》两鸿著，次第刊布。此外，有特别重大之问题随时著论。

二学说　泰西近哲之学说，如康德学说、约翰弥勒学说、斯宾塞学说等次第撰成，复增演中国先哲学说，如孔子、孟子、荀子、墨子、庄子、王阳明之类。

三时局　世界大势、中国前途，随时论列。

四政治　专阐实际之学理，援证各国之先例，不尚空言。其中国专制政体进化史亦续成焉。

五历史　《新史学》各雄篇次第续成，并阐发史学原理兼多著史论。

六地理　《中国地理大势论》尚有余稿，未尽续成之。尚有《地理学研究法》次第附载。

七教育　续成《中国新教育》（案：随成），更阐明学理，提出问题。

　＊　刊于《新民丛报》第 24 期，1903 年 1 月 13 日。《梁启超全集》未收录。

八兵事　续成《军国民》篇，更他有所发挥。

九法律　专以浅近之语，发明法理，以养成国民法律思想。

十生计　循次浅深，发明生计学学理，其应用生计学及中国生计问题，亦详载焉。

十一学术　续成《中国学术思想变迁之大势》，更为《泰西学术思想变迁大势》一雄篇。又取近世各种科学，解其定义，叙其源流，以为求学津梁。

十二宗教　发明佛学之哲理，且为《世界宗教比较论》一雄篇，以资国民德育之采择。

第二、批评门

丛报本以批评为天职。去年之报，此类甚为草率，诚缺点也。今特立此一门，占全册页数四分之一，而一皆用五号字，分两格刊之。于本国及世界紧要事件，论载无遗。使读者因以获得一切常识，养成世界的国民。分类如下：

一政界时评　内分三部：一本国之部，二外国之部，三国际之部。

二教育时评　专调查国中教育之实况，加以评论，以促从事教育者之猛省。

三学界时评　于学界进步、堕落之现象有所闻者，悉列载焉。其新书、新报之得失，亦附论。

四群俗时评　专论现在国中风俗之得失，以为社会改良之基础。

五实业时评　今日生计界竞争之天下，实业盖为立国之本焉。有所见者，辄论及之。

六杂评　评论之无可归类者附于此。

七评论之评论　专取各报之论说而评之，内分三部：一本国之部，二欧美之部，三日本之部。

八绍介新书　佳书则为提要，寻常之书间予存目。内分二部：一本国之部，二日本之部。所以著日本者，因和文较易解。近日内地学者渐多，著此俾读者、译者知所别择也。

第三、丛录门

一谈丛　如上年之例。

二译丛　专择外国人所著短篇佳作译之，所译以哲理及有趣味者为主。

三本国舆论　择录本国报纸之佳文，惟不如上年之例，全篇录入，惟撷其要耳。

四海外思潮　择译外国最近各报之论说，亦撷其要，不使其占篇幅。

五杂俎　如上年例。

六小说　续成《新罗马传奇》，其章回体小说，亦附载焉。

七文苑　如上年例。

八寄书　社员以外寄来之文字录之。

九专件　若有大事件，其记载文字关系重要者，择载焉。

十问答　如上年例。

十一记事　分中国之部、外国之部，惟以简要为主。

以上诸门类，惟论著门各类及丛录门之谈丛、译丛、小说、文苑四类，仍用四号字，依上年之例。其余各门，皆用五号字。庶使文字增加，读者多得常识。封面之纸，请日本美术大家绘醒狮图，以奖励国民自尊、自立之性。

其余各项改良叠见前报告白者，不赘述。

新民丛报社

21. 新民丛报社征事广告*

　　启者：本社来年之报，特添设"教育时评"一门，诚以此事为今日中国第一急务，而内地从事教育者多奉行故事，毫无实际，或不通理法，举措失宜，阻国民进步莫大焉。本社为一国前途起见，思有以规正之，使咸自反省。惟僻处海外，于内地情形未能周知，殊为遗憾！读者诸君，或亲在学堂，睹其缺点，或采诸舆论，悉其内情。伏乞不吝金玉，随时赐告，岂胜忻幸！本社非好为寻瘢索垢，实以报馆有监督国民公仆之天职，不敢自放弃耳。君子鉴诸。

---

* 刊于《新民丛报》第 24 期，1903 年 1 月 13 日。《梁启超全集》未收录。

22. 丛报之进步*

数月来差强人意之一现象，则丛报之发达是也。自去年本报创刊以来，至今以同一之体例、同一之格式发行之丛报，殆近十家。上海《新世界学报》最早，《大陆报》次之，东京湖南学生所出之《游学译编》次之，而《译书汇编》亦以第二年第九期以后改译为撰。而今年正月，东京湖北学生有《湖北学生界》之设，浙江学生有《浙江潮》之设，闻江苏学生亦将自出一报，计画已熟，今正在编印中云。半年之间，彬彬踵起。姑勿论其良楛①如何，而学界之活动气，可征一斑。

诸报中除江苏一报尚未出版外，自余数种，语其程度，则《译书汇编》为最，《浙江潮》次之，两湖之报次之，《新世界学报》《大陆报》又次之。《译书汇编》本庚子下半年所创办，其时东京之学风最良。初出数期，所译书皆明哲鸿著，于精神上独具特色，尔后稍腐败者数阅月。自去年第九期以后，全体改良，其宣告之言谓：自翻译时代进入独立研究时代。观续出三期，颇能不愧其言。盖此编为留学生全体名誉所关，故同人乐效其力以维持之。而任纂撰者率皆留学稍久之人，于学颇有根柢，故能崭然显头角也。《浙江潮》第一期大端精善，文章亦佳。若循此以往而皆如是，其有益于新学界当

---

* 刊于《新民丛报》第 26 期，1903 年 2 月 26 日。《梁启超全集》未收录。

① 楛，音 kǔ。良楛，精良与粗劣。

110

不少也。《游学译编》专译东书、东报，无自撰者，然其所译颇有特色，盖往往合数文融会贯通而译之，其别择之识，纂辑之勤，有足多者。我国人今日学问程度尚在低点，与其勉为空衍之言，诚不如取材异域之为得也。《湖北学生界》门类极多，文藻亦有佳者，然比之《译书汇编》，则觉其空论多而心得少矣。《新世界学报》颇有能文之人，然大段亦涉空衍，且多外行语，为方家所笑者。《大陆报》无甚外行语，优于《新世界学报》，而其文更不逮之，敷衍篇幅者居全册之半，无甚精彩，其目录徧①登各日报广告中，然往往一目录之下，其正文不及两三行者，虽铺张扬厉，其价值自为识者所共见也。江苏之报，今虽未出，然此邦好学能文之士甚多，当必有可观，吾祝其更有进于以上诸种也。

如上所比较，则内地所出之报，无论如何矜心作意，其程度总不逮东京诸报，此亦见学问之不可以假借也，内地同学亟宜猛省！

东京学生因各有同乡会之设立，因各自为其本省之报。同乡会原出于爱乡心，爱乡心即爱国心所自出也，吾深赞之，故以是而各为一报，似于义无甚取。以中国之大，苟一切物质文明既发达，非为省省当自有报，即府府县县犹当自有报也。而今尚非其时也。既名曰某省之报，则其报中内容，宜以本省之特别历史、特别现象、特别精神为主要，其余他省之事，若世界之事，凡属于普通者皆为附从。如是则名实称焉矣。而以今日之中国，虽有高才，不能办出此等报明矣。然则其报亦不过普通一丛报，而特冠以某省之名，非论理的②、科学的也。故吾以为于义无取也。虽然，必有椎轮，乃有大辂。今者各省既皆有调查会之设，有此等报，或可以速其发达。

① 徧，音 biàn，同"遍"。

② 论理的，即逻辑的。逻辑学之前叫论理学，也叫名理学、理则学、辩学、名学等。此处，梁启超从日译，称 logic 为论理。参见冯天瑜、聂长顺：《三十个关键词的文化史》，北京：中国社会科学出版社 2021 年版，第 469—486 页。

吾固甚赞之。

吾以为今之学生不办报则已，既办报则宜以学科分，不宜以省分。盖以省分，则此报与彼报其内容大略相同，议论非甚精要，不足以动人，数见不鲜，将成陈言，于学界不能大有所补。若以学科分，则各出其所受者以贡献于祖国，比较切实而无泛衍也。今《译书汇编》将改为《政法学报》，诚可为进步之徵。今日吾国所急需而未得者，若军事报、若教育报等其尤也。东京学生其学军、学师范者居一大部分，宁不能有所表见以归饷于所亲爱乎？吾私祝之。

23. 波士顿报馆[*]

同日[①]往观《波士顿报》馆，史家或亦以此为世界最古之报馆云。考新闻纸之起源，或云当中世之末，意大利之俾尼士已有之，由政府发行，每月一册，用手写，非印刷也。其在英国，则千五百八十年，额里查白女皇与西班牙交战之时，政府曾发一新闻纸，出版无定期。至占士第一时，始有礼拜报。实则《英国每日新闻》，实自千七百九年始。至此《波士顿报》，则滥觞于千七百四年。然则谓此报为报界之祖，殆无不可。距今适二百年，已不知几易主；而其规模之宏大，亦不可思议。余往观经三点钟乃毕，内容繁赜，倦于笔记矣。观毕后馆主请留一相，余每至一市，诸报馆访事皆来照相，此次又特别留记者也。

报馆愈古者则愈有价值。盖泰西之报馆，一史局也。其编辑文库所藏记事稿，无虑百千万亿通；所藏名人相及名胜图画，无虑百千万亿袭；分年排比，分类排比。吾尝遊大新闻报馆数家，其最足令吾起惊者，则文库是也。故无论何国，有一名人或出现或移动或死亡，今夕电报到，而明晨之新闻纸即登其相，地方形胜亦然。彼何以得此？皆其文库所储者也。

─────────────

[*] 录自《新大陆游记》（1904 年 2 月）。《新大陆游记》正文部分共 48 节，此为第 19 节之大部分。最初发表于《新民丛报》临时增刊，1903 年 12 月。标题为编者所加。

① 1903 年 6 月 1 日（农历五月初六）。

美国当千八百五十年，全国报馆仅二百五十四种，读者仅七十五万八千人。至千九百年，报数增至万一千二百二十六种，读者增至千五百十万人。全国印出报纸，总数凡八十一万万零六千八百五十万部。统计全国报馆，平均支出费用总额一万万零九千二百四十四万元(美金)，收入总额二万万零二千三百万元。於戏①，盛哉！而倡之者实自《波士顿报》，此亦波士顿之一荣誉哉！

美国之大报馆，皆一馆而出报至数种或十数种之多，有晨报焉，有午报焉，有晚报焉，有夜报焉，有来复报焉，有月报焉，有季报焉，有年报焉，皆以一馆备之。其最大者如纽约之《太阳报》《世界报》《时报》，每日出至十数次以上，大抵隔一点或二点钟即出一次。午间向街上卖新闻者而求其早间所出之报，则已不可复得矣。凡大都会之大新闻，大率类是。以视吾东方之每日出一张，销数数千乃至数万，即庞然共目为大报馆者，其度量相越，岂不远耶！

---

① 於戏，音 wū hū，同"呜呼"。

24. 张之洞保护报馆版权[*]

张之洞禁报之事，数见不鲜，闻者亦司空见惯，付之不议不论矣。顷南京学宫旁，有鸠集股本翻印《清议报》者，张之洞闻之，札上元、江宁两县，拿人搜书，严禁翻刻。此固张氏长技，无足怪异。然吾闻留学生出有《湖北学生界》^①，内地人鲜知之者。虽有知之，然所谓大人先生者，轻其为学生报也，咸缓置之。昨张之洞电驻日本公使，令禁其出版，内地诸人闻之，乃大相惊异。该报遂骤增千数百份(上海报云)。该报受张之洞之赐，诚不少矣。顷方为《湖北学生界》绍介新著，今又复为《清议报》保护版权，外人谁谓张之洞仇视报馆，岂不太冤？

---

* 刊于《新民丛报》第 27 期，1903 年 12 月 27 日。《梁启超全集》未收录。

① 1903 年 1 月创刊于日本东京，月刊。同年秋停刊，共出 8 期。第 6 期后改名《汉声》。

25. 上海《时报》缘起*

《时报》何为而作也？《记》①曰："君子而时中。"又曰："溥博渊泉，而时出之。"故道国齐民，莫贵于时。此岂惟中国之教为然耳；其在泰西，达尔文氏始发明"物竞天择优胜劣败"之公理，而斯宾塞以"适者生存"一语易之，故不适焉者或虽优而反为劣，适焉者或虽劣而反为优，胜败之林，在于是矣。故狐貉诚暖，不足以当暑；绤葛云丽，不足以御冬。与时不相应，未有不敝焉者也。

今之中国，其高居权要、伏处山谷者，既不知天下之大势，谓欲抱持数千年之旧治旧学，可以应今日之变，则亦既情见势绌，蹩然如不可终日矣。于是江湖魁奇、少年蹎踔②之士耳，泰西各国之由何途而拨乱、操何业而致强也，相与歆之，奔走焉，号呼焉，曰：吾其若是！吾其若是！夫彼之所以拨乱而致强者，谁曰不然？而独不知与吾辈之时代果有适焉否也。孔子曰："过犹不及。"不及于时者，蹉跎荏苒，日即腐败，而国遂不可救；过于时者，叫嚣狂掷，终无一成，或缘是以生他种难局，而国亦遂不可救。要之，亡国之咎，两者均之。若夫明达沉毅之士，有志于执两用中，为国民谋秩序之进步者，亦有焉矣。顾或于常识不足，于学理不明，于事势不

---

　　* 刊于《新民丛报》第44、45期合订本，1904年1月1日。后又刊于《时报》创刊号(1904年6月12日)。
　　① 指《礼记》。
　　② 蹎踔，音 chěn chuō，跳踯，行走不定状。

审，故言之不能有故，持之不能成理；欲实行焉而伥伥不知所适从，奋发以兴举一二事，则以误其方略而致失败者项相望也。则相与惩焉，不复敢齿及变革。

呜呼！全国中言论家、政治家种类虽繁，究其指归，不出于此三途。耗矣哀哉！今日千钧一发之时哉！同人有怵于此，爰创此报，命之曰"时"。于祖国国粹，固所尊重也，而不适于当世之务者束阁之；于泰西文明固所崇拜也，而不应于中国之程度者缓置之。而于本国及世界所起之大问题，凡关于政治、学术者，必竭同人谫识之所及，以公平之论，研究其是非利害，与夫所以匡救之应付之之方策，以献替于我有司，而商榷于我国民。若夫新闻事实之报道，世界舆论之趋向，内地国情之调查，政艺学理之发明，言论思想之介绍，茶余酒后之资料，凡全球文明国报馆所应尽之义务，不敢不勉。此则同人以言报国之微志也。虽然，西哲亦有言："完备之事物，必产于完备之时代。"今以我国文明发达如彼其幼稚也，而本报乃欲窃此于各国大报馆之林，知其无当矣。跬步积以致千里，百川学以放四海，务先后追随于国家之进步而与相应焉，则本报所日孜孜也。吾国家能在地球诸国中，占最高之位置，而因使本报在地球诸报馆中，不得不求占最高之位置，则国民之恩我，无量也夫！国民之恩我，无量也夫！

26.《时报》发刊例*

第一　本报论说以"公"为主，不偏徇一党之意见。非好为模棱，实鉴乎挟党见以论国事，必将有辟于所亲好，辟于所贱恶。非惟自蔽，抑其言亦不足取重于社会也，故勉避之。

第二　本报论说以"要"为主。凡所讨论，必一国一群之大问题。若辽豕白头之理想，邻猫产子之事实，概不置论，以严别裁。

第三　本报论说以"周"为主。凡每日所出事实，其关于一国一群之大问题，为国民所当厝意者，必次论之。或著之论说，或缀以批评，务献刍荛，以助达识。

第四　本报论说以"适"为主。虽有高尚之学理，恢奇之言论，苟其不适于中国今日社会之程度，则其言必无力，而反以滋病。故同人相勖，必度可行者乃言之。

第五　本报纪事以"博"为主。故于北京、天津、金陵均置特别访事，其余各省皆有坐访；又日本东京置特别访事二员，伦敦、纽约、旧金山、芝加哥、圣路易各一员；其余美洲、澳洲各埠皆托人代理。又现当日俄战争之际，本馆特派一观战访事员，随时通信。又上海各西报、日本东京各日报及杂志，皆购备全份，精择翻译；欧美各大日报，亦定购十余家备译，务期材料丰富，使读者不出户

＊　刊于《新民丛报》第 44、45 期合订本，1904 年 1 月 1 日。后又刊于《时报》创刊号（1904 年 6 月 12 日）。

而知天下。

第六　本报纪事以"速"为主。各处访事员凡遇要事，必以电达，务供阅者先睹之快。

第七　本报纪事以"确"为主。凡风闻影响之事，概不登录。若有访函一时失实者，必更正之。

第八　本报纪事以"直"为主。凡事关大局者，必忠实报闻，无所隐讳。

第九　本报纪事以"正"为主。凡攻评他人阴私，或轻薄排挤，借端报复之言，概严屏绝，以全报馆之德义。

第十　本报特置"批评"一门。凡每日出现之事实，以简短隽利之笔评论之，使读者虽无暇遍阅新闻，已可略知梗概，且增事实之趣味，助读者之常识。

第十一　本报每张附印"小说"两种。或自撰，或翻译，或章回，或短篇，以助兴味，而资多闻。惟小说非有益于社会者不录。

第十二　本报设"报界舆论"一门。凡全国及海外所有华文报章，共六十余种，本报悉与交换。每日择其论说之佳者，撮其大意叙述之。使读者手一纸，而各报之精华皆见焉。此亦东西各报馆之达例也。

第十三　本报设"外论撷华"一门。凡东西文各报之论说、批评，其关于我国问题及世界全局问题者，则译录之，一如"报界舆论"之例。

第十四　本报设"介绍新著"一门。凡新印各书，每礼拜汇录其目，及出版局名、定价数目；其善本加以评论，以备内地学者之采择。

第十五　本报设"词林"一门。诗古文辞之尤雅者随录焉。

第十六　本报设"插画"一门。或寓意讽事，或中西名人画像，或各国风景画，或与事实比附之地图，随时采登。

第十七　本报设"商情报告表"一门。上海各行市价，专员采访，详细纪载；外埠亦择要随录。

第十八　本报设"口碑丛述"一门。其有近世遗闻轶事，虽属过去，亦予甄录，以供史料，而资多识。

第十九　本报设"谈瀛零拾"一门。凡世界之奇闻琐记，足以新我辈之耳目者，亦间录焉。

第二十　本报于京钞及官私专件，取材务博，别裁务精；要者不遗，蔓者不录。

第二十一　本报编排务求"秩序"。如论说、谕旨、电报及紧要新闻，皆有一定之位置，使读者开卷即见，不劳探索。其纪载本国新闻，以地别之；外国新闻，以国别之。

第二十二　本报编排务求"显醒"，故二号、三号、四号、五号、六号字模及各种圈点符号，俱行置备。其最紧要之事则用大字，次者用中字，寻常新闻用小字。用大字者所以醒目也，用小字者求内容之丰富也。论说批评中之主眼，新闻中之标题，皆加圈点，以为识别，凡以省读者之目力而已。

第二十三　本报遇有紧要新闻、特别电报，必常派传单，以期敏速。

第二十四　本报别类务多，取材最富。既用各小号字排入，尚虑限于篇幅，不能全录，特于每日排印洋纸两大张，不惜工贵，以求赡博，而定价格外从廉。

第二十五　本馆广聘通人留局坐办外，尚有特约寄稿主笔数十人，俱属海内外一时名士。议论文章，务足发扬祖国之光荣。

第二十六　本报定期四月出报。初印时，每日印行十万张，每两大张售钱十二文，本埠、外埠一律送阅三天，不取分文。如各外埠有愿代派本报者，请即开明住址、姓名，函达本馆，以便照寄。

上海英界四马路时报馆谨启

27. 辨妄广告（附"辨诬再白"）*

　　顷见香港《中国日报》①《世界公益报》②等登有鄙人上日本伊藤博文氏一书，且加以种种评论，初见甚为骇异；嗣见日本《东邦协会会报》第百壹拾号载有李宝森氏书简一篇，正与彼等所录之文相同。该书乃李某上日本伯爵副岛种臣者，副岛氏为东邦协会会头，故其报登之云。原书中有"忆庚子联军抵津时曾奉书左右"，又有"倘有策用之处，请照会敝国政府相召"等语。试思鄙人当庚子年何由在天津者，日本人如欲见鄙人，何由藉北京政府之介绍者，此其诬妄不辨自明。且鄙人虽知识暗陋，虽病狂心丧，亦何至作彼等言如该两报所录者。该两报日以诋排攻击为事，乃至出此卑劣之手段，嫁名以诬人。又如《中国日报》某日所登，记有鄙人二月十五日在横滨演说之语。二月十五，鄙人正在香港。该报于吾到港离港之时日亦曾登载，然则从何处有此分身术，复在滨演说耶？此亦该报造谣而失检自败露者矣。该报作此等举动，于鄙人何损，徒伤报馆之德义，而损该报之价值耳！且今日何时耶？国亡之不暇，民间若诚有志者，各尽其力所能及者而自勉焉。方针不同，我败焉，犹望人之成；苟其可成，成之何必在我！真忧国者不当如是耶？堂堂正正以政见相

---

　　* 刊于《新民丛报》第44、45期合订本，1904年1月1日。
　　① 革命党人的机关报。1900年1月在香港创刊，陈少白(1869—1934)为社长。
　　② 革命党人的机关报。1903年12月在香港创刊，郑贯公(1880—1906)为主编。

辨难，犹可言也；若造谣诬谤，含沙射人，斯亦不可以已耶？鄙人不能不为该两报惜之。本不欲哓哓置辨，特以此等事名节所关，不能默尔而息。除将《东邦协会会报》原文点石寄往该两报，属其更正外，更辨明始末于此。

梁启超敬白

辨诬再白[①]

启者：前见香港《中国日报》《世界公益报》等载有鄙人上书日本伊藤氏之事，初见甚怪讶，知必有忌者相与诬谤。愿诬谤他事，悠悠之口，何足置辨？此乃有关名节，断难默尔而息。因见其云据博文馆之《日露战争实记》，即发函往诘问。旋得其回函，并言《东邦协会会报》载有李某上副岛氏书，正与此同，自认错误，立即更正。今将博文馆原信及《东邦协会会报》原文统付石印宣布，以证明此一重公案。夫李某原书之理想、文笔，其必非出于鄙人之手，稍有目者自能辨之。即该两报记者亦何尝不知，不过借此为诋排之具耳。今观原书中，一则曰"惟恨僻处岭南"云云，再则曰"忆庚子联军抵京时曾奉书左右"云云，三则曰"倘有策用之处，请照会敝国政府相召"云云，凡此岂鄙人所居之地位而出是言者？该两报则将其前后之文删去，而硬派为鄙人所作，连篇屡牍，出尽种种丑词以相诋者，凡十余日而未有已。《公益报》乃至为之详下笺注，此真李某所始愿不及。然天下事之儿戏可笑，亦孰有甚于此者耶！此后该两报之更正也，听之；不更正也，听之。海内识者见此石印，亦当自有定论。

---

① 与前文大同小异，今附上。《新民丛报》第49期还有一篇《辨妄再白》，读者也可参考。

又如《中国日报》记二月望日①鄙人在横滨演说种种怪语，二月望日，鄙人正在香港。该报于吾到港离港之时日亦曾登载，然则从何处有此分身术，复在滨演说耶？此亦该报造谣而失检自败者矣。该两报作此等举动，于鄙人何损，徒伤报馆之德义，而坠该报之信用耳。且今日何时耶？国亡之不暇，民间若诚有志者，各尽其力所能及而自勉焉。即方针不同，而揭宗旨以相辨难，堂堂正正，各明一义，亦岂不光明磊落也耶！若造谣诬谤，含沙射人，此乃最卑劣之手段，鄙人不能不为该报惜之。

四月朔日② 梁启超敬白

---

① 望日，农历每月十五。
② 朔日，农历每月初一。

28. 第三年之新民丛报*

本报去年以总撰述出游，不能多所论著，以献于社会，且出报缓慢，愆期几半岁之久，实深惭仄！本年切思补过，兹报告所拟改良者如下：

一、**趋于实际的**。① 因今日之中国，不可不去言论时代，以入于实行时代，但言论之中亦有理想的与实际的之别。前此国民思想太不发达，故当提挈纲领，使震撼旧想而昭苏之。但人人驰于空理，而于实际漠然，其流弊或且滋甚。故本报欲矫此病，多就一问题研究其实际，如近数号所连载之《中国货币问题》等篇是也。此后拟每号必有此等论题一二篇。

一、**趋于国粹的**。今日中国而言国粹，似尚太早。虽然，著者之意以为，国粹主义必不至为欧学输入之阻力，而反能为其助力，故刻意欲提倡之。且今日泰西各学派，大率由演绎法趋于归纳法。用归纳法，则本国经过之历史，与中国社会现时之状态，其最要也。故国粹万不可不讲，至以之挽人心，尊德育，又我辈对于先民应尽之责任也。

一、**趋于科学的**。各种物质的科学，多所论著，以供研究资料。

一、**解释新名词**。特置"新释名"一门，将各种学术之新名词，

---

* 刊于《新民丛报》第 49 期，1904 年 6 月 28 日。《梁启超全集》未收录。

① 原文六处改良标题均为大字号，今改为与正文同字号，刷黑以区别之。

下正确的界说，使学者多得常识。

一、**编良好的日俄战史**。日俄战役为现今世界第一大事，顷上海各书肆，题日俄战纪之书报等多种。本社终觉其体例有所未慊，故勉为谨严之编记，以备史料。

一、**出报勉依定期**。去年之报，出版缓慢，深所负疚。今年务思依例，半月一出，非万不得已不愆常期。

其余各例略依前两年之报斟酌损益，不再报告。

本社谨启

29. 忠告香港《中国日报》及其日本访事员[*]

贵报日以造谣诬谤为事，可谓无所不用其极矣。鄙人向来不屑与辩，谓今日固非斗此等浪笔闲墨之时也。而贵报以为得计，如瘈犬①吠人，人不之校，则益昂首摇尾，自鸣得意者。嘻！是亦不可以已乎。贵报诬词几于无日不有，实无如许闲精力与贵报悉辩，但择举数端，以例其余焉。

贵报尝载广东所派美国留学生监督汤君强迫学生向我拜门之一事。美国留学生监督乃陈君而非汤君，贵报访事人固陋不知之，不足为怪；贵报在香港，而亦有此谬误，贸然登之，吾所深不解也。汤君固非美国学生监督，亦并非日本学生监督，其与我为旧交，到东后尝访我，畅谈数日，诚然也。但彼偕来者仅一人，其人亦我数年旧交。至于广东全部之学生，皆在西京，未尝有一人东来横滨者，而拜门之说从何而来？贵报欲以欺举国人，而不知西京全部之广东学生皆可以作证也。至如陈君，则后汤君三日到滨，带领欧美学生二十余人，内十一人先后到丛报社。陈君与学生数人是夕宿于丛报社，诚有之也。但俱属同乡，且多故旧，乘船既久，登岸访友，憩息一晚，何嫌何疑，此亦何足怪者！彼十一人到丛报社后，休憩不及两刻，随即由报社中一人同往东京游览，夜间十点钟始返。

---

* 刊于《新民丛报》第 53 期，1904 年 9 月 24 日。

① 瘈，音 zhì。瘈犬，疯狗。

而是夜，我因与陈君畅谈，学生诸君亦已倦卧。与我交谈尚无多，而拜门之说又从何而来？贵报欲以欺举国人，而不知欧美全部之广东学生又皆可以作证也。至广东所派日本学生留学西京之事，系由两广学务处所预定，日本人某所挟持，在我则大反对之，尝与汤君及其同来之友人痛言之，此彼两人可以作证者。我所以反对西京者，盖有其特别之理由，亦不必与贵报言。顾微闻公使亦反对此举，学务处亦颇欲迁地矣，而碍于带领学生之日本人某之情面，是以未决。然此又岂贵报访事人所能知者，而妄谓鄙人勒令广东留学生不许往东京，何其无根之甚耶！鄙人能有此权力，行专制于两广学务处耶？可笑一至如此。此事本无损于鄙人名誉，但以事实所在，不得不证明，亦可见贵报访事员所访得确实之消息，大略如是矣。

贵报又曾记学生伍嘉杰谋害其妻一条，而将贵党人所造之孽，转以诬陷鄙人及大同学校诸职员。观此而叹贵报及贵报之访事人，昧良丧心，真不可思议也！鄙人居东数年，顾未闻学生中有伍嘉杰其人者。及其案既发作，惊动警察署，日本各报纸和盘托出之后，鄙人闻之，始大惊骇。然以事冗，固无闲日月为一私人抱不平也。惟闻诸横滨街谈巷议，舆论纷纷，谓全出于贵党人某某某某等之教唆，而贵报访事人实为之主谋，其谁不知。贵报虽能造谣，以欺香港及内地人，然断不能以一手掩尽横滨人之口也。至贵党人何以出此辣手，非我之所能知。惟据《横滨贸易新报》连日所载，将贵党与谋此事之四五人姓名、年岁、职业、住址，及其与伍氏夫妇交涉之始末，一一详载，若数家珍。该报至为一小说，名曰《春雨恨》，凡十二续，连登于六月十四日至二十五日之纸面，嬉笑怒骂，无所不至。虽该报本意为攻击彼之癫狂病院而作，非为区区之伍某夫妇，然坐是之故，我国留学生之名誉，我国居留商民之名誉，皆为贵党人此一举扫地以尽。公等不自省愧，而反诬扳他人，何其有靦①面目至于此极耶！贵党人日日以自由、平等、革命诸口头禅为护身符，然除家庭革命外，无他能革者。贵报访事人以大义灭亲之举动加于其父，尽人所同知矣。而今者，伍某复有大义灭妻之手段。日日言女权，言平等，不知所谓女权者何在。贵党人所以深恨恨者，不过以大同学校女教习潘氏救伍某之妻，而败贵党之谋也。以吾所闻，伍某之妻邓氏与潘氏有亲属之关系。邓既陷贵党术中，死生一发，乃费九牛万象之力，求救于潘。潘氏不忍坐视，乃报警察，挈医生往验，而邓始得释。其始末皆历历载于日本报，并邓氏之笔迹亦点石印入，医生证明其非癫狂之甘结亦备载焉，贵党人复何狡赖之有？而不意贵访事人乃行所谓恶人先告状之手段者，将贵党所做之事转而嫁诸别人，谓鄙人与吾友人煽惑其妻。鄙人与伍某无一面之雅，其妻更不必问。贵访事造此谣言，今能令伍某及其妻来与我对质耶？至潘氏将伍妻救出后，其兄旋来，于此事即不复过问，云过天空，此又询诸横滨街谈巷议，谁不知者！潘氏此举，谓之为好管闲事也，可；谓之为义侠也，亦可。此听之公论而已。而贵访事之悍然无忌惮至于此极，此真非寻常意想之所能及矣。读香港《中国日报》记事之价值者，可以视此矣。

贵报又言：鄙人在美洲，假捐助上海爱国学校之名，假捐助章、邹②狱费之名以敛财等事。壬寅冬间，爱国学校之将立，鄙人尝筹助四百金，（为四百？为五百？今不能确记。）以速其成。鄙人与爱国学校之关系只此。彼时不欲自出名，不肯言之，亦无人知。然有经手人，今犹在东京，且有该学校之谢函可据也。及到纽约时，得该校一公函告急时，无所为计，乃属波士顿埠，以所捐大同学校经费

① 靦，音 miǎn，同"腼"。
② 指《苏报》案中的章太炎、邹容。

暂行挪移，寄美金百五十元，往托广智书局转交，亦有收条可据。此后惟在纽约埠，以大同、爱国两学校名义，合捐得数百金，此纽约人人所同知者。及其款收齐，而爱国学校已解散。主权者既无人，从何处交去，且亦无从报告也，只得将其款全归大同学校。此中情节，当即函告纽约。而横滨大同学校，将所捐款一一发给收条于纽约，今纽约人所持收条与大同学校之合计册，其数目俱可稽也。除纽约一埠以外，更无以爱国学校名义捐款之事。若章、邹狱费，则更毫无影响矣。吾今为一证言于此：吾此次布告，神明所鉴，而美国数十埠华侨所能共见者也。若梁某而有在美国捐助章、邹狱费之事，若梁某于纽约一埠外而有捐助爱国学校费之事，天其殛之！即天不殛，而此十余万之华侨共见此布告，梁某而有一字不实不尽者，非人类也！虽然，贵报非言理者，非言实事者，吾亦乌从喻之？

贵报又载，檀香山李某尝捐助我数千金，托其子某于大同学校，而我因其言革命而逐之之事；又言澳洲捐款七八万，尽入我私囊之事。李某之果曾捐数千金与否，澳洲之果尝捐七八万与否，及其所捐款之汇于何处，用于何途，则贵报所记与鄙人所辩，两造之词，在李某与澳洲人两皆能见之，其孰真孰伪，彼等一见，了然于胸中，无俟余喋喋也。至李某之子，以一十五六岁毫无知识之小童，其父兄又不在，前托一代理人，而其代理人又他往，乃转托西文教习某君者，亦从檀香山来者也，以此因缘，不得已受托，而为之代理。而李子以不遵约束，屡犯学规之故，值理教习团体几次商议，不得不令其退学。此学校规则，固应如是也。此事始末，贵报访事人宁不知者？李子既退学，不得已而寄食宿于新民丛报社，以待其父寄川资返檀，借贷亦数十金。吾但见其为轻狂跋扈之一小孩耳，顾未知其已深通卢梭、孟德斯鸠之大义，有华盛顿、拿破仑之气概，俨然已具革命党魁杰之资格，如贵报所云云也。李子居报社始将一月，贵报访事人及贵党诸大豪杰，诇①知李子之有憾于大同学校也，谓是又一奇货，可藉之以为诬诋康、梁之一手段也，乃运动之，假其口以相诋谋②。贵报访事人试抚心自问，此语果道着毛病否耶？其后，李之父以二百金寄往某店，使以一百金交其子结欠项，其余百金代写船票往檀，切不可交彼手云云。某店主人为余言，有其父墨信，若往裁判所，可以呈出者也。而贵报谓其父有数百金存某店，某店受我之命，勒令李子归我党，不谈革命，乃许交之。贵报敢令李某父子来与鄙人及某店主人四面对质否耶？且贵党收得此少年豪杰之李氏子，可借之为攻击康、梁之一手段者，乃珍若拱璧耳。就鄙人观之，则如李氏子及贵报访事人之类，其言革命与不言革命，于社会上何尝有一羊尘一兔尘之关系？而谓我乃运动之，强迫之，使入我党耶，其亦太不自惭已耳。

此外，贵报诬攻之词无日不有。要之，贵报除攻击康、梁外，殆无论说；除诬捏康、梁外，殆无记事；除笑骂康、梁外，殆无杂文。许子真不惮烦哉！乃至如李宝森所上伊藤书，证据确凿，博文馆辩之再三，伊藤氏亦托森大来致书该馆代辩，而贵报犹谓，安知李宝森非即梁启超，梁启超非即李宝森？似此强词夺理，从何辨之？贵报休矣！仆等若欲揭贵党人关于公德私德之行谊，虽累数十万言，不忧无材料也。顾不为者，以为义不应尔，非直不暇也。孔云亭《桃花扇》云："日日争门户，今年傍那家？"嘻！是亦不可以已耶。此则鄙人以忠实之热情，欲忠告于贵报者也。

梁启超白

---

① 诇，音 xiòng，探听。

② 谋，音 qī，欺骗。

30. 文字狱与文明国[*]

　　两月前有《警世钟》之狱，①　最近复有《警钟日报》之狱，②　谁发之？握有上海警察权之文明国人发之。谁主持之？握有上海裁判权之文明国人主持之。

　　文明国与非文明国之差别多端，而言论之自由与不自由其一也。今受治于文明国法律之下者则若此。

　　文明国之法律，固文明也。虽然，不与非文明人共之。吾辈人与人相处，虽极悍戾者，犹知互尊其生命之所有权也。顾偶一款客，供膳双鸡焉。鸡语我曰："汝自谓文明于我，曷为视我生命所有权若弁髦也?"我应之曰："我文明我，非文明汝也。"

　　英国号称最自由之国也，其法律号称言论最自由之法律也。去春香港诸华文报，有以"黄种、白种"字样而逮主笔者，至今各报莫敢齿及黄白，而指斥英国之论文及记事，更无论也。一年以前，惟香港然也。今则上海一香港矣。自今以往，全中国将一香港矣。去年香港某报初发刊，有某党机关报主干某，自号为中国革命开幕伟人者，扬言曰："吾有权力，能令该报于两月内，非封禁则命停刊，非命停刊即逐主笔。"果也，不及两月，而三者竟践其一焉。今请寄

　　* 刊于《新民丛报》第 63 期，1905 年 2 月 18 日。
　　①　1904 年末，上海租界当局对销售《警世钟》一书（作者陈天华）的多家书局作出严厉判决。
　　②　1905 年春，《警钟日报》（前身为《俄事警闻》）被查封，共出 338 期。

语彼辈：毋太自苦，外人自有代公为之者。

频年以来，政府当道，日日思与报馆为敌，移牒租界，寻瘢索垢者，屡见不一见焉。如《苏报》①，如《国民日日报》②，其最著也。今请寄语彼辈：毋太自苦，外人自有代公为之者。

闻此案初起，会审公堂不允出票云。贤哉！会审员也。而德领事致函云：《警钟报》污蔑皇太后、皇上。《警钟》之果污蔑与否，吾不能知焉；即污蔑，而吹皱一池春水，干卿甚事也。吾不知我当道见德领事之拔剑相助以理不平，以仇禁夫我民之污蔑我皇太后、皇上者，其果拳拳称谢焉否也？吾不知吾民间之与《警钟》同业而异宗旨者，见《警钟》以获戾外人而致蹶，其果忻忻称快焉否也？

呜呼！吾更何言哉？吾惟哀哀泣告我种种阶级、种种党派之同胞曰："兔死狐悲，物伤其类。"又曰："兄弟阋于墙，外御其侮。"

---

① 1896 年 6 月，由胡璋夫妇创办。1899 年由陈范(1860—1913)接办。1902 年，因支持中国教育会、爱国学社而变为激进报刊。1903 年 7 月被查封，共出 2513 期。

② 1903 年 8 月，由章士钊(1881—1973，前《苏报》主笔)等人创办，继续批判清政府，被誉为"《苏报》第二"。约出版 4 个月，停刊日期不详。

31. 治外法权与国民思想、能力之关系[*]

中国国内各租界，外人有领事裁判权，亦称之为特别之治外法权。若上海一地，有完全之混成裁判者，（混成裁判者，以驻在领事之团体行司法权。各国所施诸埃及者也。今上海正属此类。）此权之尤为发达者也。其余若已经割弃之香港、澳门，及密迩内地之南洋、日本，虽不属治外法权之范围，然我国人居留者甚多，与内地有切密之关系，而政府之权不能及焉。吾本论并此等诸地总论之。此等诸地，果为中国之福乎？抑为中国之祸乎？（若香港、上海诸地，为国体之大耻辱，此自属别问题。尽人皆知，无待言者。）殆不可一概论。

平心论之，此诸地为新思想输入之孔道，章章不可掩也。言论自由，出版自由，为文明普及不可缺之条件，尽人知之。而在专制国法律之下，跼天蹐地，^① 激词讽刺，辄已得咎。我国数千年来，未必绝无怀抱异想之人，而不能滋长其萌蘖，公表之以贡献于社会者，势使然也。数年以来，交通渐开。以自力求得新智识于外界者，日有其人，而复得此诸地为根据，可以大声疾呼而无所忌惮。故纠弹抨击之言，日腾于报章；恢诡畸异之论，数见于新籍。取数千年来思想界之束缚，以极短之日月而破坏之、解放之，其食此诸地之赐

---

* 刊于《新民丛报》第 64 期，1905 年 3 月 6 日。《梁启超全集》该标题中无顿点。
① 跼蹐，音 jú jí，局促不安。

者，不可谓不多也。

虽然，思想一方面，日见涨进，能力一方面，日见萎缩，则亦受此诸地之影响者最多。夫病者而呻焉，劳者而歌焉，其所患不缘此而治也，而一呻一歌之际，其目前之苦痛，则既略减。故夫处专制政治之下者，苟并其言论自由而束之，使不得发舒，则其怨毒将悉蓄于腔，而日以增益。于斯时也，则怀抱新思想者流，生出两派焉：其志行薄弱者，不厌世则发狂，而销磨淘汰以去；其志行坚强者，则以愤郁之深，而务从实事上以自救其苦痛，于是能力出焉。若于言论上犹有余地以恣之，则愤已略洩，而气已稍瘪矣。故或以能言论为义务之已尽，而实行之心力，因以减杀。此一患也。其不能言论或不好言论之人，宜若汲汲于实事。但其任事之始，其心目中已有一外国或租界为之遁逃薮。一旦风吹草动，则以三四五金之旅费，三四五日之里程，可以自庇于上海，更倍之，则香港、南洋、日本。鸿飞冥冥，能有矰缴①，靡所施矣。孟子曰："其操心也危，其虑患也深，故达。"以今日之政府，其行政法之粗疏，已不足以陶铸志士之思虑；而复有此等至便利至密迩之治外法权地以为之尾闾，则安能危而安能深也！故志士之任事者，非必其初志之虚而不实也，非必其天才之果不如人也，而坐是之故，其思虑绵密之一点，必不能发达。吾昔闻人言：久居纽约者，其眼必加利。因车马太阗塞，眼钝而行路难也。若夫居旷野者，眼官之用不劳，而效力亦减矣。今中国志士能力之萎缩，其理由亦犹是而已。日本维新前党祸之起，西乡、月照②辈，见窘于政府，舍投海自湛外无他途。故其人不反对政府则已，苟反对政府，则已自处于淮阴背水阵中，舍"死"与"胜

---

① 矰缴，音 zēng zhuó，捕鸟的短箭。
② 西乡隆盛（1828—1877），明治维新三杰之一。月照和尚（1813—1858），日本幕末志士。

利"二者之外，更无他途。今日中国志士之地位，可以失败而不死，故失败者踵相续也。此又一患也。

夫必谓此诸地于中国之前途，有百害而无一利，此诚不免矫激之论。以中国民智之窒闭，民气之脆弱，积之已数千年，不有言论，何以唤起多数之同情？若绝无遁逃之地，则政府方将于其萌蘖焉而摧拉之，而后此之发达，亦终不可期。故有此诸地以为之过渡，安得非福？今过渡之时代，既渐去矣，过渡之事业，其可以已矣。吾国人若犹狃于前此之地位，则恐其竟漂泊于中流以终古也。

虽然，乃者一年数月以来，则此诸地者，其性质将生一变象。昔之言论自由者，今干涉或过于内地矣；昔之遁逃最适者，今国事犯充狱中矣。自今以往，为本国专制权与外国专制权嬗代之时代。其或者磨炼我国志士之时机已至乎？是又祸与福相倚之一端也。

因感《警世钟》及《警钟日报》之狱，再书此。

32. 新出现之两杂志*（节选）

吾国出版界，近一年来，奋迅发达。即其定期出版之杂志，以东京学界一隅论，陆续出现者已逾十种，且为分科发达之趋势，不可不谓进步之良现象也。以吾所见，其认为最有价值者得两种：一曰纯为政治上之性质者，湘潭杨氏①所主任之《中国新报》是也；一曰纯为学问上之性质者，香山何氏②所主任之《学报》是也。今略下批评。

一、《中国新报》

《中国新报》者，一种纯粹之政论报也，其叙文如下（中略）

此报之宗旨，全在唤醒国民，使各负政治上之责任，自进以改造政府，成完全发达强有力之立宪国家，以外竞于世界。比年以来，政论腾沸，入主出奴，要其指归，不外两派：一曰以种界为立脚点者，二曰以国界为立脚点者。惟以种界为立脚点，故不得不龂龂③焉争君位之谁属，不得不以汉主易满主。而既灭绝现今之君统，则举国中无复一人一姓有可以为君主之资格，不得不强易以民主，而国民程度之能相应与否，有历史上之事实以为之源泉与否，所不暇问。

---

* 刊于《新民丛报》第 88 期，1906 年 10 月 2 日。

① 杨度（1875—1931），字晳子，湖南湘潭人。

② 何天柱（？—1957），字擎一、澄一，广东香山（今中山）人。

③ 龂，音 yín，争辩。

非惟不暇问，抑亦不能问也。以此之故，非煽动人民之好乱性，举现在秩序而一切破坏之，则不能达其所欲至之目的。又见夫无恒业、无学识人之居国中之最大多数，而煽动之亦较易也。乃不得不别辟一途径以买其欢心，于是乎压抑资本家之谬说起。凡以为实行其种界主义之手段也，故有民族、民主、民生三主义同时提挈之说。惟以国界为立脚点，故惟选择适于国家生存发达之政体而求其实行，使国家种种机关，各有权责，尽其职以发达，而元首一机关之为世袭为选举可勿问，其属于国中某族某姓之人可勿问，而常审察世界之大势及吾国在世界上所处之位置，以研究所以外争自存之道。知非奖厉生产事业，则国家将以干腊而亡也，故必注重于资本，毋使国民所资以自养者，尽为人所攘。又知夫内乱扰攘，则民力消耗，更无复殖产兴业之余裕也，故苟其可避则勉避之。又知夫欲以产业立国，不可不以军事立国以为后援也，故常欲厚一国之军实以对外，而不欲以之对内。凡此诸端，皆两派绝异之点。根本观念既异，其枝叶自无一而能同。而其对于中国，孰适孰不适，则非有真学识者，不易别择也。近者排满党之某机关报，即主张前派者也，而《中国新报》则主张后派者也。

《中国新报》论君主立宪、民主立宪得失之问题，谓不当以理论决，而当以事实决；又不当以他日之事实决，而当以今日之事实决。吾前此论中国不能行民主立宪制之理由，曰国民程度不相应也，曰无历史上之根据也，而《中国新报》则谓就令汉人之程度可以为民主，而满、蒙、回、藏之四族决不能，不能焉而我新民主国之势力，又未足以驭之，其势必解组，以畔中国。而彼又无自保障其独立之实力，则必为强国所并，而以召中国之瓜分，此实最博深切明之言，而予排满革命派以至难之返答[1]也。夫中国之始建国，虽由汉人，然

---

① 和制汉语，へんとう，回答，答复。

满、蒙、回、藏诸族之加入其间，其久者将历千年，其近者亦数百岁，已成为历史上密切之关系。今日而言中国国土，则本部十八省与东三省、内外蒙古、新疆、青海、西藏之总称也。今日而言中国国民，则汉、满、蒙、回、藏、苗诸族，凡居于中国领土内者之总称也。而不察之徒，其言中国也，则惟知本部，而几忘却其他诸地；其言国民也，则惟知汉族，而几忘却其他诸族，故持论往往而缪也。以近世世界大势推之，惟拥有大国者，乃能出而与列强竞，以立于不败之地。故各国纷纷求殖民地、讲帝国主义，若恐后焉。我国于历史上几经变迁统合，乃始能举亚细亚之小半，冶为一炉，以成此庞大之领土。此天然之资格，各国所艳羡而不能得，而我所宜兢兢保全勿俾陨越者也。夫使仅以我汉族保守此本部十八行省，虽亦未尝不可以立国，且尚不失为一伟大之国，然长袖善舞，较诸合诸部而为一，固既有逊矣。况乎此种现象，在昔日犹可言，在今日则必不可言。盖使满、蒙、回、藏诸族所居之地，自始各自为国，而至今未与中国合并，则世界列强之对待之也，不以加入于所谓"支那问题"之一范围中，虽其地位生若何异动，而或可不至牵及中国。今则历史上混成为一国家者，已数百年，他国之视其土地，则中国之领土也，视其人民，则中国之国民也。使一旦而今日国内之位置、组织，忽有变更，则牵一发而全身动，其危险将导及于全国，而民族主义者，则举中国而内自分裂之，而因导外人以分裂我之机者也。民族主义者之言曰：凡两民族栖息于一国家之内，利害相反，休戚不相共，则善良之政治，末由发生，此其言未始非含一面真理之言也。虽然，使一切之国家，而皆如日本然，以单独之一民族组成一国民，其势岂不至顺？然无如除日本外，举世更无第二之日本。而凡有两民族以上之国，苟其国中诸族，皆各怀排他之观念，而不许他族之与己并栖，则国家之结合，其何一日之能继续也？故吾以为使国家不幸而有两民族以上焉，则为政治家者，惟有以混成同化之为目的，即其未能遽同化者，亦当设种种手段，使之循此方向以进行，以收其效于方来，而断无挑之使互相排之之理。故满人中之持排汉论者，其罪固不容于诛；汉人中之持排满论者，其愚亦不可及。满人之持排汉论者，出于拥护个人之私利，而因以误大局，故可诛；汉人持排满论者，昧乎事势之所当然，虽竭其力而无补于大局，或且有害事，故可悯也。故今日我国民之对于此问题，惟当合力黾勉，思所以取满人之持排汉论者，排其个人而去之，而不可复持排满论以与之相角。若以此角焉，则其智识亦不过五十步之与百步已耳。夫所谓只当同化而不当相排者何也？夫两民族以上之同栖，既已成为历史上之事实矣，事实固不可洗涤者也。语曰：凫胫虽短，续之则悲。鹤膝虽长，断之则忧。舍同化之外，亦安有术焉能变其复体以为单体者？不同化而欲变复体以为单体，则非取国家瓜分之而各族各据有一部分焉，固不可也。今使汉族而据民族主义以处理中国也，则人之欲私其族，谁不如我？岂惟满族，蒙、藏、回、苗皆将各持其民族主义以相对抗。我不愿受他族之支配，而谓人愿受我族之支配乎？以人道平等之理想衡之，抑何不恕？且既认两民族共栖为政治上之魔障，即强合容纳，复何所取？故既持民族的国家主义，则不能不听满、蒙、回、藏诸族之各自立国，理则然矣。即不欲听之，而当新革命后，举国扰攘，绥定本部，犹且不易，更安所得余力以及远？是不得不听满、蒙、回、藏之各自立国，又势使然矣。就令满、蒙、回、藏能各自立国而自维持之，然分一国而为五国，与合五国而为一国，其以之竞于世界也孰利？而为中国之政治家者，以今日领土之全部为舞台，与划取今日领土之一小半以为舞台，其设施且孰难而孰易、孰悴而孰荣也？而况乎彼诸族必不能自建国，即建矣，而必不能自维持之，其实情实如《中国新报》序所云云也。

140

而持褊狭的民族主义以为根本观念，其所生之结果，必至如是，是何异怵他人之不瓜分我，而倒太阿以授之柄也。若吾党之持国家主义者则异是。"民族"二字，在政治上不成问题，能支配者惟有国家，所支配者则为国民，而所谓某族支配某族、某族支配于某族之说，皆谓之不词。而凡龂龂然争此者，皆如痴人之自捕其影也。夫最近世界史中，固尝有以民族主义兴其国者矣，若意大利，若德意志，皆是也。彼以其民族各自散立，故揭橥此主义以统一之，由民族主义而得纽众小国以建一大国焉。我中国历史上之事实与现在之情形，恰与彼立于正反对之地位，由民族主义而得裂一大国以为众小国，同一药也。善用之可以已疾，而误用之亦可以杀人，此类是已。《中国新报》其灼有见于此也。但彼据此以为中国不能行民主主义之理由，吾以为不如据此以为中国不能言民族主义之理由，二者虽相因，而一乃直接，一乃间接。若夫中国之不能为民主立宪，则吾所主张者，仍在人民程度问题，与历史上事实问题。彼满、蒙、回、藏诸族程度之不足，亦中国国民程度不足说中之一义也。何也？言中国国民，不能屏彼等于范围外也，质诸《中国新报》记者，谓为何如？

二、《学报》

《学报》者，普通学界之馈贫粮也。其叙例如下（中略）

其叙文中谓应于现今社会之三种需要而作。今观其第一号之内容，可谓能践其言也。凡人类莫不有求智识之欲望，而愈有以助长之，则此欲望愈发达，而社会之文明亦愈进。所以助长智识之欲望者，其道不一，而书报则最有力者也。泰西、日本诸国，其关于学术上之报章特盛。各种科学，莫不有其专门之杂志，且每一科之杂志，动以十数百数计。我中国前此则杂志既寥寥，即有一二，而其性质甚复杂不明，政谈学说，庄言谐语，错杂于一编中，而纯粹为学术上之研究者，未有一焉。此虽办报者之幼稚，亦由社会需要之程度未及此也。《学报》者，可谓中国学术上报章之先河也。其中门类，略以中学校学科为主而损益之，欲先馈国人以普通之常识，然后得有基础以进于专门高深之学理也。其视各国分科之学报，固有所不逮，然以比诸日本之《中学世界》《中等教育》等杂志，盖有过之无不及焉。其中文字，多出知名士所撰述，皆于此科确有心得，然后撷其菁华、絜其纲领以立言，非徒教师、学生最良之参考书，抑亦凡一切学者所当各手一卷也。

其中最精采者，尤推英文及论理学两门。英义纯导人以自修之法，取著名之读本及文典，以新法解剖之，得此者诚可以不外求师，而学校学生，循是途以行，亦可以事半功倍。其论理学则英国大哲耶氏之作，从英文译出，原著之严明，与译笔之达雅，可称双绝，视严译之《名学》其裨效于始学，过彼远矣。其国史一门，亦多能发前人所未发明。自余各篇称是。每月庞然一巨帙，亦前此杂志界未有之伟观也。吾睹此报之出现，吾为中国学界前途距跃三百焉。

33.《政论》章程[*]

宗旨

本报以造成正当之舆论，改良中国之政治为主。

内容

本报内容略区如下：

一、论著。略区为"汎^①论""各论"两门。"汎论"论中外之政治学理、政治现象，期养成一般国民之智识、能力及其责任心；"各论"就现在中国切要之政治问题研究其利病得失，求国民之注意，促政府之实行。

二、译述。采东西硕学之政治论，尤适用于今日之中国者译述之，加以案语或解释。

三、批评。对于政府之行动加公正之批评，使国民周知政界情状，其外国政略有影响于我国者亦附评焉。

四、记载。记每月中外大事关于政治者，用秩序的记事法，求增阅者之兴味。

五、杂录。短著杂事，有关政治者录焉。

六、应问。凡海内外人士，对于本社有所质问者，本社必竭其所知以对，其切要者则登诸报中。

---

* 刊于《政论》第 1 期，1907 年 10 月 7 日。

① 汎，音 fàn，同"泛"。

七、社报。社中经过之事及社员调查之事录焉。

办法

本报每月一册，每年十二册，以中历每月朔日发行。

本报每册约在六万言以上。

本报设总撰述一员，负报章全体之责任，其撰述编纂无定员，兼登社员之稿，来稿择其有关系者亦录入之。

本报时或发刊附录。

凡海内外人士，表同情于本报者，得捐资赞助。

34.《国风报》叙例*

天相中国，诞牖我德宗景皇帝，滂沛德音，布立宪之政，以垂诸无穷，而施诸罔极。今上皇帝善继善述，申明成典而光大之，将以开百王未有之治，而餍率土具瞻之望。圣神文武，重熙累洽。自古圣贤之君，其体国子民之业，布在方策。若夫公天下之盛心，与夫措施规模之宏远，则未闻有圣圣相继如今日者也。盖闻诸《书》曰："众非元后何戴，后非众罔与守邦。"伏惟我德宗景皇帝、我今上皇帝所以覆帱①吾民而勤育之者，既已仁至义尽而无以复加。自今以往，其果能厝国家于长治久安，以远慰在天之灵，而近纾宵旰之忧与否，则举国百僚士庶之责也。

夫立宪国之君主，其神圣不可冒犯之实，远过于专制国，故决无或负政治上之责任。而一切用人行政，当由政府大臣任其劳，其有阙失，亦惟政府大臣尸其咎。苟为政府大臣者，唯阿旅进退不事事，而仍以衡石量书之役重劳君上，或举措乖方，贻误国家，则托于奉命承教，出纳王命，不自引责，而使君上代吾受过以为民怨府，此皆所以贼害皇室，而与立宪主义最相反背者也。坐是之故，今后之为政府大臣者，苟非精白乃心，有富贵不淫、威武不屈之节操，常恻然以忧天下为心而舍私利以徇国家之急者，则不容滥竽于其位，

---

* 刊于《国风报》第 1 卷第 1 期，1910 年 2 月 20 日。

① 帱，音 dào。覆帱，惠及，施恩。

145

固不俟论。然又非仅能是而已足也。必其识足以通古今之变，洞庶民之隐，知四国之为，然后能审时度势以定一国政治之鹄，而无或举标而遗本，图小而失大，见近而忘远，然后能使一方之福与全国之休常相调合，使百年之计与救时之策各适其宜。此以言乎施政之本原也。

若夫如何而能网罗俊杰使之在位，如何而能董率百僚使咸率职，内而政府全部，如何而能统一之，使权限各伸而步趋罔歧；外而国民议会，如何而能应对之，使嘉谟毕采而横议不行；下而大小僚属，如何而能导督之，使治具日张而官邪无作。恒视此十数大臣之器量才略，而一国之荣悴兴替托命焉。其他一切官吏，其最急者，当务德性纯白，忠于阙职，亦固无论。而又须于今世所谓普通常识为士大夫所不可阙者，皆能知其崖略，而于其所司之本职，尤须能深明国家所以建置委任之意，于其中条理纤悉周备，靡不察究，而广之以阅历，厉之以精进，然后举国有方新之气，而庶绩奏咸熙之实。若是乎，立宪国之政府大臣及一切官吏，其责任如此其洪大，其资格如此其严重也！

若夫吾侪小民，其在畴昔，则出粟米麻丝，作器皿，通财货，以事其上已尔，谨身节用媚兹一人，以俟驱策已尔。寒则待上之为我衣，饥则待上之为我食，患难则待上之为我捍，邪僻则待上之为我坊①。故礼乐沿革，刑政宽猛，一皆委诸肉食之谋，而无取为出位之议也。

至于立宪国民则不然，国家画出行政权之一部分，责诸地方自治，而使之助官治所不及。吾既为城、镇、乡一公民，则城、镇、乡之得失，吾与有责焉；既为府、州、县一公民，则府、州、县之得失，吾与有责焉；既为省之一公民，则省政之得失，吾与有责焉。

---

① 坊，音 fāng，同"防"。

不宁惟是，数月以后，朝廷将使吾民举其贤者以入于资政院；数年以后，且使之为独立之一下议院，而举凡一国之大政皆将于此取进止焉。使国民而能守政治上之庸德，具政治上之常识，则其行此参政权也，必能匡政府之不逮，而进国家于安荣。其行此自治权也，亦必能造一方之福利，而置群庶于衽席。而不然者，或聚武断乡曲之辈，而为污吏傅之翼，或群放恣横议之徒，而为乱民赍之粮，两者之性质虽绝相反，要其不为国家之福而为国家之祸则一也。若是乎立宪国之国民，其责任又如此其洪大，其资格又如此其严重也！

然则，自今以往，我政府大臣、一切官吏及我国民，欲求所以践此责任而备此资格，其道何由？曰：是贵有健全之舆论也已矣。

夫立宪政治者，质言之则舆论政治而已。先帝知其然也，故《大诰》曰："大权统于朝廷，庶政公诸舆论。"盖地方自治诸机关以及谘议局、资政院，乃至将来完全独立之国会，凡其所讨论设施，无一非舆论之返照，此事理之至易睹者，无待赘论。即政府大臣以至一切官吏，现已奉职于今日预备立宪政体之下，则无论若何强干，若何腐败，终不能显违祖训，而故与舆论相抗，此又事势所必至者也。夫舆论之足以为重于天下，固若是矣。然又非以其名为"舆论"而遂足贵也。盖以瞽相瞽，无补于颠仆；以狂监狂，只益其号呶①。俗论、妄论之误人国，中外古今，数见不鲜矣。故非舆论之可贵，而其健全之为可贵。健全之舆论，无论何种政体，皆所不可缺，而立宪政体相需尤殷者，则以专制时代之舆论，不过立于辅助之地位，虽稍庞杂而不为害。立宪时代之舆论，常立于主动之地位，一有不当，而影响直波及于国家耳。

然则健全之舆论，果以何因缘而始能发生乎？窃尝论之，盖有五本：

---

① 呶，音 náo，喧闹。

一曰**常识**。① 常识者，谓普通学识，人人所必当知者也。夫非谓一物不知而引以为耻也，又非谓穷学理之邃奥、析同异于豪芒也。然而自然界、社会界之重要现象，其原理原则，已经前人发挥尽致，为各国中流社会以上之人所尽能道者，皆须略知之。又本国及世界历史上之重大事实，与夫目前陆续发生之大问题，其因果相属之大概，皆须略知之，然后其持论乃有所凭藉，自为不可胜以待敌之可胜。而不然者，则其质至脆而易破。苟利害之数，本已较然甚明，无复辨难之余地。而欲陈无根之义以自张其军，则人或折以共信之学理，或驳以反对之事例，斯顷刻成齑粉矣。此坐常识之不足也。

二曰**真诚**。《传》曰："至诚而不动者未之有也，不诚未有能动者也。"夫舆论者，非能以一二人而成立者也，必赖多人。而多人又非威劫势胁以结集者也，而各凭其良知之所信者而发表之。必多数人诚见其如是，诚欲其如是，然后舆论乃生。故虚伪之舆论，未有能存在者也。今世诸立宪国，其国中之舆论，大率有数派，常相水火，然倡之者罔不以诚。诚者何？曰：以国家利害为鹄，而不以私人利害为鹄是已。盖国家之利，本有多端，而利又恒必与害相缘，故见智见仁，权轻权重，感觉差别，异论遂生，而莫不持之有故，言之成理。若夫怀挟私计，而欲构煽舆论，利用之以供少数人之刍狗，则未有能久者也。

三曰**直道**。国之所贵乎有舆论者，谓其能为国家求多福而捍御其患也。是故有不利于国民者，则去之当如鹰鹯②之逐鸟雀也。然凡能为不利于国民者，则必一国中强有力之分子也。故必有柔亦不茹、刚亦不吐、不侮鳏寡、不畏强御之精神，然后舆论得以发生。若平

---

① "五本八德"的小标题，原文皆为大字号，今改为与正文同字号，刷黑以示区别。

② 鹯，音 zhān，一种猛禽。

居虽有所主张，一遇威怵，则噤如寒蝉，是腹诽也，非舆论也。甚或依草附木，变其所主张者以迎合之，是妖言也，非舆论也。

四曰**公心**。凡人类之智德，非能完全者也。虽甚美，其中必有恶者存；虽甚恶，其中必有美者存。故必无辟于其所好恶，然后天下之真是非乃可见。若怀挟党派思想，而于党以外之言论举动，一切深文以排挤之；或自命为袒护国民，而于政府之所设施，不问是非曲直，不顾前因后果，而壹惟反对之为务，此皆非以沽名，即以快意，而于舆论之性质，举无当也。

五曰**节制**。近儒之研究群众心理学者，谓其所积之分量愈大，则其热狂之度愈增。百犬吠声，聚蚊成雷。其涌起也若潮，其飙散也若雾。而当其热度最高之际，则其所演之幻象噩梦，往往出于提倡者意计之外，甚或与之相反，此舆论之病征也。而所以致病之由，则实由提倡者职其咎。盖不导之以真理，而惟务拨之以感情，迎合佻浅之性，故作偏至之论。作始虽简，将毕乃钜，其发之而不能收，固其所也。故节制尚焉。

以上五者，实为健全舆论所不可缺之要素，故命之曰"本"。而前三者则其成全之要素，后二者则其保健之要素也。[①] 夫健全舆论云者，多数人之意思结合，而有统一性、继续性者也。非多数意思结合，不足以名舆论。非统一、继续，不足以名健全。苟缺前三者，则无所恃以为结合意思之具，即稍有所结合，而断不能统一，不能有力，其究也等于无有。如是，则舆论永不能发生。舆论永不能发生，则宪政将何赖矣！苟缺后二者，则舆论未始不可以发生也。非惟可以发生，或且一时极盛大焉。然用褊心与恃客气为道，皆不可以持久，故其性质不能继续，不转瞬而灰飞烟灭。而当其盛大之时，则往往破坏秩序，横生枝节，以贻目前或他日之忧。如是，则舆论

---

① 此处"成全之要素""保健之要素"，犹今之所谓"必要条件""充分条件"也。

不为国家之福而反为病。舆论不为国家之福，而反为病，则宪政益将何赖矣！然则今日欲求宪政之有成，亦曰务造成健全之舆论而已矣。欲造成健全之舆论，亦曰使舆论之性质具此五者而已矣。欲使舆论之性质具此五者，亦曰造舆论之人先以此五者自勉而更以之勉国人而已矣。

夫舆论之所自出，虽不一途，而报馆则其造之之机关之最有力者也。吾于是谓欲尽报馆之天职者，当具八德：

一曰**忠告**。忠告云者，兼对于政府、对于国民言之。无论政府或国民，苟其举动有不轨于正道、不适于时势者，皆当竭吾才以规正之，而不可有所瞻徇容默，不可有所袒庇假借，而又非嬉笑怒骂之谓也。嬉笑怒骂之言，徒使人怨毒，而不能使人劝、使人惩。且夫天下虽至正之理、至重之事，而一以诙谐出之，则闻者亦仅资以为谈柄，而吾言之功用，损其什八九矣。所谓不诚未有能动者也。以勤恳恻怛之意将之，法语巽言，间迭并用，非极聋聩①，固当一寤。如终不寤，非吾罪矣。

二曰**向导**。向导亦兼政府、国民言之。今兹之改革政体，实迫于世界大势，有不得已者存。政府、国民，虽涂饰敷衍者居大多数，然谓其绝无一毫向上欲善之心，亦太刻论也。顾虽曰有之，而不识何途之从，掖而进之，先觉之责也。斯所谓向导也。虽然，为向导者，必先自识途至熟，择途至精，然后有以导人。否则若农父告项王以左，左乃陷大泽矣。又必审所导之人现时筋力之所能逮，循渐以进，使积跬步以致千里。否则若屈子梦登天魂，中道而无杭矣。故向导之职，为报馆诸职之干，而举之也亦最难。

三曰**浸润**。浸润与煽动相反对，此二者皆为鼓吹舆论最有力之具。煽动之收效速，浸润之收效缓。顾收效速者，如华严楼台，弹

---

① 聩，音 yín，有声而不能成语。

指旋灭。收效缓者，如积壤泰华，阅世愈坚。且煽动所得，为横溢之势力，故其弊之蔓延变幻，每为煽动之人所不及防；浸润所得，为深造之势力，故其效之锡类溥施，亦每为浸润之人始愿不及。此两者之短长也。

四曰**强聒**。所贵乎立言者，贵其能匡俗于久敝，而虑事于未然也。夫久敝之俗，则民庶所习而安之者也。未然之事，则庸愚所惊而疑之者也。惩其所习安，而劝其所惊疑，其自始格格不相入，宜也。是故立言之君子，不能以一言而遂足也，不能以人之不吾信而废然返也。反覆以谏，若孝子之事父母；再三以渎，若良师之诱童蒙。久之而熟于其耳，又久之而餍于其心矣。"亹勉同心，不宜有怒"，《风》人之旨也。"宁适不来，靡我不顾"，《小雅》之意也。

五曰**见大**。社会之事至赜也，其应于时势之迁移，而当有事于因革损益者，不可胜举也。今之政俗，其殃国病民者，比比然也。豺狼当道而问狐狸，放饭流歠①而责无齿决，蔑克济矣。故君子务其大者、远者，必纲举而目始张。非谓目之可以已，而先后主从则有别矣。

六曰**主一**。锲而舍之，朽木不折。狐埋狐掘，效适相消。今之作者，其知悔矣。故必择术至慎，持义至坚，一以贯之，彻于终始。凡所论述，百变而不离其宗，然后入人者深，而相孚者笃也。若乃阛阓②杂报，专务射利，并无宗旨；或敷衍陈言，读至终篇，不知所指；或前后数日，持论矛盾，迷于适从，此则等诸自《郐》，可无讥焉。

七曰**旁通**。吾言舆论之本，首举常识。夫常识者，非独吾有之而可以自足也。舆论之成，全恃多数人良知之判断。常识缺乏，则

---

① 歠，音 chuò，羹汤。

② 阛阓，音 huán huì，市井，坊间。

判断力何自生焉？必集种种资料以馈之粮，使人人得所凭藉以广其益而眇其思，则进可以获攻错，而退可以助张目矣。而所馈之粮，能否乐饥，是又在别择之识，非刻舟所能语也。

八曰**下逮**。下逮云者，非必求牧竖传诵而灶婢能解也。吾国文字奥衍，教育未普，欲收兹效，谈何易焉？若惟此之务，必将流于猥亵，劝百讽一而已。虽然，即以士大夫论，其普通智识程度，亦有限界。善牖民者，其所称道之学识，不可不加时流一等，而又不可太与之相远，如相瞽然，常先彼一跬步间，斯可矣。吾超距而前，则彼将仆于后矣。恒谨于此，斯曰下逮。若夫侈谈学理，广列异闻，自炫其博，而不顾读者之惟恐卧，此则操术最拙者也。

吾窃尝怀此理想，谓国中苟有多数报馆能谨彼五本而修此八德者，则必能造成一国健全之舆论。使上而政府大臣及一切官吏，下而有参政权之国民，皆得所相助，得所指导，而立宪政体乃有所托命，而我德宗景皇帝凭几末命所以属望于我国民者为不虚，而国家乃可以措诸长治久安，而外之有所恃以与各国争齐盟。吾念此久矣。国中先进诸报馆，其果已悉与此理想相应与否，吾所不敢知。然而声期相应，德欲有邻。驽骀①十驾，不敢不勉。爰与同志，共宏斯愿。自抒劳者之歌，冀备辀轩之采，十日一度，名曰《国风》。所含门类，具于左方：

自我天覆，油油斯云。大哉王言，其出如纶。录"谕旨"第一。
三年蓄艾，一秋餐菊。杜牧罪言，贾生痛哭。录"论说"第二。
见兔顾犬，知人论世。言者无罪，闻者足戒。录"时评"第三。
他山攻错，群言折衷。取彼楚梼，振我宋聋。录"著译"第四。
料民问俗，纤悉周备。网罗日知，以供岁比。录"调查"第五。
谋及庶人，周知四国。十口相传，一树百获。录"记事"第六。

---

① 骀，音 tái，劣马。

李悝六篇，萧何九章。式我王度，示我周行。录"法令"第七。

山公启事，子骏移书。征诸文献，以广外储。录"文牍"第八。

如是我闻，其曰可读。《梦溪笔谈》，亭林《日录》。录"谈丛"第九。

梁苑群英，建安七子。其风斯好，其文则史。录"文苑"第十。

小道可观，缀而不忘。九流余裔，班志所详。录"小说"第十一。

大叩大鸣，小叩小鸣。既竭吾才，求其友声。录"答问"第十二。

东方画像，摩诘声诗。溯洄可从，卧游在兹。插录"图画"第十三。

文约义丰，语长心重。宿儒咋舌，老妪解诵。附录"政学浅说"第十四。

都凡十四门，每十日一卷，卷八万言。年为三十五卷，三百余万言。

释例二十三凡：

一①、凡十日内"谕旨"全录，尊王也。若篇幅不给，则以晚出者移于次卷。

二、凡"论说"，本报之精神寓焉。其对象，则兼政治上与社会上。政治上者，纳诲当道也；社会上者，风厉国民也。其选题，则兼抽象的与具体的。抽象的者，泛论原理、原则也；具体的者，应用之于时事问题也。凡政治上所怀之意见无不吐，而于财政及官方特先详焉，救时也。凡社会上所睹之利病无不陈，而于道德风习，三致意焉，端本也。

三、凡"论说"之文，短则不达，长则取厌，故最长者不过登三次而毕。其有未尽，则更端论之。

---

① 此节序号为编者所加。

四、凡"论说"所论，则事之应举措者也。凡"时评"所评，则事之已举措者也。

五、凡"时评"就国中所已举措之事而论其得失，而旨于规正者什八九。盖其举措已当，无俟规正者，则亦无俟诔颂也。惟舆论有抨击政府而失辞者，时亦为政府讼直。

六、凡"时评"，于外国大事，时复论列。《传》曰：国之强也，邻国有焉；国之亡也，邻国有焉。吾国人忽诸，是乃所以不竞也。惟评外事，则不及语其得失，惟推论其影响所及者。

七、凡"时评"，不攻击个人，非避怨敌，以得失之大原，不在是也。

八、凡"论说"及"时评"，皆不徇党见，不衍陈言，不炫学理，不作诙语，谨五本、务八德也。

九、凡"著译"，皆取材于东西各国新出报章之"论说"，其专书亦间采焉，皆当世之务而作者之林也。

十、凡时贤伟论，与本报宗旨可以相发明者，则归诸"著译"。

十一、凡"调查"，亦兼政治上、社会上两方面，其资料或由自搜集，或取材于外报。

十二、凡"记事"，分本国、世界两科。"本国记事"之目，曰"宫廷恭纪"、曰"用人行政"、曰"立法司法"、曰"国际交涉"、曰"财政生计"、曰"海陆军事"、曰"运输交通"、曰"金融货币"、曰"农工商矿"、曰"教育警察"、曰"地方政务"、曰"边防藩属"，凡十目。其"世界记事"则以国别。

十三、凡遇有重大事件发生，为国人所宜特留意者，则为"特别记事"。无之则阙，事过则止。凡"特别记事"，每追叙原因，推论结果，与"时评"相辅。凡"特别记事"，置于"普通记事"之前。

十四、凡"记事"，皆为秩序的、系统的，以作史之精神行之。

十五、凡"法令"，已奏准公布者录之。

十六、凡"文牍"，有用者录之。"时评"所纠者，录其原文。

十七、凡"谈丛"，无体例，无系统，自理想、考据、掌故、文艺，乃至中外异闻轶事，随笔所之。智识之渊，趣味之薮也。

十八、凡"小说"，聊备一格，无以自表异于群报。如其改善，愿以异日。

十九、凡"答问"，对于本报所持之义、所谭之学有疑难者，移书相质，则答之。其太洪大之问题、太琐末之事项，则不答也。

二十、凡"图画"，或名人画像，或历史遗迹，或胜地风景，采择插入。

二十一、凡附录"浅说"专书，实本报同人呕心血之作，专务输灌常识于多数国民。其体裁，则以至浅之笔，阐至邃之理；以至约之文，含至富之义。其种类，则首宪政及国民生计，以次及财政、地方自治、教育、法学，乃至自然科学等。

二十二、凡全卷各门类所论述，恒互相发明。

二十三、凡每卷皆备十四门，但材料或有余于篇幅，则"调查""法令""文苑""答问""画图"，间阙焉。

35. 读十月初三日上谕感言*

时局危急，极于今日！举国稍有识、稍有血气之士，佥谓舍国会与责任内阁无以救亡，尔乃奔走呼号，哀哀请愿，至于再，至于三，于是资政院全体应援之，而有九月念①六日之决议上奏，各省督抚过半数应援之，而有九月念三日之电奏。旬日以来，举国士辍诵，农释耕，工商走于市，妇孺语于间，咸喁喁焉翘领企踵，庶几一朝涣汗大号，活邦国于九死，乃不期而仅得《奉十月三日之诏》。彼署名诏末之王大臣，使其能察民意之所归，舍己以从，则天下固诵其忠，而不然者，孤行己意，坚定不摇，甚则取异己者而放逐之、戮辱之，则天下亦将服其勇，而乃依违模棱以作调人，如买菜之论价，不愿两者并许，又不敢两者并拒，则舍国会而先取内阁。国会既不愿即开，又不敢太缓开，则调停于明年与九年之间。而取五年，诚不知宣统五年可以召集国会者，宣统三年不能召集之故果安在？诚不知国会未开以前，所谓责任内阁者果何所附丽？且督抚电奏，人民请愿，皆言责任内阁，而上谕中特删去"责任"二字。诚不知无责任之内阁，则与前明以来以迄今日之内阁何以异？与军机大臣何以异？与现在分立之各部院何以异？与会议政务处何以异？若是则吾国之有之也既已久矣，何俟宣统三年而始成立？何俟再以诏书为之

＊ 刊于《国风报》第28期，1910年11月12日。署名"沧江"。

① 念，音 niàn，同"廿"。

规定？于是而当道一二大老之心迹，昭昭然揭于天下矣。其或者熟计吾身己不久人世，至宣统五年我则已一瞑不复视，则国中蜩唐①沸羹之象，无论极于何等，而皆于吾无与也。其或者持筹握算，略揣尽此三年中，所黩之货，差足为长子孙之计，至是乃急流勇退也。呜呼！以全国人万斛之血泪，可以动天地泣鬼神，而不能使绝无心肝之人，稍有所动于其中。我国民之血其虚洒，我国民之泪其虚掷矣乎！虽然，我国民其毋中馁也，其毋徒恸也，今后我国民所当黾勉以从、蹈厉以进者，正大有在耳。

西方学者有恒言：法律现象与政治现象，不可混为一谭也。夫在西方诸法治国，其法律之效力，至强且固者，犹且有然，而况于今日之中国耶？我国上谕及其他奏定之文牍，就理论上言之，诚与今世各国所谓法律者，有同一之效力。虽然，以政府大臣而视圣训及上谕为弁髦者，其事日有所见，以上谕比诸外国君主裁可之法律，为事本已不伦。夫以外国之法律，犹不能束缚政治现象，而况仅于一种之文告，其平昔所发生之效力，远不逮法律者耶？谓以此而可以定一国政治之运命，其亦误解政治之性质也已矣。盖法律文告者，结晶体之物也；而政治者，活物也。故法律文告之现象，譬之则犹器械，在人所制造、所变置、所利用，不能以自伸缩；政治现象，譬之则犹人之知觉运动，常能制造、变置、利用彼器械，而流动不可方物。是故国民而不娴于政治者，虽有至善良完备之法律文告，亦等于废纸；国民而娴于政治者，虽法律文告至恶极劣，曾不足以为其前途之障也。此不必远征他国，即以我国数年来之事实论之，前此之法律文告，本无所谓立宪政体也，何以今忽有焉？本无所谓资政院、咨议局也，何以今忽有焉？本无所谓国会、责任内阁也，何以今忽有焉？乃至国会及责任内阁，据法律文告所指，则当期成

---

① 蜩唐，音 tiáo táng，即蜩螗，蝉的别名，比喻喧闹。

于六七年以后也,何以今忽先焉?昔无而今忽有,有其不得不有者存也。昔后而今忽先,有其不得不先者存也。所谓不得不有、不得不先者,谁实为之?则政治现象是已。是知前此之法律文告,决不能束缚现在之政治现象;而现在之政治现象,实能改废前此之法律文告,且能孕育将来之法律文告。明于此义,则吾国民今后所当有事者,从可知耳。

自今以往,吾民所宜自觉者,有一事焉,则舆论之势力是已。凡政治必借舆论之拥护而始能存立,岂惟立宪政体,即专制政体亦有然。所异者,则专制政体之舆论,为消极的服从;立宪政体之舆论,为积极的发动而已。盖自古未有舆论不为积极的发动而能进其国于立宪者,而虽有淫威无等之专制政府,苟欲撄①积极的舆论之锋,未或不败绩失据。舆论者,天地间最大之势力,未有能御者也。夫天下苟非正当之事理而适合于时势者,必不能为舆论之所归,虽弄诡辩以鼓吹之,一时风起水涌,不旋踵且将熄灭。若其既为至当之事理而适合于时势者,则虽以少数人倡之,其始也闻者或皆掩耳而走,及积以时日,则能使成为天经地义而莫之敢犯。故舆论之为物,起乎至微,而终乎不可御者也。即如我国,所谓维新变法论,所谓立宪论,所谓国会论、责任内阁论,自始曷尝不为举国所诟病、所目笑?而当道席势怙②权之人,曷尝不以为大弗便于己,而尽其力之所能及以明拒而阴挠之者?然其拒之、挠之之术,惟得行之于未成为舆论之时耳。舆论一成,则虽有雷霆万钧之威,亦敛莫敢发。不见乎自辛丑、壬寅以后,无一人敢自命守旧乎?不见乎最近二三年,无一官吏不言筹备宪政乎?不见乎此次资政院提出请愿国会案,无一人敢反对;督抚公电,无一省持异议;而代表团历访枢府当道,

---

① 撄,音 yīng,扰乱。
② 怙,音 hù,依仗,凭借。

莫不温言唯唯乎？且如资政院当决议上奏时，有大声疾呼，促反对党之演说者，彼时此二百议员中，谁敢保其无一二人不慊于国会论？虽然，当此之时，虽悬高爵重禄以诱于前，设大戮严刑以驱于后，吾知其欲求一反对之演说而不可得也，而要路之人之唯唯于其间者，亦若是则已耳。夫岂无以伪相应者，然社会制裁之力，能使人不敢于为真小人而自托于伪君子，则其功用已不可谓不伟，况乎舆论之监察诚有进步，更不容彼辈之以伪自遁耶！

由前之说，凡能成为舆论者，必其论之衷于正理而适于时势者也。顾此虽有能成为舆论之资格，然所以成之者，恒存乎其人。夫舆论者何？多数人意见之公表于外者也。是故少数人所表意见，不成为舆论。虽多数人怀抱此意见而不公表之，仍不成为舆论。是故当舆论之未起也，毋曰吾一人之意见，未必足以动天下，姑默尔而息也。举国中人人如此，则舆论永无能起之时矣。当舆论之渐昌也，毋曰和之者已不乏人，不必以吾一人为轻重，姑坐观成败也。举国中人人如此，则舆论永无能成之时矣。故近世立宪国所谓政治教育者，常务尊重人人独立之意见，而导之使堂堂正正以公表于外。苟非尔者，则国中虽有消极的舆情而终无积极的舆论。有消极的舆情而无积极的舆论，此专制国之所贵而立宪国之所大患也。且如此次速开国会、建设责任内阁之国是，其主持者由我仁圣皇帝固也，而翊赞之者谁耶？谓代表团耶？仅代表团则安能致是；谓资政院耶？仅资政院则安能致是；谓督抚耶？仅督抚亦安能致是。盖实有一种无形之势力主持乎其间，而假涂于代表团、资政院、督抚以表示之，而此无形之势力，则存于国中无量数不知名之人之身中者也。苟此无量数不知名之人，人人以为吾之一身，无足以轻重于国家之大计，则此势力遂永不能发生矣。夫国中此种势力，其宜发生之日久矣，而前此迟迟不发生者，岂非以国中人人皆自以为不足轻重耶？今虽发生矣，然其微抑已甚也。我国民若能人人鉴于此次之效，而知势力本存于我身，则后此所以进取者，必有道矣。

比年以来，一种悲观论弥漫于国中。其稍有知觉之士，日惟相对歔欷，谓国必亡国必亡，(其醉生梦死，并此等危急情形而不知者，更不足责。)夫以现在当道之人物，处现在时局之危机，其安得不令人意丧气尽！虽然，既已托生为此国之人，于其国之将亡也，宁得仅以之供凭吊感叹之资料，如词章家之歌咏前代古迹，如历史家之叙述他国陈迹乎？稍有血气，其必不忍不谋所以拯之也明矣。而彼以亡国论为口头禅之辈，必曰：吾岂不愿谋所以拯之，顾吾确已见乎中国今日之亡，非人力所得而拯也。嘻！甚矣其慎①也。凡自然界之现象，其存在也纯恃他力，故其成毁非其本身所能自主也；社会界之现象，其存在也全恃自力，故其成毁实其本身所能自主也。(自然界之物质，其分子皆以无意识之阿屯②结合而成，阿屯为物理学上必然之法则所支配，丝毫不能自由。社会界之团体，其分子实为有意识之人类，人类意志，常自由发动，不可方物，非必然之法则所能严限也。)国家者，社会界现象之一也。故国家之亡，苟非其"组成国家之分子"(即国民)自乐取亡，则他人决无能亡之者。吾辈以为吾国今日所处至极艰险，而岂知各国情事虽异，要之莫不各有其艰险者存。我之视彼，犹彼之视我。吾尝以今日中国事势，与美国独立前后相较，与法国大革命前后相较，与德国、意国统一前后相较，与日本维新前后相较，惟见彼之险艰，倍蓰于我而已。夫法国当革命前后，财政紊乱之极，而继以屠戮恐怖，举邻强国，咸起与为难。此等现象，我无有也。美国本为人藩属，奋微力以抗上国，既脱羁勒，而联邦各自为计，中央政府不名一钱。此等现象，我无

---

① 慎，音 diān，同"颠"。
② 阿屯，"原子"(Atom)的音译。

有也。德与意本以无数屠国，介于列强之间，冒大险经数战始能自建树。而德则外之畏敌国之报复，意则内之受教会之劫制。此等现象，我无有也。日本承数百年幕府专制之威，竭全力仅能胜之，而藩国犹存，王室守府。此等现象，我无有也。夫以我国历史凭藉之深厚，国中秩序之安顺，政令施行之便易，而犹不能以自振，而日日忧亡，使吾辈处他国之所遭，又将若何？今吾国凡百不足病，所病者在政府不得其人耳。而政府者，固非能有深根固蒂以自植者也，又非能强有力而敢于明目张胆以与举国之舆情为难者也。然则其能为国家进步之障者几何？大抵国家之大患，莫患乎国中有一特别之阶级，与多数人之利害不相容，而此阶级者，智力较优秀，而结合至巩固，人民有所论列，彼则相结而挫之，则多数舆论之政治，决难遽行，而国运之进，常为所室。我国无此种特别阶级，此即我国民政治运动最易成功之一大原因也。我国君主国体之精神，自始本与欧洲中世以降之君主国大有所异，在彼则以国家为君主之私产，在我则以君主为国家之公人，故曰：所欲与聚，所恶勿施。天视民视，天听民听。经训中类此者不可枚举。此等大义，数千年深入人心，虽有至悍之夫，只敢阴蔑而不敢明犯。盖立宪主义发达之早，未有若吾中国者也。故舆论所在，君主在理在势，皆曲从之。此中国相传之天经地义，历久而弥光晶者也。而翳乎其间者，不过此以职务为传舍之官吏。官吏非人民以外之一团体也，其未进也，不过一平民，其既退也，亦不过一平民。故其目前之利害，虽或与一般人民小矛盾，而永久之利害，终必与一般人民相一致。夫举国人民利害略相一致，此实吾国固有之特质，而在数十年前，东西诸国，无一能几者也。（其小利害有不相一致者，此则又今世诸国所皆莫能免也。）是故以官吏而出死力以防害人民之政治运动者，为我国事理上所不能有，即有之而亦脆薄已甚，其势万难以继续。试观比年以来，人民所树之义，但使壁垒稍坚，几见官吏不同化之而附和之者耶？是不得曰彼以其为官吏之资格而纳降于人民也，彼不过以其为人民一分子之资格，而加入于人民运动之队而已。夫君主决不肯为人民之敌也既若彼，官吏决不能为人民之敌也又若此，然则但使有正当之舆论，能发生于多数人民之间，则何求而不得？何欲而不成？而彼不负责任、不适时势、不达治体、不顾国益之人，岂能一日尸政府之位？凡彼辈所以得尸其位者，皆由消极的舆论默许之而已。今如曰我国于政府腐败之外，别有亡国之原因也，则救亡之道，容或难焉。若原因止于此也，则吾以为救之之易，莫过此也。何也？天下事惟求诸在外者为至难，孟子所谓"求之有道，得之有命，求无益于得者也"。若求诸在我者则至易，孟子所谓"求则得之，舍则失之，求有益于得者也"。夫欲使政府毋腐败，欲使国毋亡，岂有他哉！亦吾民各各求诸在我而已矣。

今中国凡百皆不足深患，而惟人心风俗之病征为足患。人心风俗其他之病征尚不足深患，而惟此坐以待亡之心理为最足患。人人皆曰国必亡国必亡，则莫复肯为百年、十年之计，而惟苟且偷生于一日，既已苟且偷生于一日，则纵肉体之欲惟恐不及，此奢汰贪黩之风所由起也。以名誉为更不足顾惜，此寡廉鲜耻之行所由多也。以学问为无所用之，此学绝道丧之象所由见也。夫人之生，生于希望而已，希望一绝，则更何事可为者？又更何事不可为者？夫人虽堕智井，虽陷虎穴，但使须臾毋死，犹未尝不思所以自拔，盖于无希望之中而犹怀希望，人之情也。独乃于吾侪所托命之国家，全世界人所共认为前途希望汪洋靡涘①者，我民乃以其偶处逆境之故，而嗒然自绝其希望，天下不祥之事，莫过是也。譬有人于此，或试验②

---

① 涘，音 sì，水边。

② 和制汉语，しけん，考试。

落第，或懋迁失利，而遽发愤自戕，此天下之不祥人也。今之持亡
国论者，盖有类于是矣。是故我国之亡不亡，匪由天也，匪由人也，
而实在我辈四万万众之心。四万万众皆曰听其亡，斯竟亡耳；四万
万众皆曰不许其亡，斯不亡耳。

　　而论者或曰：今四万万众之听其亡者，既十而八九矣，我一人
独何能为？应之曰：不然。我而在四万万众之外也，则诚无如何。
此如欧美、日本人虽有爱于中国而欲其不亡，无能为力。顾我非四
万万人中之一人也耶？四万万人皆各自我其我，故不必问他人之欲
亡此国与否，惟问我欲亡此国与否而已。夫群众心理之感召，良莫
能测其朕①。一人欠伸，举坐随焉，涉乐方笑，言悲已叹，此不必有
大豪杰然后能负之以趋也，其互相吸引，互相倚重，各不自知其然
而然，而其传播之迅速，气魄之雄厚，乃极之至于不可思议。勿征
诸远，即以此次之国会论、责任内阁论言之，自其始萌芽以迄今日，
为时几何？其有人焉单提直指以鼓吹之者，为时更几何？而其风被
之远、响应之捷，则竟若是矣。使自始而人人皆曰：倡之者不必自
我也，则其结果当何如？使继此而人人皆曰：应之者殆无待我也，
则其结果又将何如？是故吾辈但患我之不如人耳，毋患人之不如我。
我虽至幺匿②，而四万万人之我则至伟硕；我虽至脆薄，而四万万人
之我则至雄强。我而不信我之伟硕雄强，则是非侮我也，而侮四万
万人也。我国之所以殆，坐是而已。夫此四万万人之我本具有伟硕
雄强之力而不自知，今读十月三日之大诏，不已明示之以征证耶？
呜呼！可以兴矣。

　　由此言之，吾国前途之最大希望，实惟舆论势力，而可持之以
为中国不亡之券，亦既明甚。而此后所以运用此势力者如何，则我

---

　　① 朕，音 zhèn，征兆，迹象。
　　② 幺匿，Unit 的音译，个人，单个。

国民所最当留意也。昔政府动持"人民程度不足"之说，以阻挠国会，吾侪既力辟其谬矣。虽然，此不过谓现政府之程度，比于一般人民尤为劣下，以现在人民之智识，优足以监督之而有余，故与现政府相对，而得言"人民程度已足"云尔。实则吾人民而诚欲沐浴宪政之膏泽，则今后所以吸收政治上之智识、磨炼政治上之能力者，今方当大有事，而现在之程度，其歉然不足者不知凡几，是又吾国民所不可不自省也。夫舆论势力之表示于外而最强有力者，莫如国会。国会所行职权，若议决法律，若协赞预算、审查决算，若事后承诺，若质问政府、弹劾政府，若信任投票，虽采种种形式以显其势力之作用，一言以蔽之，则政策之讨论辨争而已。其种种形式，则无非借之以为建设一政策或反对一政策之手段也。夫必先有政策，然后能有讨论辨争之鹄。而政策也者，非政治智识圆满之人不能建树，非政治知识粗具之人不能批评者也。今我国人于"政策"二字，习为常语，小有建白，动辄以冒"政策"之名，而不知学术上之用语，万不能如此其曚混也。凡国家任欲举一政事，无不与他项政事相联属，其他项政事，又更与他项政事相联属，如是相引，若循环无端，不可殚穷。苟欲举一项而遗他项，则并此一项亦不能举而已，是故必有组织者乃得称为政策。复次，凡政治固莫不以国利、民福为鹄，而国利、民福，决非一端，而时且或相矛盾。建树政策者，或向甲端或向乙端，惟其所择，而决不取两不相容之策以糅为一团，果尔则其利必以相消而尽耳，是故必有一贯之系统者，乃得称为政策。复次，凡一政策之实行，则其直接、间接影响于一国社会现象者，不可纪极。人民所蒙乐利固多，而苦痛亦在所不免。欲评政策之价值，惟以乐利能余于苦痛与否以为衡。而苦乐之效，往往发见甚迟，其间接所波动，抑非粗心浅识之人所易见及，是故建树一政策固甚难，即批评一政策抑亦非易。而国会所以能于政治上有大作用者，则在其能建树政策、批评政策而已。苟国会议员不知政策为何物，其所讨论不悬一政策以为鹄，而徒东涂西抹，杂提出许多无组织无系统之法案，而扰扰焉赞成之反对之；或枝枝节节以行其质问、弹劾之权，不探根本而摘枝叶，则虽有国会，而其补于政治现象之进化者，抑至微末耳。由此言之，则国会既开之后，吾国民所需政治上之智识，其程度当若何？若今日其能以自足耶？

且吾更欲有言者。吾近年以来，默察时势，窃以天若相中国，使得举立宪之实者，则将来政权所趋，其必成为英国式之政党政治，而非复德国、日本式之官僚政治焉矣。夫政党政治、官僚政治，各有短长，吾固未尝漫为轩轾，且官僚政治整齐严肃之效，与今日之时势极相应。而按诸我国历史，官僚政治之根柢极深，因而利用之，其于施治当较易，故吾自昔固深望我国之政治现象，能如德国、日本，而非欲其强效英国者也。虽然，以比年来事势察之，深恐官僚政治，有绝对的不能维持之势，何也？当一国改革政体伊始，苟其官僚于政治上之道德、智识、能力独为优秀者，则将来政权，恒在官僚，而不然者，则必移于政党，此征诸各国已事而可见者也。今我国官僚，强半阍于世界大势，无丝毫政治上之常识，其智识较诸民党之俊秀者，实下数等，（若新进少年，初得一官者，其中固不乏英才，然未可具指为官僚党也。）其职务上之经验，虽视民党为多，然不过簿书、期会之事，非复适于新政体之用，则其能力固未见有所特长也。又彼辈虽自为风气，俨然若成一所谓官僚社会者，以自别于齐民，实则不过无机的集合，偶然的凑泊，绝非有一共同之目的以相团结，（此我国官吏社会与欧洲各国之贵族社会、日本之藩阀社会最相异之点也。）趋利则相轧，过患则相陷，绝无足以称为党派者存，论者或加之以"吏党"之名，其宠异彼辈，抑太逾分矣。夫中国现在之官僚，既已若彼，自今以往，彼等固不敢作永远蟠踞政权之妄想，即时势亦岂容彼辈之长尔尔耶？今责任内阁克期建设矣，国会次第召集矣，自始组织此责任内阁者，必为现居要津之人，此自然之数也。而试问其能提出一有组织、有系统之政纲以与天下人共见否耶？即提出矣，而试问其能一一按照之以见诸实行否耶？五尺之童以有知其必不能矣。既已不能，则现在之资政院及将来之国会，苟空无人焉，斯亦已耳。若犹有人者，则此卤莽灭裂、涂饰敷衍之内阁，安能一日存立？善夫各督抚联衔电奏之言也，曰："既有国会监察，权限明则责成专，虽欲诿卸而不能；才力薄则应付穷，虽欲把持而不得。数经更易以后，求才者知非破格不为功；饱尝忧患之余，任重者亦必审量而后进。"盖责任内阁既建、国会既开以后，无主义无统一之内阁，万不能存立。此既为自然之效、必至之符，而群现在之官僚社会，其必不能成一有主义有统一之内阁，抑章章矣。于此时也，若国会议员，亦等是无主义、无统一也，则将国会与责任内阁两者，皆成为无用之装饰品。政治现象，混杂至不可名状，腐败且日益甚，而国遂以亡。使于其时而国中有堂堂正正之政党出焉，揭健全之政纲以号召天下，而整齐步伐以从事运动，则国会势力，必为所占，以之与无主义、无统一之官僚内阁相遇，其犹以千钧之砮①溃痈也，进焉则取而代之，退焉则使官僚内阁唯唯服从也必矣。吾故曰：吾国将来之政治现象，必变为英国式之政党政治，势则然也。

夫然而我国民之责任抑更重，而所以完此责任者抑更难矣。凡天下事，批评易而筹画难，筹画易而实行难，此事理之至易睹者也。是故批评一政策，则但有政治上普通之常识，可以无大过矣。筹画一政策，则非有圆满之学识，所不能也。筹画一政策，则但有学识，亦庶几矣。综揽此政策而实行之，非有相当之器量、才技，所不能

---

① 砮，音 nǔ，可以做箭镞的石头。

也。如彼德国、日本者，其官僚社会中人，皆一国之秀，又阅历极深，于政务无所不娴，故其所筹画之政策，率皆能与最大之国利民福相应，而无甚可议，而行之又无所阂滞。国会之政党，则不过拾遗补阙，匡其不及，以泄其过已耳，故为道较易也。我国不幸而官僚社会，太紊乱无纪，脆薄无力，欲其负荷此艰巨，而餍天下之人心，殆成绝望，于是将来我国国会之政党，不惟负批评政策之责任也，且不能辞筹画政策之责任，甚且不能辞实行政策之责任。欲云完之，岂其易耶？呜呼！我国民其念之，此责任之压于公等之双肩，盖不远矣。公等虽欲避之，而固有所不得避，而将来公等之能负荷此责任与否，即国家存亡所攸判也。由此言之，则自今以往，我国民所以自鞭策者当何如？而此二三年之光阴，其可以一寸一分掷诸虚牝①也耶？呜呼！我国民其念之哉！

　　吾诵明诏，既感我皇上之仁圣，感舆论势力之伟大，复感吾国民将来责任之艰巨，辄杂述其所感如右。

宣统二年十月六日成

---

　　① 虚牝，音 xū pìn，空谷，无用之地。

36.《法政杂志》序*

美国前大总统卢斯福者，可谓并世第一流人物也已。罢职后，自厕身于《奥特洛克》杂志社为主笔。去岁在欧洲演说，尝自述其所以执此业之故。其言曰："言论之有造于社会，尽人所同知也。然著书之言论，嫌于太谨严；日报之言论，嫌于太漫漶。著书之收效，期以百年，虽坚健而苦迟；日报之生命，限于一日，虽迅普而苦短。位其中者，莫如杂志。"其言或不免阿好乎？然杂志之为物，其在社会上之位置，略可见矣。

今世一切事业，大率分科发达。盖现象日趋复杂，而一现象之范围中，其所函愈富，而所造愈深，非有专门，不能以善其事也。即杂志亦何莫不然？今各国之名杂志，大抵各明一义，而对于社会之一部分事业，大有所靖献。吾国之杂志，虽有名作，而未足以语于是。或志欲为之，而毅力不足持于其后，方始趋进，乃戛然中止。我国文物进步之所以濡滞，此亦其一原因也。

今日欲求分科杂志之发达，则最要者莫如政法矣。盖以中国今日，殆儳然①不可以俄顷即安。苟非政治现象大有所变，则国且不纲，而凡百更安所丽？朝野达识热诚之士，日以宪政相呼号，皆为

---

* 刊于《政法杂志》第 1 期，1911 年 3 月 25 日。

① 儳，音 chán。儳然，放肆自恣状。

是也。虽然，宪政政治，质言之，则法治的政治而已，人民的政治而已。人民非涵养于法律精神者深，则虽有良法，等于僵石；人民非感兴于政治趣味者厚，则虽予以参政权，亦弃置不用，即用矣，而终不能淬厉以图进也。我国数千年来，以放任为治。国家未尝以法律整齐其民，民亦乐其不扰，而相与安之。一旦律以严肃之法，而纳之于一定秩序，非所习也。而他人之侵权违法，亦视为固然，所以抵抗而纠正之者不力。此其性质与立宪主义最不能相容者也。然一方面虽久习于放任，一方面仍久梏于专制。以专制之故，人民与国家之关系，所感日薄。其爱国也，不如其爱身家也；其爱国也，不如其爱乡邑也；其爱国也，不如其爱党派也。是故赋之以政治上之权利而不知实，课之以政治上之义务而不知践，此又其性质与立宪主义最不相容者也。

比年以来，上下侈谈预备立宪矣。当道之苟且敷衍，以涂民耳目，固不足道；而环顾吾民之所以应之者，则亦未见其有以异于彼所云也。不见夫咨议局之初复选举，而放弃选举权者所在多有乎？不见夫选举之际，而弊端屡见告乎？不见夫议决法案，往往不满人望，甚且有以庇赌徇盗贻笑邻邦者乎？不见夫所议决者，什九为行政官所压抑，不生效力，而无道以自卫乎？不见夫各级自治，筹备有年，而成效一无可睹，且常缘此而酿祸乱乎？不见夫以区区调查户口之故，而扰攘日有所闻乎？不见夫私立公司，什九无成绩之可见乎？不见夫教育事业，近数年间，反日形退步乎？此等现象，随举一二；若悉数之，更仆不能尽也。此其罪，在官吏之溺职无状者半，在吾民之不自爱、不自振者亦半。抑西哲有恒言：但使有能尽责任之国民，则断不容有不尽责任之政府。然则官吏之罪，国民毋亦分尸之矣！

　　然则国民法律观念与政治能力之薄弱，其受之于天而不可改乎？曰：恶①，是何言？吾国民于此二事，乃实有优异于他族之点。吾昔尝别著论言之，今不暇沓述也。而在今日乃反若事事出人下者，则于近二三百年间，全世界社会之变迁太剧，而今者潮流乃正被于我。我数千年所固有者，不能与之相应，舍其旧而新是谋，则当乎将渡彼岸而放于中流之际，气象险恶，固其所耳。当斯时也，则必先予之以应于新时势之智识，然后能发扬其应于新时势之能力。言论之功，学问之效，于是乎在矣。

　　今国中政法一门之译书，固稍有可见，然既已不足以语于著述，且于输进国民政治常识，专恃成书，亦所不能也。畴昔学界，政法类之杂志，亦时时间作，然多不竟其功。今政法杂志社有发刊《政法杂志》之举，吾知其于国民之法律观念与政治能力，必将大有所造也，乃乐为之序。

---

① 恶，音 wū，表示惊讶。

37. 与上海某某等报馆主笔书[*]

上海某某等报馆主笔诸君足下：

数月以来，间读贵报，知公等所以督过之者良厚，吾自始固付之一笑，未尝校也。乃近者公等犹呶呶不已，日日以捏造事实诬人名节为事，鄙人为全国言论界之道德风纪起见，不能不有所忠告于公等，愿垂察焉。

公等之攻击鄙人，第一因其反对锦爱铁路，第二因其反对中美同盟。坐此与公等政见有异同，以逢公等之怒。天下无论何种政策，莫不同时有利害之两方面，缘此而论治者往往各有所主张，而中间容有辩论之余地，此各国之所同也。吾所主张，岂敢自谓其无误，特就其所见及者而论之耳。公等不以吾言为然，从而纠正之，此吾所最乐闻。公等所纠，而足以服吾之心，吾固不惮降心相从，若犹未也，则更相与往复其论，以求最后之真理。凡以言责自居者，不当如是耶？而公等徒以政见不同之故，而诬吾以受日本人指使，且日日闭门捏造新闻，此则吾所最为公等不取也。推公等之意，或良出于爱国热诚，以愤恨日本人之故，但使有政策可以排日本者，则虽加数倍之牺牲而不惜。而鄙人所主张，则谓我国数十年来以外交政策失宜之故，所牺牲者已不少，今良不愿更附益之。故于公等所

---

　　*《梁启超全集》注"应写于 1911 年 10 月辛亥革命前"。

主张，不敢漫然雷同。公等为感情所激，乃至以窃鈇①之疑相加，即鄙人亦未尝不为公等谅。今更披肝沥胆，申明鄙人立论之根据，以释公等之疑，然后将鄙人历年来与日本人之交际，及其对于日本之态度，与夫吾之所自处者，据实直陈，愿公等平心听之。

鄙人素来持论，谓对外不恃空言而恃实力。所谓实力者非他，即先设法求得一良政府，将内治整顿完备是也。故以为全国言论界，惟宜合全力以攻击现在之恶政府，使之虽欲恋栈以败坏国事而有所不能。一方面②则以稳健之智识灌输国人，使之有组织善良政府之能力。此着办到，然后对外乃有可议，而不然者，徒日日怒骂外国人之谋我，甚无谓也。夫国家之对于国家，谁则无野心者，如两军遇于战场，其磨刀霍霍以互欲相屠，固其所也。我怨骂彼，彼遂能因我言而辍其谋乎？若云以此警告国人，斯固宜然也。然警告之本意，固当使国人知现在时势如此其危急，尤当使之知所以致此危急之由，其原因皆在政府之失政，缘此而知改造政府之万不容己，则所警告者为有力矣。而不然者，虽四万万人人人皆瞋目切齿于外国之谋我，顾能以个人之力，各各持梃以抗之乎？盖人之谋我者，乃挟其国家之力以谋我，我欲与之抗，亦惟挟国家之力以与之抗，而司国家之总枢机者，实惟政府。故欲使国民敌忾心得有道以自效者，非先得一良政府以统率之于上，决无当也。

彼外国之先觉者，固亦常借外交问题以鞭策其民矣。例如日本人因美舰入浦贺而奏勤王讨幕之功，因改正条约问题而数次推倒政府。其报馆之立言，虽借对外为题，而结论则未有不归于督责政府者也。而彼政府之欲自固其位者，则又往往导其民气使泄于对外，使无暇攻我，而因得以自即安。观于此，则国民对待恶政府之手段

---

① 鈇，音fū。窃鈇，大权为人所窃。
② 和制汉语，いっぽう，相当于中文的"另一方面"。

与夫对内对外先后缓急之次第，不从可察耶？今我国对内问题不解决，而徒日日鼓吹对外论，推其效果之所极，不过多发起几处国民军，多成立几个拒款会耳。夫此等宁得曰非佳事，而试问能收分毫之实效否耶？能丝毫达其爱国敌忾之目的否耶？而全国报馆，一若以此为最大之天职，而见他人持论，其对外词锋稍缓者，辄指为"汉奸"，此吾所大不解也。

夫对内问题不解决，而徒鼓吹国民以个人之对外，则固已难免于不知本之讥矣。若夫以现在冥顽不灵之政府，而语之以积极的对外政策，则其危险抑更甚焉。政策之当否，固属于别问题，且勿具论。即使有极良之政策，而一落现政府之手，则未有不生出极恶之结果者，故立言又不可不慎也。即以锦爱铁路与中美同盟之两事论之，则其间固有容有商量之余地者，有不容有商量之余地者。请先言锦爱铁路，所谓容有商量之余地者，则此政策是否适当之一问题是也。以吾所见，则谓专就东三省政策言之，或可称适当；就全国政策言之，则不能认为适当者也。吾素不主张借债以办边境铁路，在《国风报》中屡言之矣。夫借债以办边境铁路，无异借债以练兵也。使吾国力充实，百事可以无待于外而能自举，则此等宁得非曰至急之一要政。在今日而借债以办之，则最要者当问其所借之债影响于国家财政基础者何如？

就东三省言东三省，则锦爱铁路诚急，然他路之急，则又岂让锦爱者。今者因中俄交涉而议办张恰、伊犁等路矣，因中英交涉而议办川藏、川滇等路矣，为国防计，则何一不当办者。然此诸路，一切皆为不生产者，借债数万万以办之，非惟将来偿还计画，丝毫无着。且养路之费，每年尚不知几何。现在国家岁入，既以其四之一充外债本息，更益以此等不生产之债，恐路未成而国已先为埃及矣。此吾对于一般边境铁路之意见也。

若专就东三省而论锦爱，则吾固非绝对的不主张。吾于《国风报》第三号论文，历言此路政治上之关系及国民生计上之关系，全文具在，可覆按也。(请公等稍出其良心，以绅绎原文，观其立言之意如何，勿徒摭一二字句，为攻击之口实也。)顾吾谓必有他种事业与之相辅，然后其效或有可期。若谓但有一锦爱铁路，而满洲所丧损之主权，即可以还于中国之手，吾不信也。吾文之结论实如此，吾亦不敢谓必中于事理，吾特言吾之所见而已，其有能纠正吾说者，吾固欢迎之，此所谓有商量之余地者也。若夫以现在之政府、现在之制度，为人择官，而官如传舍，东三省总督既不易得人，即得人亦不易行其志。无论何种良政策，断无能成功之理，不成功则徒将为丧失权利之媒介。且如主持办锦爱之锡清帅①，今且去其位矣，而政府且有继以增祺②之议，亦幸而中变耳。而不然者，当借债筑路之约既成后，而以此辈承其乏，则后事宁堪设想，今虽得赵次山③，又谁敢保其能久于其位者，又谁敢保无第二之增祺者。故非改造政府之后，则此等事多办一件，即多一件之后患，此所谓无商量之余地者也。

就中美同盟一事言之，吾国一部分人所以起此妄想者，不过欲借以牵制他国耳，欲以得外债之财源耳。中国诚能改造政府以后，则外交上应为有名誉之孤立耶？应觅同盟国耶？若觅同盟国，则以何国为最宜耶？此容有商量之余地者也。又改造政府以后，应否利用外债？外债当求诸何国？此亦容有商量之余地者也。若如今之倡此论者，欲仰一强国之庇我，而冀其为我攘斥他强国，此引虎自卫之愚计，奴隶依赖之恶根性，绝无容商量之余地者也。以现在冥顽

---

① 锡良(1853—1917)，字清弼，蒙古镶蓝旗人。
② 增祺(1851—1919)，字瑞堂，满洲镶白旗人。
③ 赵尔巽(1844—1927)，号次珊，汉军正蓝旗人。

不灵之政府，而国民乃赞成其借债，听其牺牲无量数权利以买债权国之欢心，而国民犹诵其能，此则无异国民之自杀，绝无容商量之余地者也。

今公等所想望之中美同盟，其目的之一部分，则既达矣，所得者，则一万万圆新外债之负担，落于国民头上也。公等或以此为极可庆之事耶？吾不敢知，吾则徒见为中国自缢之绳，又加紧一度耳。且勿论干涉财政之祸立见与否，而全国报馆，鼓吹不健全之借债论，以得一债权国之眄睐①为无上之光荣，使政府得乘此心理，以致现在一月之间，而订结借债之约三四，增加债务将二万万，政府及诸势要之官吏，遂得聚而咕嗫②之，津津乎其有余味，而陷国民于万劫不复之厄，此谁之咎也？夫向来各国宪政之成立，其国民无不以财政监督权为唯一之武器，所谓"不出代议士不纳租税"是其义也。今政府既不敢言加租税，则惟以借外债为自救之不二法门，我国民所以能制政府之专横者，舍监督借债权亦更无术，此真民党所宜认清题目，丝毫不容放过者也。而今者国中舆论之对于此大事，何其梦梦也。吾之倡反对论，吾知一二年后，我国民将有味乎吾言耳。

吾之对于此两事，其立论之根据，大略如右，其他言论，尚往往与之相发明。去年《国风报》全年之文，可覆按也。虽日本人亦直接间接反对此两事，然彼自有彼之理由，我自有我之理由，万不能谓天下事凡不利于日本者，必其有利于我国。即如此次一万万圆之四国借款，日本人固反对甚力也，我等宁得缘此故而不敢倡反对论乎？假使现政府忽焉而将某地割与某国，吾敢信日本人之亦必反对也，我等又宁得缘此故而不敢倡反对论乎？有倡之者，则公等将遽攘臂而言曰：日本人所言而彼亦言之，是必受日本嗾使也，是必"卖

---

① 眄睐，音 miǎn lài，顾盼。

② 咕嗫，音 gū niè，低声耳语。

国奴"也。天下有此无理取闹之言论乎？

公等所日日引为攻击之口实者，则以吾文中有谓"满洲为覆水难收"之一语。此其言愤激过甚，立言稍为失体，吾固自承之。虽然，我将以何道而始能收此覆水，此我国民所最不可不熟察也。我辈日日言日本人可恶，全国人当起而与日本人为敌，彼日本人其遂畏我乎？我遂因此而能得丝毫之实益乎？质而言之，凡满洲一切权利为吾前此让与俄人而俄人转让与日人者，无一而非制吾死命者也。而我国欲恢复之，则非经一次战争后，决无望者也。夫战亦何恤，然当思我国而欲能一战，则其道当何从，其亦必俟改造政府十年训练之后已耳。今不此之务，而徒为大言壮语以刺激个人，多一次巡警闹事、人民闹事，则经一次交涉后，多失一部权利耳，于事何济焉？若云于条约上所已失之权利外，非无余地可容经营，斯固然也。然亦曾考日本人所投资本以经营满洲者几何额，我虽大借外债，能逮其十之一乎？亦曾考日本人之经营满洲者用多少人材，我虽合全国人物，以萃此一隅，能逮其十之一乎？此且勿具论。就使财与之敌矣，才与之敌矣，现在之政府，能使经营满洲者，得行其志乎？今以满洲时局如彼之艰，凡巧吏皆不愿当其冲，故总督一缺，有力者避之若浼焉。然犹且有不知进退如增祺辈者，窃窃焉谋之，苟使满洲办事之款，稍能顺手，则全国大小之蛀米虫，（指官吏。）将攘臂争分一脔矣。而忠直任事之人，复何能一日安其位者！故吾极厌言满洲政策，以其实无可言也。

公等试平心思之，吾所言果中于事理否耶？要之，公等之结论，为满洲不保，则中国不能保，欲保中国，宜集全力于满洲。吾之结论则异是，谓中国能保，则满洲不期保而自保，中国不保，则满洲决无术能保，欲保满洲，宜集全力于中国。此两结论之孰当孰否，愿公等平心思之。

176

　　吾所最恨者，今日国中忠爱之彦，蹉跎之才，本已稀如星凤，其有一二，眼光辄局于一部分而不知大体。其或躬游历满洲，或闻人语满洲事，睹闻其危急情状，则奔走相告曰：中国万事可缓，惟经营满洲为急。一旦闻俄之窥蒙古、窥伊犁也，则又曰惟经营蒙古、伊犁为急；闻英人之窥藏，英法人之窥滇、桂也，则曰惟经营西藏、滇桂为急。夫满洲宁得曰非急者，蒙古、伊犁、西藏、滇桂宁能曰非急者，然如论者之意，集全国之人，集全国之财，以经营此一隅，其经营遂能有效乎？而此一隅遂卒可得保乎？由今之形，无变今之政府，则终亦必亡而已矣，况乎既昌言经营此诸地，则所以为经营之资者必需财。政府一闻此说，又得假此名目，以为借一大批外债之口实。究其极，则全国人民加数重负担，以促国家之亡而已，而于此诸地，何尝有丝毫之补益焉。

　　就令边吏得人，其于此一隅之经营，得有眉目，而政府腐烂于内，边境更何道以图存。夫以政府得人而言之，则全国所应急起直追之事，不知凡几。此区区之财力，断不能以偏投诸满洲，专为满洲而借万万圆以上之债，在政策上决不能谓为得轻重缓急之序。以现在之政府言之，则无论何种良政策，皆不可向彼开口，一开口则弊余于利。故吾之意，谓国中凡有言责者，惟当剪除闲言，单刀直指，一味攻击恶政府而已。不此之致力，而日日言某事当办、某事当办，皆所谓不知务也。所言当办之事而又偏于一隅，尤其不知务者也。吾所持论实如此。公等若缘此而指为教国人放弃满洲，则吾诚知罪矣，然不知公等教人不放弃满洲者，其结局又能有丝毫补益于满洲焉否也。

　　中国人之心理，与之言排外，则煽动极易；与之言对抗政府，则葸然不敢前。实则国人苟无对抗政府之能力，则安能对抗外人，不过如谚所谓"躲在床底下骂人"耳。办报馆者，多作反抗政府之论，则易见忌而惹荆棘，多作无责任之排外论，则易买一般人之欢心，故曲学阿世之徒，每舍此而就彼。虽然，此岂鄙人与公等相期许之本意哉？鄙人惟见夫张空拳以言排外者之毫无实益也，故词锋别有所向，而公等乃以蜚语相诬，何其不谅乎！

记亡友黄公度京卿昔办苏杭租界事，草约既成，而忌之者诬其受日本人贿十六万，大吏遂议废约。公度曰：日本新乘战胜之威，何求不得？使必以贿而始得此区区者，则黄某重于数铁甲矣。未几而日政府亦怒其委员内田康哉，谓其为公度所愚，撤之归，此丙申夏秋间事也。谓日本人谋中国而必须纳贿于穷措大如鄙人者，鄙人无似，诚不能不受宠若惊也。

尤可笑者，公等谓吾论亡韩事，专责韩人，而不及日人，指为祖庇日人之确据，不知吾所为日本并吞朝鲜记数万言，公等亦尝读之否耶？窃料吾国人得以知日本数十年来处心积虑之阴鸷者，亦未始不由鄙文，此虽共见之事实，其奈鄙文未印出以前，举国言论界竟未有发之如此其透辟者也。公等但返心自问其良知，吾此言果虚诳否耶？吾之言日人谋韩，自谓则既无余蕴矣，而公等以为未足，更进焉亦不过痛诋日本之无人道而已。呜呼！公等乎，生存竞争之世，则安有人道者？虎狼食人，而人将与之评理乎？人食鸡鸭，而鸡鸭亦将与人评理乎？强食弱而弱见食于强，即今世界上所谓最高之德义也。谓日本可责，日本则有何可责者？人之爱其国，谁不如我？古人有言：窃钩者诛，窃国者侯。侯之门，仁义存。今世所谓强国，岂有一焉不从此道来者，虽欲责之，又乌从责之？

至于鄙人之痛责朝鲜人，其意实为吾国人说法，匣剑帷灯，稍解文义者皆能知之。即公等亦宁不知之，以此为口实，不过昧着本心以强入人罪耳。且公等得毋谓朝鲜人不当责耶？日本曷为不能以此施诸英、俄、法、德、美而独施诸朝鲜耶？夫岂惟朝鲜，即我国亦如是而已。我怒人之谋我耶，英何尝不谋俄，德何尝不谋英者，吾固言之矣。国与国相遇，未有不磨刀霍霍以互欲相屠也。使我国而能自立之后，而谓我不欲谋人耶？明乎此义，则知强之谋弱，绝无可怨，绝无可责！彼自为其国，义固然也，所可责者，则弱国不自为谋，而任人之谋之耳。公等平心思之，吾之言当耶否耶？则公等所以锻炼人罪者，其毋乃太无味已乎？

更奇者，吾此次薄游台湾，亦足以供公等造谣之资料，谓吾受日本台湾总督之招，将往颂其功德，殊不知吾游台之志，已蓄之数年，凡稍与吾习者，谁不知之。而此次之行，乃不知托几多人情，忍几多垢辱，始得登岸，而到彼以后，每日又不知积几多气愤。夫阅贵报之人，皆未尝与吾同游，则任从公等颠倒黑白，亦谁能辨者。然吾之此行，台湾三百万人，皆具瞻焉，一举一动，莫不共见，吾能欺人乎？公等之意，以为吾此行游记，于日本行政之美，必多所诵说，固得自实其言以为罗织之口实。夫吾数年来欲往台湾之本意，则固在调查其行政也，固欲举其美者以告我国人也。使此行所调查，而能令吾踌躇满志，则吾固不畏公等之罗织，吾必昌言之。无奈此行乃以伤心之现象充塞吾心目中，若有鲠在喉，非吐之不能即安。公等亦知我在彼日日所作游记，作何语者，公等亦曾见我在彼通信，作何语者，公等日日惟以闭门捏造新闻为事，不转瞬而所发现之事实，适与相反，其毋乃太心劳日拙矣乎？

公等又屡称吾尝以无担保品而借金于日本之正金银行，以是为吾受日人贿赂之确据。夫借金则诚有其事也，然此事之由来，人多知之。吾十余年播越于外，负债山积，债主以数十计。前年欲清理之，乃托神户一有力之商人，为介绍于正金银行买办之同乡人叶某者，求借数千金以清宿逋①，约按月以卖文之资分还。其初则与叶某

---

① 宿逋，音 sù bū，久欠未交或还的税赋、债务。

交涉，非与正金交涉也，乃无端而叶某破产失职，于是吾乃骤变为正金之债务者。正金日夜责偿，吾无以应，其极则处分吾家产耳。而敝书数簏，处分之曾不抵债务之十一，乃再四与婉商，觅得我公使馆员之一友人为担保，而负彼四千金，限六个月偿还，其后尚得三四良友之助，居然销却此债务矣。公等所谓无担保品而得借金者，其即此耶？我所受莫大之贿赂于日本人者，其即此耶？

吾居日本十余年，其与日本人之交涉，稍与我习者所共见也。吾自初来时，为极致殷勤于我者二三人，至今日本人中吾认之为友者，亦仅此二三人，其交际固始终无间也。然亦私人交际而已，若事及两国，则惟避而不言，免以此伤故旧之情也。而此数人者在东京，吾自避地须磨后，乃辄经年不一面。近颇乐与其学者游，欲有以广我学识，然所交亦不过数人耳。至其政府当局者，我固始终未一见，而彼辈亦常以猜忌之眼视我。自前办政闻社以后，日日派侦探伺我行动，并及吾友，经数年而不已。吾惟以厌与日本人交际之故，故日本全国人亦不知我为何种人，日日加以可笑之批评。前年二辰丸案①，举国报纸咸指我为抵制日货之张本人，去年公等正诬我受日本重赂时，而大阪《朝日新闻》之"东人西人"一门，登我相片，题为排日派之主动者，两两对照，不觉为之失笑。夫日本人不知我，则何足怪，若公等则并非不知我者，而惟思捏造谣言以相诬，斯乃可怪耳。吾与日本人之关系实如此，公等信耶听之，不信耶听之，吾惟质直以言其实耳。

公等又日日造谣，谓吾运动开党禁，辇致巨金以赂政府，甚且言其曾亲自入京往某处谒某人，若一一目睹者然。似此记事，则作报者亦何患无新闻哉！吾请开心见诚与公等一言，谓吾不欲开党禁

---

① 1908年2—3月，因日船二辰丸在中国沿海走私军火而起，清政府被迫让步，但引发了国人的第一次抵制日货风潮。

耶？此违心之言也。吾固日夜望之，以私情言，则不亲祖宗丘墓者十余年，堂上有老亲，不得一定省，游子思归，情安能免？以公义言，则吾固日日思有以自效于祖国也，吾固确自信为现在中国不可少之一人也。虽复时人莫之许，而吾固以此自居而不疑。而吾之所以自处者，又非能如革命党之从事秘密也，恒必张旗鼓以与天下共见。故吾信吾足迹若能履中国之土，则于中国前途，必有一部分之裨益，谓吾不欲开党禁，此违心之论也。虽然，屈己以求政府，而谓吾为之乎？凡有求于人者恒畏人。吾之言论，固日日与天下共见也。曾是乞怜于其人者，而乃日日骂其人不遗余力乎？手段与目的相反若是，虽至愚不为也。

吾尝有一不惭之大言在此，曰：吾之能归国与否，此自关四万万人之福命，非人力所能强致也。吾知公等闻吾此言，必嗤之以鼻，然人苦不自知，吾亦无如吾何也。故吾常以为天如不死此四万万人者，终必有令我自效之一日，若此四万万人而应堕永劫者，则吾先化为异域之灰尘，固其宜也。是故近年以来，国中有心人，或为吾挚交，或与吾不相识者，常思汲汲运动开党禁，彼固自认为一种义务，吾无从止之，然窃怜其不知命也。而公等乃日日以欲得一官相诮，吾数年来早有一宣言在此矣。若梁某某者，除却做国务大臣外，终身决不做一官者也；然苟非能实行吾政见，则亦终身决不做国务大臣者也。夫以逋亡之身，日夕槁饿，而作此壮语，宁不可笑？虽然，举国笑我，我不为动也。虽以此供公等无数谐谑之资料，吾不恤也。数年以后，无论中国亡与不亡，举国行当思我耳。而公等乃以欲得官相猜，何所见之不广若是，鹓①鸾翔寥廓，鸱衔腐鼠而视之曰吓。呜呼！吾今乃睹子之志矣。

至公等记事中，乃至有造蜚语以污蔑吾妻吾女者，此则请公等

---

① 鹓，音 yuān，一种祥鸟。

扪心自问，凡上流社会人而应作此语耶？凡有价值之报馆，而应造此等谣言耶？语至此，吾真不屑与公等校，惟怜公等之自待太薄耳。

谚有之：若欲人不知，除非己莫为。吾若果有亏心事，虽日日自辩，而终必有暴露之一日。而不然者，则真所谓"礼义不愆何恤于人言"。虽公等日日造谣，亦安能污我毫末哉？然吾犹不能不有所忠告于公等者。其一，则以凡立身于言论界者，当稍知自重，不可以谗谤为生涯，日日闭门造新闻一般人，如仰天自唾，于人无伤，徒自损其价值。其二，须知逢人便骂，虽足以迎合一般社会之心理，为推广销报之一手段，然此心理实为社会不健全之心理，办报馆者宜矫正其一部分，不可专以迎合为能。办报之目的，又非可徒以推广销数为事而不顾其他。其三，当知今日之中国，危急存亡，仅余一发，为国民者，惟当并力一致攻击恶政府，以谋建设良政府。凡有向此目的进行者，宜互相提携，捐小异而取大同，无为排挤以相消其力，而令政府窃笑于旁。夫有明末叶，虽国破社屋，而倾轧之风犹未已，殷鉴不远，我辈岂宜尤而效之。其四，当思现今人才，寥落已极，吾辈虽尽数结合，犹恐不足以救亡，苟其人而稍有一节之长，固当隐恶扬善，以期相与有成，安可更萋斐①以相戕者？

夫鄙人则何有焉，二十年来，日日与腐败社会哓斗，曾不能动其分毫，无所短长之效，于斯可见矣。今也举国人心厌倦，魕魕②作鬼气，哓音瘏口，迄不得倾听者，自分终为世所弃，又岂待公等挤之九渊哉？使鄙人而能忘中国者，则随波逐流，自枉所见，迎合社会心理，而月卖文数万言以自活，则亦何处不得区区蓄盐以为送老之具者，则举国亦可以忘我，而相忌之言，亦可以永息矣。无奈禀

---

① 萋斐，读 qī fěi，同"萋菲"，花纹错杂状。
② 魕，音 rú，鬼叫声。

赋之受之于天者，不能自制，欲餔糟啜醨，而蠹然①有所不能自安于其心，故常以一身为万矢之的而不悔也。若夫社会之所以待我者如何，此则社会之责任，而非我之责任矣。

吾之此书，非有怒于公等也，公等因与吾政见不合，又因吾所居之地为日本，以爱国嫉俗之故，而致疑于我，此何足怪者。至于记事失实，则或由采访不确，而非公等之咎，或以恶其人过甚，不惜深文以入其罪，此亦社会向来之恶习，不能尽为公等责也。然吾立言立身之本末，则亦既尽情以语公等矣。若公等必强指吾为巧言文过之小人，则吾亦何从办，然公等所言，有种种正反对之证据，其又可尽掩乎？抑吾之此书，又非乞怜于公等也，吾生平受人诬谤，非止一次，公等所能增益之者几何？笔在公手，手在公身，公等日日闭门握笔造新闻，谁能禁之？虽能淆观听于一时，而是非终在天下后世，于吾何损焉。然窃欲有所忠告者，为公等人格起见，为贵报价值起见，为全国言论界风纪起见，窃谓公等宜稍出其良知以读吾此文，而于他日再欲捏造新闻时，亦当一抚良知自问，须知人自受其良知之督责，实天下莫大之苦痛也。倾臆尽陈，吾言不再。

月 日 某顿首

---

① 蠹，音 xì。蠹然，悲伤痛惜状。

三、下编(民国时期)

1.《庸言》序*

　　庸之义有三：一训常，言其无奇也；一训恒，言其不易也；一训用，言其适应也。振奇之论，未尝不可以骤耸天下之观听，而为道每不可久，且按诸实而多阂焉。天下事物，皆有原理、原则。其原理之体常不易，其用之演为原则也，则常以适应于外界为职志。不入乎其轨者，或以为深赜①隐曲，而实则布帛、菽粟，夫妇之愚可与知能者也。言之庞杂，至今极矣，而其去治理若愈远，毋亦于兹三义者有所未惬焉，则《庸言》报之所为作也。

---

　　* 刊于《庸言》第 1 期，1912 年 12 月 1 日。
　　① 赜，音 zé，深奥，玄妙。

2. 本报内容[*]

本报共分四门十八类：

甲建言。一通论。或论政，或论学，凡以指导政府、忠告国民。贯彻革新政治、改良社会之初志。每册由主干撰著者两篇以上。二专论。专就一问题或一事实，为缜密之讨论。原始要终，期俾实用。每册由主干撰著者一篇以上。三杂论。一问题或一事实未及专论者，或专论之外有余义、有疑问者，以简语评之。主干撰述，诸君随时担任。四讲演。主干在各地演说有长篇为众所愿闻者录焉。主干函牍有关大计者，间亦附载。

乙译述。一名著。欧美名著为中国所当服膺者，断章节译，加以发明。二外论。译东西各报论事论学之文。三杂译。外报短篇零语足觇思潮、足资多识者译焉。

丙艺林。一史料。前清一代掌故，或录口碑，或辑遗著，务求传信，以俟良史。二随笔。中外遗闻轶事，信笔掇录，以广见闻、增兴味为主。三谈艺。诗话、文话乃至版本、金石、小说诸丛话，皆录焉。四文录。并世文士所为诗古文辞未见专集者录焉。五说部。或译或著，以短篇为尚。

丁金载。一国闻。政界随时发生之事实为系统的叙述。二外纪。

　＊ 刊于《庸言》第 1 期，1912 年 12 月 1 日。《梁启超全集》未收录。《庸言》最初几期皆登有《本报内容》，与此大同小异。

世界大事，择要记载，逐条加以按语，使国人原始要终，洞见各国大势。三日记。中外时事稍重大者，按日记其概要。四法令。已经公布之法令，择其关系重大者录之。五撷言。编辑余潘①，藉资谭助。六附录。曾经印布之文，无论私人所著，或团体所布，凡本报认为极有价值者复印以广其传。

---

① 潘，音 shěn，汁，墨汁。

3. 鄙人对于言论界之过去及将来*

　　鄙人今日得列席于此报界欢迎会，而群贤济济，至百数十人之盛，其特别之感想，殆难言罄。去秋武汉起义，不数月而国体丕变，成功之速，殆为中外古今所未有。南方尚稍烦战事，若北方则更不劳一兵、不折一矢矣。问其何以能如是，则报馆鼓吹之功最高，此天下公言也。世人或以吾国之大，革数千年之帝政，而流血至少，所出代价至薄，诧以为奇。岂知当军兴前、军兴中，哲人畸士之心血沁于报纸中者，云胡可量？然则谓我中华民国之成立乃以黑血革命代红血革命焉可也。鄙人越在海外，曾未能一分诸君子之劳，言之滋愧。虽然，鄙人二十年来，固以报馆为生涯，且自今以往，尤愿终身不离报馆之生涯者也。今幸得与同业诸英握手一堂，窃愿举鄙人过去对于报馆事业之关系及今后所怀抱，为诸君一言之。

　　鄙人之投身报界，托始于上海《时务报》，同人多知之，然前此尚有一段小历史，恐今日能言之者少矣。当甲午丧师以后，国人敌忾心颇盛，而全懵于世界大势。乙未夏秋间，诸先辈乃发起一政社名"强学会"者，今大总统袁公，即当时发起之一人也。彼时同人固不知各国有所谓政党，但知欲改良国政，不可无此种团体耳。而最

---

　　* 刊于《庸言》第 1 卷第⅃ 期，1912 年 12 月 1 日。原题下有注："此文为十月二十二日鄙人在北京报界欢迎会席上所演说，今录于此，以代本报发刊之宣言。其文为当时同志所笔记，今亦不复加修饰也。十一月十五日。启超识。"

初着手之事业，则欲办图书馆与报馆，袁公首捐金五百，加以各处募集，得千余金，遂在后孙公园设立会所，向上海购得译书数十种，而以办报事委诸鄙人。当时固无自购机器之力，且都中亦从不闻有此物。乃向售《京报》处托用粗木版雕印，日出一张，名曰《中外公报》，① 只有论说一篇，别无记事。鄙人则日日执笔为一数百字之短文，其言之肤浅无用，由今思之，只有汗颜。当时安敢望有人购阅者，乃托售《京报》人随《宫门钞》分送诸官宅，酬以薪金，乃肯代送。办理月余，居然每日发出三千张内外，然谣诼已蜂起，送至各家门者，辄怒以目，驯至送报人惧祸，及悬重赏，亦不肯代送矣。其年十一月，强学会遂被封禁，鄙人服器、书籍皆没收，流浪于萧寺中者数月，益感慨时局，自审舍言论外，末由致力，办报之心益切。

明年二月南下，得数同志之助，乃设《时务报》于上海，其经费则张文襄与有力焉。而数月后，文襄以报中多言民权，干涉甚烈，其时鄙人之与文襄，殆如雇佣者与资本家之关系，年少气盛，冲突愈积愈甚。丁酉之冬，遂就湖南时务学堂之聘，脱离报馆关系者数月，《时务报》虽存在，已非复前此之精神矣。当时亦不知学堂当作何办法也，惟日令诸生作札记，而自批答之。所批日恒万数千言，亦与作报馆论文无异。当时学生四十人，日日读吾所出体裁怪特之报章，精神几与之俱化，此四十人者，十余年来强半死于国事，今存五六人而已。此四十份报章，在学堂中固习焉不怪，未几放年假，诸生携归乡里，此报章遂流布人间，于是全湘哗然，咸目鄙人为得外教眩人之术，以一丸药翻人心而转之，诸生亦皆以"二毛子"之嫌疑，见摈于社会。其后戊戌政变，其最有力之弹章，则摭当时所批札记之言以为罪状，盖当时吾之所以与诸生语者，非徒心醉民权，

---

① 梁氏此处有误记，疑似将《万国公报》与稍后的《中外纪闻》混而言之。

抑且于种族之感言之未尝有讳也。此种言论，在近数年来诚数见不鲜，然当时之人闻之，安得不掩耳？其以此相罪，亦无足怪也。

戊戌八月出亡，十月复在横滨开一《清议报》，明目张胆以攻击政府，彼时最烈矣。而政府相疾亦至，严禁入口，驯至内地断绝发行机关，不得已停办。辛丑之冬，别办《新民丛报》，稍从灌输常识入手，而受社会之欢迎，乃出意外。当时承团匪之后，政府创痍既复，故态旋萌，耳目所接，皆增愤慨，故报中论调，日趋激烈。壬寅秋间，同时复办一《新小说报》，专欲鼓吹革命，鄙人感情之昂，以彼时为最矣。犹记曾作一小说，名曰《新中国未来记》，连登于该报者十余回。其理想的国号，曰"大中华民主国"；其理想的开国纪元，即在今年；其理想的第一代大总统，名曰"罗在田"，第二代大总统，名曰"黄克强"。当时固非别有所见，不过办报在壬寅年，逆计十年后大业始就，故托言"大中华民主国"，祝开国五十年纪念，当西历一千九百六十二年。由今思之，其理想之开国纪元，乃恰在今年也。罗在田者，藏清德宗之名，言其逊位也；黄克强者，取黄帝子孙能自强立之意。此文在座诸君想尚多见之，今事实竟多相应，乃至与革命伟人姓字暗合，若符谶然，岂不异哉！其后见留学界及内地学校，因革命思想传播之故，频闹风潮，窃计学生求学，将以为国家建设之用，雅不欲破坏之学说深入青年之脑中；又见乎无限制之自由平等说，流弊无穷，惴惴然惧；又默察人民程度，增进非易，恐秩序一破之后，青黄不接，暴民踵兴，虽提倡革命诸贤，亦苦于收拾；加以比年国家财政、国民生计，艰窘皆达极点，恐事机一发，为人劫持，或至亡国；而现在西藏、蒙古离畔分携之噩耗，又当时所日夜念及而引以为戚，自此种思想来往于胸中，于是极端之破坏，不敢主张矣。故自癸卯、甲辰以后之《新民丛报》，专言政治革命，不复言种族革命。质言之，则对于国体主维持现状，对于政体则悬一理想以求必达也。

及丁未夏秋间，与同人发起政闻社，其机关杂志，名曰《政论》，鄙人实为主任。政闻社为清政府所封禁，《政论》亦废。最近乃复营《国风报》，专从各种政治问题为具体之研究讨论，思灌输国民以政治常识。初志亦求温和，不事激烈，而晚清政令日非，若惟恐国之不亡而速之，刿①心怵目，不复能忍受。自前十年以后至去年一年之《国风报》，殆无日不与政府宣战，视《清议报》时代，殆有过之矣。犹记当举国请愿国会运动最烈之时，而政府犹日思延宕，以"宣统八年"、"宣统五年"等相搪塞，鄙人感愤既极，则在报中大声疾呼，谓政治现象若仍此不变，则将来世界字典上决无复以"宣统五年"四字连属成一名词者，此语在《国风报》中凡屡见，今亦成预言之谶矣。

计鄙人十八年来经办之报凡七，② 自审学识谫陋，文辞朴僿③，何足以副立言之天职？惟常举吾当时心中所信者，诚实恳挚以就正于国民已耳。今国中报馆之发达，一日千里，即以京师论，已逾百家。回想十八年前《中外公报》沿门丐阅时代，殆如隔世；崇论闳议，家喻户晓，岂复鄙人所能望其肩背！

虽然，鄙人此次归来，仍思重理旧业。人情于其所习熟之职业，固有所不能舍耶！若夫立言之宗旨，则仍在浚牖民智，熏陶民德，发扬民力，务使养成共和法治国国民之资格，此则十八年来初志，且将终身以之者也。而世论或以鄙人曾主张君主立宪，在今共和政体之下，不应有发言权；即欲有言，亦当先自引咎，以求恕于畴昔之革命党；甚或捏造谰言，谓其不慊于共和、希图破坏者。即侪辈中，亦有疑于平昔所主张与今日时势不相应，舍己从人，近于贬节，

---

① 刿，音 guì，刺伤，割伤。

② 指前文所说《中外公报》《时务报》《清议报》《新民丛报》《新小说报》《政论》及《国风报》，实则不止此数。

③ 僿，音 sài，不诚恳。

因嗫嚅而不敢尽言者，吾以为此皆瞀①词也。

无论前此吾党所尽力于共和主义者何如，即以近年所主张，对于国体主维持现状，对于政体则悬一理想以求必达，此志固可皎然与天下共见。夫国体与政体本不相蒙，稍有政治常识者频能知之矣。当去年九月以前，君主之存在，尚俨然为一种事实，而政治之败坏已达极点，于是忧国之士，对于政界前途发展之方法，分为二派：其一派则希望政治现象日趋腐败，俾君主府民怨而自速灭亡者，即谚所谓苦肉计也。故于其失败，不屑复为救正，惟从事于秘密运动而已；其一派则不忍生民之涂炭，思随事补救，以"立宪"一名词，套在满政府头上，使不得不设种种之法定民选机关，为民权之武器，得凭借以与一战。此二派所用手段虽有不同，然何尝不相辅相成？去年起义至今，无事不资两派人士之协力，此其明证也。然则前此曾言君主立宪者果何负于国民？在今日亦何嫌何疑而不敢为国宣力？至于强诬前此立宪派之人为不慊于共和，则更是无理取闹。立宪派人不争国体而争政体，其对于国体主维持现状，吾既屡言之，故于国体则承认现在之事实，于政体则求贯彻将来之理想。夫于前此障碍极多之君主国体，犹以其为现存之事实而承认之，屈己以活动于此事实之下，岂有对于神圣高尚之共和国体而反挟异议者？夫破坏国体，惟革命党始出此手段耳。若立宪党则从未闻有以摇动国体为主义者也。故在今日，拥护共和国体，实行立宪政体，此自论理上②必然之结果，而何有节操问题之可言耶？若夫吾侪前此所忧革命后种种险象，其不幸而言中者十而八九，事实章章，在人耳目，又宁能为讳？论者得毋谓中国今日已治已安，而爱国志士之责任从是毕耶！平心论之，现在之国势政局，为十余年来激烈、温和两派人士

---

① 瞀，音 wèi，虚妄。

② 论理上，即逻辑上。参见本书第 111 页注释。

之心力所协同构成，以云有功，则两俱有功，以云有罪，则两俱有罪。

要之，此诸人士者，欲将国家脱离厄区，跻诸乐土，而今方泛中流，未达彼岸。既能发之，当思所以能收。自今以往，其责任之艰巨，视前十倍，又岂容一人狡卸者？今激烈派中人，其一部分则谓吾既已为国家立大功、成大业矣，畴昔为我尽义务之时期，今日为我享权利之时期；前此所受窘逐戮辱于清政府者，今则欲取什伯倍之安富尊荣于民国以为偿。此种人自待太薄，既不复有责备之价值。其束身自好者，则谓吾前此亦既已尽一部分之责任，进国家于今日之地位矣，自今以往，吾其可以息肩，则翛然①于事外而已。而所谓温和派者，忘却自己本来争政体、不争国体，因国体变更，而自以为主张失败，甚乃生出节操问题；又忘却现在政治，绝未改良，自己畴昔所抱志愿，绝未贯彻，而自己觉得无话可说，则如斗败之鸡，垂头丧气，如新嫁之娘，扭扭捏捏。两方面之人，既皆如此，则国家之事，更有谁管？在已治、已安之时，人人不管国事，尚且不可，况今日在危急存亡之交者哉？若谓前此曾言立宪之人，当共和国体成立后，即不许其容喙于政治，吾恐古往今来普天率土之共和国，无此法律。吾侪惟知中国为中国人之中国，尽人有份，而绝非一部分人所得私。前清政府，以国家为其私产，以政治为其私权，其所以迫害吾侪不使容喙于政治者，无所不用其极，吾侪未尝敢缘此自馁而放弃责任也，况在今日共和国体之下，何至有此不祥之言？此鄙人所为欲赓续前业，常举其所信，以言论与天下相见也。

忝列嘉会，深铭隆贶②，聊述前此之经历与今后之志事以尘清听。情切词芜，伏希洞亮！

———————

① 翛，音 xiāo。翛然，超脱状。
② 贶，音 kuàng。隆贶，丰厚的礼物。

4. 吾今后所以报国者[*]

　　吾二十年来之生涯，皆政治生涯也。吾自距今一年前，虽未尝一日立乎人之本朝，然与国中政治关系，殆未尝一日断。吾喜摇笔弄舌，有所论议，国人不知其不肖，往往有乐倾听之者。吾问学既谫薄，不能发为有统系的理想，为国民学术辟一蹊径；吾更事又浅，且去国久而与实际之社会阂隔，更不能参稽引申，以供凡百社会事业之资料。惟好攘臂扼腕以谭政治，政治谭以外，虽非无言论，然匣剑帷灯，意固有所属，凡归于政治而已。吾亦尝欲借言论以造成一种人物，然所欲造成者，则吾理想中之政治人物也。吾之作政治谭也，常为自身感情作用所刺激，而还以刺激他人之感情，故持论亦屡变，而往往得相当之反响。

　　畴昔所见浅，时或沾沾自喜，谓吾之多言，庶几于国之政治小有所裨，至今国中人犹或以此许之。虽然，吾今体察既确，吾历年之政治谭，皆败绩失据也。吾自问本心，未尝不欲为国中政治播佳种，但不知吾所谓佳种者误于别择耶？将播之不适其时耶？不适其地耶？抑将又播之不以其道耶？要之，所获之果，殊反于吾始愿所期。

　　吾尝自讼，吾所效之劳，不足以偿所造之孽也。吾躬自为政治活动者亦既有年，吾尝与激烈派之秘密团体中人往还，然性行与彼

---

　　* 刊于《大中华》杂志第 1 卷第 1 期，1915 年 1 月 20 日。

辈不能相容，旋即弃去。吾尝两度加入公开之政治团体，遂不能自有所大造于其团体，更不能使其团体有所大造于国家，吾之败绩失据又明甚也。吾曾无所于悔，顾吾至今乃确信吾国现在之政治社会，决无容政治团体活动之余地。以今日之中国人而组织政治团体，其于为团体分子之资格，所缺实多，夫吾即不备此资格者之一人也。而吾所亲爱之俦侣，其各皆有所不备，亦犹吾也。吾于是日憬然有所感，以谓吾国欲组织健全之政治团体，则于组织之前更当有事焉，曰务养成较多数可以为团体中健全分子之人物。然兹事终已非旦夕所克立致，未能致而强欲致焉，一方面既使政治团体之信用，失坠于当世，沮其前途发育之机；一方面尤使多数有为之青年，浪耗其日力于无结果之事业，甚则品格器量，皆生意外之恶影响。吾为此惧，故吾于政治团体之活动，遂不得不中止。

吾又自尝立于政治之当局，迄今犹尸名于政务之一部分。虽然，吾自始固自疑其不胜任，徒以当时时局之急迫，政府久悬，其祸之中于国家者或不可测，重以友谊之敦劝，乃勉起以承其乏。其间不自揣，亦颇尝有所规画，思效铅刀之一割，然大半与现在之情实相阂，稍入其中，而知吾之所主张，在今日万难贯澈，而反乎此者，又恒觉于心有所未安。其权宜救时之政，虽亦明知其不得不尔，然大率为吾生平所未学，虽欲从事而无能为役。若此者，于全局之事有然，于一部分之事亦有然，是故援"陈力就列不能者止"之义，吁求引退，徒以元首礼意之殷渥，辞不获命，暂觍然滥竽今职，亦惟思拾遗补阙，为无用之用，而事实上则与政治之关系，日趋于疏远。更得闲者，则吾政治生涯之全部，且将中止矣。

夫以二十年习于此生涯之人，忽焉思改其度，非求息肩以自暇逸也，尤非有所愤恶而逃之也。吾自始本为理论的政谭家，其能勉为实行的政务家与否，原不敢自信。今以一年来所经历，吾一面虽仍确信理论的政治,吾中国将来终不可以蔑弃;吾一面又确信吾国今日之政治,万不容拘律以理论,而现在佐元首以实行今日适宜之政治者,其能力实过吾倍蓰。以吾参加于诸公之列,不能多有所助于其实行,亦犹以诸公参加于吾之列,不能多有所助于吾理论也。

夫社会以分劳相济为宜,而能力以用其所长为贵。吾立于政治当局,吾自审虽夙作夜思,鞠躬尽瘁,吾所能自效于国家者有几?夫一年来之效既可睹矣。吾以此日力、以此心力转而用诸他方面,安见其所自效于国家者,不有以加于今日?然则还我初服,仍为理论的政谭家耶?以平昔好作政谭之人,而欲绝口不谭政治,在势固必不能自克;且对于时政得失而有所献替,亦言论家之通责,吾岂忍有所讳避!虽然,吾以二十年来几度之阅历,吾深觉政治之基础恒在社会,欲应用健全之政论,则于论政以前更当有事焉。而不然者,则其政论徒供刺激感情之用,或为剽窃干禄之资,无论在政治方面,在社会方面,皆可以生意外之恶影响,非直无益于国而或反害之。故吾自今以往,不愿更多为政谭,非厌倦也,难之故慎之也。政谭且不愿多作,则政团更何有?故吾自今以往,除学问上或与二三朋辈结合讨论外,一切政治团体之关系,皆当中止。乃至生平最敬仰之师长,最亲习之友生,亦惟以道义相切劘①,学艺相商榷,至其政治上之言论行动,吾决不愿有所与闻,更不能负丝毫之连带责任。② 非孤僻也,人各有其见地,各有其所以自信者,虽以骨肉之亲,或不能苟同也。

夫身既渐远于政局,而口复渐稀于政谭,则吾之政治生涯,真中止矣。吾自今以往,吾何以报国者?吾思之,吾重思之,吾犹有一莫大之天职焉。夫吾固人也,吾将讲求人之所以为人者而与吾人

---

① 劘,音 mó,切削。切劘,切磋,琢磨。

② 原文此段为大字号排印。

商榷之；吾固中国国民也，吾将讲求国民之所以为国民者而与吾国民商榷之。人之所以为人，国民之所以为国民，虽若夫妇之愚可以与知乎，而吾国竟若有所未解，或且反其道而恬不以为怪。质言之，则中国社会之堕落窳败，晦盲否塞，实使人不寒而栗。以智识才技之晻①陋若彼，势必劣败于此，物竞至剧之世，举全国而为饿殍；以人心风俗之偷窳若彼，势必尽丧吾祖若宗遗传之善性，举全国而为禽兽。在此等社会上而谋政治之建设，则虽岁变更其国体，日废置其机关，法令高与山齐，庙堂日昃不食，其亦曷由致治？有蹙蹙以底于亡已耳。

夫社会之敝极于今日，而欲以手援天下，夫孰不知其难？虽然，举全国聪明才智之士，悉辏集于政界，而社会方面，空无人焉，则江河日下，又何足怪？吾虽不敏，窃有志于是。若以言论之力，能有所贡献于万一，则吾所以报国家之恩我者，或于是乎在矣！

---

① 晻，音 àn，同"暗"。

5. 政治之基础与言论家之指针[*]

此问题实极庸腐之问题也，吾拈此题何意？吾方欲稍辍其积年无用之政谭，而大致意于社会事业，吾且望国中之政论家亦稍改其度焉。吾又惧误会者以为是导民以漠视政治也，故为此篇，以申明"政治基础在于社会"之义。

政治基础在于社会耶？抑社会基础系于政治耶？更申言之，必先有良政治然后有良社会耶？抑先有良社会然后有良政治耶？此二义者，盖各皆持之有故，言之成理。吾方持"政治基础在社会"之说。

设有难者曰：今日社会种种罪恶，强半皆政治现象所造成。政象不变，其导社会日趋于下者且不知所届。而从事社会事业之人，乃如捧土以塞孟津，虽劳何补？此难吾固无以为应也。又难曰：社会事业，强半须政府积极扶助启发然后能成，即不尔，亦须消极的放任，乃有发荣滋长之余地。而在恶政府之下，时或不惟不助长之而更摧残之，则所谓社会事业者何由自存？此难吾又无以为应也。更难曰：社会事业，殖其萌蘖已大不易易，而政治现象既予人以不安，一有变故，遂见破坏，人人有汲汲顾影之心，谁肯从事？此难吾又无以为应也。若此者，使吾更代之广为设难，其辞可以累万言不尽，而吾皆无以为应。既皆无以为应，然则吾侪暂且置社会于不问，而设法先求得良政治以为改良社会之资何如？如有法可设，吾

---

* 刊于《大中华》杂志第 1 卷第 2 期，1915 年 2 月 20 日。

宁不欲？虽然，吾又熟思求得良政治之法矣。盖欲得之惟有二途：其一，则希望昊苍忽锡我以聪明睿智圣文神武之主权者，而其人又如佛典所说之观世音，千眼千臂，举一切政治无巨无细，皆自举之，而一一悉应于吾社会之要求。如是，则政治不期良而自即于良；而不然者，则其二，必由生息此国之人民，分任此国之政治。其人民能知政治为何物，能知政治若何为良若何为恶，其起而负荷政治者，人人皆有为国家求良政治之诚心，人人皆有为国家行良政治之能力，苟其心有不诚、力有不逮者，将不能见容于政治界。夫如是然后良政治可以得见，夫如是则其结论已复返于社会矣。

平心论之，政治与社会，迭相助长，如环无端，必强指其缓急先后之所存，无论毗于何方，皆不免偏至之诮。而吾侪欲以言论自效于国者，揆诸“与父言慈与子言孝”之例。若为立于国家机关之人人说法耶，则当昌明社会托命于政治之义，使其知责任之所存。若为国家机关以外之人人说法耶，则当发挥政治植基于社会之义，使其知进取之所自。苟误其用焉，则吾言或不生反响，或生矣而恰反乎吾所预期，此最不可不慎也。

今吾欲问当世之言论家，为欲与政府当局诸人言耶？为欲与多数国民言耶？如欲与政府当局言也，则吾敢信其决无反响。如欲与多数国民言也，言一不慎，则或无反响或生恶反响，二者必居一。于是曷言乎与政府当局言决无反响也？吾非谓当局之必訑訑①距人，而于当世之言论有所不屑闻、不愿闻也，彼盖实无省听舆论之余裕。

吾国官吏社会，其情状之奇特，乃为吾侪所莫能拟议，无论何人入乎其中，殆不能不与之俱敝。夫吾固与言论界因缘甚深之人，吾不敢蔑视当世之言论，吾良能自信。虽然，吾亦尝一度立于政府当局，而吾在此期间内，几未尝一寓目于报纸。吾非有所厌鄙，吾

① 訑，音 tuō，欺诈。

有涯之精力，既已悉疲于簿书期会、朝命舆出、晚就床瞑，僟然①而已，客有与吾作政谈者，吾辄唯唯不知所对。此虽由吾才力绵薄不足以堪烦剧，然还观他人，则又曷尝不犹我。

吾之言此非他，凡以证明报纸上之政谭，决无由入于当局者之耳，而使政治现象生毫厘之反响也。然则以立言为职者，毋亦为当局以外之多数国民言之耳，然吾又谓其或无反响或生恶反响者何也？吾与多数国民言某政应兴、某政当革，虽多数国民皆为吾言所感动，而彼决无力以左右政局，亦惟梦想而已，坐视而已。外国舆论所以能左右政局者，其国会为舆论所左右，其政府为国会所左右，故其舆论直接左右国会，而间接左右政府。然为舆论所左右之政局，其遂足称为良政治与否？尤当视其舆论之是否正当、是否适应。今我国果有正当与适应之舆论与否？吾殊未敢言。舆论能否有左右国会之力？吾殊未敢言。

以吾观之，吾国至今盖未有所谓舆论者存。吾侪少数摇笔弄舌之人，自抒己见，殊不足以冒舆论之名。而真足称为舆论者，大都不正当、不适应。即吾侪所抒区区之己见，其果为正为适与否，亦良不敢自信。又就今已有国会，而吾侪之区区己见，殆断未必有左右之之力，然此皆勿具论。吾但为直截了当之一言，抉其情实，吾中国今日并国会其物而无之，则一切政谭，何缘有反响以及于政局？吾侪摇笔弄舌者，自命为大声疾呼，而其实乃不过私忧窃叹，其必无反响可断言也。夫使仅无反响，则吾为辞费而已，吾苟不以此为病，则吾恣言之，固与世无患也。

虽然，吾最近乃深觉此种政论，其极容易发生之恶反响有二焉。其一，听吾言信吾言者，梦想吾所描写之政象，欲求其实现焉而终不可得，则以为国事遂无可望，乃嗒然若丧、颓然自放，以致国家

①　僟，音 lěi。僟然，颓丧状。

前途最有希望之人，皆流为厌世一派。此一种恶反响也。其二，听吾言信吾言者，梦想吾所描写之政象，欲求其实现焉而终不可得，于是乃激而横决，日图推翻现在之政局，或革变现在之国体，以陷国家于奇险之境。此又一种恶反响也。第一种反响既已可伤，第二种反响则尤可惧。要而论之，在今日欲作政谭，无论若何忠实稳健，而终不免略带一种激刺煽动之性质。吾则以为在今日而为政治上之激刺煽动，则国家所受者实利少而害多，故吾滋不敢易言，谓余不信，请更申其说。

大抵政谭之种类，概括言之，不出三种：一曰臧否人物，二曰讨论政策，三曰商榷国制。臧否人物者，盖偏信人治主义，以为政象所以不善，皆由不得其人，吾以舆论之力，排蠹政之人而去之，政斯理矣。此其言甚持之有故，吾无以难也。此种舆论之反响，或能使贪墨阘①冗之吏，挂弹章，罹法网，其他亦有所警惕而稍自敛，吾亦岂敢谓其绝无小补。虽然，推此种论旨之所在，其注重者决非在区区地方小吏，而恒在当局极有力之人，然当局极有力之人，决非此脆弱混沌之舆论所能摇动，则草中狐兔，虽尽何益。夫狐兔能尽，犹可言也。然去一狐兔，亦还以一狐兔易之，沉思谛视，却为何来？

更进一步，当局有力者，果能因吾言而解职，则吾之志其可谓遂矣，而继其职者究能如吾心目中所期耶？吾信其决不能也。且举国中有能如吾心目所期之人耶？吾信其决无有也。既已不能，既已无有，则攻某甲而去之，不过为某乙造出代兴之机会，而于政治果有何影响者？不宁惟是，势必长排挤构煽之风，而使政象更蒙其害耳。

若更进一步，国之主权者而为臧否论所动，或翩然引退以避贤

---

① 阘，音 tà，卑下。

路，则读者试思，国中敢承其乏者更有何人？承乏者之所为，是否能有以远过于今日，而其时全国更作何状者？是故推臧否论之所极，其势必至举国中无一人足当政治之冲，而最后之结论，除非将内外大小一切政治机关，悉请外国人代管，庶几足以致治。

此非吾过激之言也。以吾直接间接所闻，其持此论者盖不知凡几，然则此种言论所生之反响，不过无形中制造无数之宋秉畯、李容九①一流人物。吾果何仇于国而忍出此？要之，臧否人物者，不外取场面上之人物而臧否之，而场面上之人，虽复派别万殊，要皆牛羊何择。(读者勿误以吾此言为善骂，读者须知，吾亦世人所指为场面上之一人，吾亦常为彼臧否者，而吾自视在政界上与人比较，真牛羊何择也。)恩李怨牛，徒益其扰，而于政治决无丝毫裨补，故此等政谭，吾极以为无用也。

讨论政策，则政谭家之正轨也。各国举所尊尚，吾复何间然者。虽然，吾固言之矣。报纸上讨论政策之文，绝非政府当局所能寓目。其在人国，言论家建一政策，一旦成为舆论或采为党议，自能变作法案之形式以现于国会议场，议决则施之有政。我国何有者？今日以塞报纸篇幅，明日覆瓿而已。就使果能经立法机关，以成为法案，此策岂遂能贯彻？不见自前清之季以迄今日，所颁法令殆如牛毛，而官吏与人民之心理，视之果何若者？

是故吾侪讨论政策，诚亦为国民重要职务之一。然谓即此可以大有造于国，则吾以为正韩昌黎所谓"如食螃蜞②得不偿劳"也。且以与政局缘远之人，而欲在政策上为正当且适应之批判，实可谓至难之业。盖政策之为物，不能各各离立，此策与彼策之间，联属至为致密，先决问题，层层相覆。突然就一事以翘示己之所主张曰，

---

① 宋秉畯(1858—1925)、李容九(1868—1912)，皆为韩国著名的亲日派人物。

② 螃蜞，音 péng qí，螃蟹的一种。

吾欲云云，虽说理极完，措虑极密，而当局恒觉其拘墟。即立言者一旦身当其冲，或且不免唬①然自以为可笑。例如外交上主张己国正当之权利，横逆之来，必当峻拒，谁曰非宜？然当国力未充之时，既不能令，又不受命，往往口舌抗执愈久，而所丧愈多，于国究何益者？又如财政上当涵养税源，确守平准，天经地义，谁能反唇？然使正当举国官吏军士枵腹待炊之时，重以门前债主雁行以立，乃为进说曰：吾将为汝浚税源，立长策。此如诵说西江之水以慰藉涸辙之鲋，其曷由倾听？此不过泛论一二，其他亦何莫不然。而愈剖析以及于各种之具体的政策，则其与实际适应也乃愈难。

夫政策本无绝对之美，而惟适之为贵。然则吾所主张之政策与吾所讥弹之政策，其孰美孰恶，方且在不可知之数。读者幸毋以吾曾一度立于政府，遽同化于现政府之口吻。吾生平最喜喋喋谈政策，当为国人所共悉，而吾年来之所感，乃实如是也。复次，虽有善美之政策，而行之必存乎其人。所谓人者，非徒在总揽规画之人而已。即分任执行之人，其重要亦与相埒。譬之办一工厂，仅得三数贤明之总办、坐办，难云已足，苟无干达之技师，熟练之工人，其事业之成败，且未可知。今之中国，非无良政策之为患，而无实行良政策之为患。此又政谭家所不可不熟察也。

坐此诸因，故吾于政策之建议，愈阅历而愈不敢妄发，盖深有感于适应时势之不易易，而断不敢漫为无责任之言，翘己长攻人短，以卖名声于天下。又见乎每一政策之建议，其不见采用者无论也，或见采用，势必且改头换面，与原议之精神，决末由吻合。就令不尔，而及其奉行之际，恒支离不可究诘，能使建议者深自怨艾，悔不如自始不建此议，尚不至流毒于世。盖吾年来此种感触泛于脑际者已不知几度，不知当世之言论家亦曾与余同感否也？平心论之，

---

① 唬，音 háo，同"号"。

谓政府当局，必欲蹙吾国于衰弱，天下断无此人情。诚有良政策，亦安见其必诎诎而距，其所以不能采用，或采用而反生恶果，盖种种之形格势禁使然，而其总因则恒在社会。吾侪讨论政策，诚不失为国民义务之一种，然徒断断于是，则犹未为知本也。

商榷国制者，则深信法治主义，探本穷源，在政论中斯为极致。畴昔君宪、共和之争，致相攘臂，今虽稍衰熄矣，而波澜暂伏，或且将蹶起于他方。持此论者，虽派别不同，而察其动机，大率因人物之臧否空劳，政策之讨论徒费，惟希望打破现状，以为国家一线生机。其甚偏至者，或则希冀复辟，或则倡议联邦。其最稳健者，则从事于总统制与内阁制之商略，独裁政治与议会政治之较量，中央集权与地方分权之评骘。夫复辟论之显悖国体，毫无价值，诚不俟辨。至于其他诸说，谁能谓其无商榷之余地？而此种商榷之作何反响，吾犹难言之。进步党之《中华》杂志，日本东京之《甲寅》杂志①，皆报界中之善为政论者也。其操笔者多为吾所亲爱敬服之人，其持论吾或赞或否，否焉者不必论，即赞焉者仍觉其不能予我以安身立命之地。非彼之不能予我也，实则吾国政论之为物，其本质殆不能使人得深固之安身立命。虽吾为政论，亦末由以此予人，则犹彼也。试举一二说以为例。

彼联邦政制论，吾夙所最反对也。吾以为此非徒反于今世政治之趋势而已，而我国之历史地理实不容此种制度之存在，勉而行之，必非国家之福。今吾姑弃吾说，假定联邦制为利逾于弊，而欲使联邦制臻于善美，必以各联邦本身先臻善美为前提，然谓在单一制之下，不能善治之国民，一易为联邦，即能善治，此理吾直无从索解。

又如国会政制论，吾生平所最信仰也。当前清之季，要求国会，吾尝以为救国之不二法门，即今日有议更为要求者，吾亦良不欲反

---

① 《甲寅》，月刊，1914年5月由章士钊创办。

对。虽然，谓但有此物，而政象即趋于良，则吾久已不复存此迷信。就客观方面论，凡政治上有特别势力存在之国，决无容国会政制发达之余地，今国家方赖此特别势力以暂维系于一时，而谓但使有真由民选之国会，即可以转移政局而厝于安帖，天下宁有是理？就主观方面论，则吾国固尝有国会矣，而当时国人之视国会何若？国会之有造于国家又何若者？论者必曰：今日再开国会，其内容必有以异于前，其或然耶？然苟不示我以必可变异之实据，则吾斯之未能信。抑吾尤望读者切勿误解，以为吾谓有国会不如无国会，吾特以为国会之有无，在今日政象曾不足为轻重。使吾国民有运用合议机关之能力耶，虽以今之参政院、立法院，固饶有回翔之余地，彼英之枢密院何以能变为内阁？等级会议何以能变为巴力门①？岂非明效大验耶！而不然者，则虽纯正之民选国会，其究亦不过为多数人辟噉②饭地而已。

吾之此论，不过行文之际偶涉波澜，吾本非作政谭，吾何必与人辨联邦制之利病、国会制之得失？吾凡欲以证明此种种者，皆治具，而非制治清浊之原。我国人试思之，彼帝制也，共和也，单一也，联邦也，独裁也，多决也，此各种政制中，任举其一，皆尝有国焉行之而善其治者。我国则此数年中，此各种政治，已一一经尝试而无所遗，曷为善治终不可得睹？则治本必有存乎政制之外者，从可推矣。盖无论帝制、共和、单一、联邦、独裁、多决，而运用之者皆此时代之中国人耳。钧③是人也，谓运用甲制度不能致治者，易以乙制度，即能致治。吾之愚顽，实不识其解。譬犹等是丸药，不能治病，而惟思易以蜡封；等是优伶，不能擅场，而惟思更其班

---

① 巴力门，Parliament 的音译，议会或国会。

② 噉，音 dàn，同"啖"。

③ 钧，音 jūn，同"均"。

号。谓非大惑,庸安可得?

要之,凡商榷政制者,其最后之结论,必归宿于破坏现在政局,而或思破坏全部,或思破坏一部,则程度问题耳。故其极偏至者,乃至于倡复辟或继续革命,夫能否破坏且勿论。破坏时内界、外界所受之危险何若、疾苦何若?又勿论。使一经破坏后,即能善治,固不妨排万难以从事。顾我民所得破坏之结果究何若者,岂其斯须之顷而遽健忘之?我国民当思十余年之政制,曷为维持焉不能善治,破坏焉亦不能善治,破坏、维持,循环数度,终不能善治,则知其病因必有在政制之外者,不剔其病因而疗药之,则或维持至数十年,或破坏至十数度,其不能善治如故也。则夫政制论之辨争,其亦可以小休矣。

大抵欲运用现代的政治,其必要之条件:(一)有少数能任政务官或政党首领之人,其器量、学识、才能、誉望,皆优越而为国人所矜式。(所谓少数者非单数也,勿误会。)(二)有次多数能任事务官之人,分门别类,各有专长,执行一政,决无陨越。(三)有大多数能听受政谭之人,对于政策之适否,略能了解,而亲切有味。(四)凡为政治活动者,皆有相当之恒产,不至借政治为衣食之资。(五)凡为政治活动者,皆有水平线以上之道德,不至掷弃其良心之主张而无所惜。(六)养成一种政治习惯,使卑劣阘冗之人,不能自存于政治社会。(七)有特别势力行动轶出常轨外者,政治家之力能抗压矫正之。(八)政治社会以外之人人,各有其相当之实力,既能为政治家之后援,亦能使政治家严惮。具此诸条件,其可以语于政治之改良也已矣。

吾中国今日具耶?否耶?未具而欲期其渐具,则舍社会教育外,更有何途可致者?此真孟子所谓"犹七年之病,求三年之艾,苟为不蓄,终身不得"。虽曰辽缓,将安所避?而或者曰:今之政象岌岌不

可终日,岂能待此十年树木百年树人之计?恐端绪未就,而国之乱
且亡已见矣。虽然,尤当知苟不务此,而率国人日日为无意识、无
根蒂之政治活动,其能否御乱而免于亡者?吾敢断言曰,虽国亡后,
而社会教育,犹不可以已,亡而存之,舍此无道也。而或者又曰:
在今日政象之下,恐所谓社会事业者终末由进行。吾以为难则有之,
不能则未必也。勿征诸远,试思吾侪十年以来,苟非专以政治热鼓
动国人,而导之使专从社会上谋立基础,则国中现象,其或有以异
于今日,亦未可知。而举国言论家,目光专集注于政治,致使驯愿
者惟求仕宦,耗其精力于簿书期会,或且熏染恶俗,日趋堕落,其
激烈者则相率为秘密危险之行动,一面流毒害于社会,一面亦自毁
其有用之身。虽曰种种原因,有以诱而激之,而吾侪以言感人者,
又宁得不分尸其咎?故吾以为惟当乘今日政象小康之际,合全国聪
智勇毅之士,共戮力于社会事业,或遂能树若干之基础,他日虽有
意外之变乱,犹足以支。而非然者,缲演①十年来失败之迹,而国家
元气,且屡斫而不可复矣。夫以吾侪平昔好为政论之人,岂能尽改
其度?且今之政象,又岂可无人一为纠绳?但吾侪宜毋专肆力于是
焉,惟时或忠告之以去泰去甚,但使消极的不为社会事业之大梗,
其亦可以已矣。此吾作此论之微意也。

---

① 缲,音 sāo。缲演,传布推衍。

6.《京报》增刊国文祝辞[*]

十年以来，吾国报业之发达，骎骎①乎殆一日千里。迹其本意，莫不曰将以忠告政府而指导社会。夷考其实，其能举此天职者有几？夫报之所以有益于人国者，谓其持论之能适应乎时势也；谓其能独立而不倚也；谓其能指陈利害，先乎多数人所未及察者而警告之也；谓其能矫正偏诐②之俗论，而纳诸轨物也；谓其能补多数人常识所未逮，而为之馈贫粮也；谓其能窥社会心理之微，针对发药，而使之相说以解也；谓其对于政治上能为公平透亮之批评，使当局者有所严惮也；谓其建一议、发一策，能使本国为重于世界，四邻咸知吾国论所在而莫敢余侮也。今国中报馆多矣，其能备此诸法者，吾见实罕。吾所以夙睊睊③焉为言论界之前途悲也。

自英文《京报》之归吾国人经营也④，而海内外之观听集焉，每著一论，东西邻之同业者辄移译之录述之，以视觇我民意焉。其粲然为国光之效，既历历可睹，其立言之简而要，锐而达，秩然而有伦脊，犁然而中肯綮，举吾国之英文报，莫之能先也。顾以文体仅

　＊　刊于《京报》汉文部，1914 年 12 月 1 日。《梁启超全集》注"写于 1915 年"。

　①　骎，音 qīn。骎骎，马疾奔状。

　②　诐，音 bì，邪僻。

　③　睊，音 juàn。睊睊，侧目而视状。

　④　这份英文报纸是外国人于 1913 年 9 月 20 日在北京创办的，1914 年 10 月下旬被陈友仁（1875—1944）买下，1917 年停办。

托于英语，国人能读者鲜，其于普及之途隘矣，识者憾焉。今以时势之要求，增刊国文，吾信其将来之有造于吾国者，视其前此所收之效，将倍蓰什百而未有已，吾安得不距跃起舞为言论界之前途庆也。

夫"京报"（Peking Gazette）之名则旧矣，距今数百年前，举世界各国未知有所谓报者，而吾国实创之①。西人周历我国者称道焉而因而效之，故今日全世界治报业者，必以 Peking Gazette 为不祧之大宗，谓犹山之有昆仑，水之有星宿海也；又犹举火则思燧人，食粟则思后稷也。故《京报》之为物，吾无以名之，名之曰"报祖"。今也经营本报之同人，袭此佳名，其必将有以副之，发挥而光大焉。使天下万国之治报业者，咸知乃祖之复活，而思所以绳其武，则岂惟本报之誉望，其为国光者盖不可纪极矣。本报同人勉乎哉！

———————————

① 据研究，至迟在明代中叶就有《京报》，而"京报"之名则出现在元代。参见孔正毅：《明代"京报"考论》，《国际新闻界》，2012 年第 2 期。

7. 对报界之演说*

今日承同业诸君招待，愧不敢当。

鄙人最初与国家发生关系，即自经营报事始。其对于他方面，有脱离者，亦有中断者，惟对于报界，始终无脱离或中断之时，今后且将益尽力于是焉。此次来京，对于报界有种种不调①之感想，愿与诸君略言之。

（一）北京报纸之多，为世界各文明国首都所未有。鄙人二十年前，即抱此种希望，谓国家文野之分，以报纸之多少为标准。若中国之报纸，能与他国比拟，则其他亦可类推。今则居然都到眼前来矣，宜若可以乐观。然按之实际，其混杂之状态，愈足令人悲观。理想与事实，其相去一何悬殊之甚耶？

（二）报纸为社会之缩影，社会之事事物物，无不映射于报纸。欲知社会之真相者，须于报纸中求之，此定例也。中国之报纸则不然，虚虚实实，令人迷离惝恍，不可辨别。无以名之，请以电影为喻。电影馆林立，互相竞争，制造影片之人，惟日求新奇以炫人目。骤观之，俨若真有其境，真有其事其人，实则皆制造影片之人，意想假造，未可遽认为事实者也。中国之社会固不良，然尚不若报纸

---

　　* 刊于《东方杂志》第14卷第3期，1917年3月。系同年1月12日梁氏在安徽会馆的演说稿。
　　① 和制汉语，ふちょう，不顺，不良。

上之蜃楼海市，不可端倪。报纸上之社会，与实际上之社会，成为两截，此亦奇异之现象也。

(三)言庞事杂，更甚于前。报界中之言庞事杂，无可讳言。然回想民国元二年，不啻若唐虞三代之盛。两派各有极端之主张，争论不已，固相若也。然彼时为宪法问题、借款问题、财政问题，无论其意见何若，尚各有一番之研究。今则此等含有研究的性质之文章，几于凤毛麟角，不可概见。偶或有之，亦属聊充篇幅，置之无关紧要之地位，阅者亦绝不注意及之。以问题最多之国家，在报纸上观之，几若毫无问题之国家，有之则人的问题而已，未有及于事理者也。

就以上三种感想论之，欲不悲观，不可得已。然此为一时之现象，苟报界中坚人物，力矫其弊，必有挽回之日。

余以为第一须用力者，万不可迎合社会，必须出全力矫正社会。在专制时代，所谓逢君之恶，长君之恶，野心家惟知取悦于一人，以达攫夺权位之目的；今日则野心家专务逢社会之恶，长社会之恶，以取悦于社会，而达其攫夺权位之目的。社会之弱点在于贪鄙，则以金钱利用之；社会之弱点在于怯弱，则以威力利用之。社会之弱点，只有二三分，甲方面一度利用，增长一二分，乙方面一度利用，又增长一二分，展转利用，非至全社会陆沉不已。野心家为权利起见，无所不用其极。吾报界负指导社会之责，何为供野心家之利用而自失其天职耶？

8.《改造》发刊词[*]

同人以其所研究、所想念，撮而布之，月出两册，名曰《解放与改造》，期与国人以学识相切磋，心力相摩荡。既逾一年，今当赓续而扩充之，以名称贵省便故，更名《改造》，其精神则犹前志也。

同人深自策厉，欲改良本刊，使常能与社会之进步相应，故体例组织稍有以异乎前，每册分三大部门。

(一)论著　同人一得之见，于此发表焉，其性质复分为二：

　　　　(甲)主张　对于一问题有所确信，阐发而宣传之。

　　　　(乙)研究　一问题未敢自信，则提出疑问，与国人公开讨论。

(二)译述　专务介绍世界思潮，其体例：或将各短篇移译原文，或将一名著摘撮梗概，或但译录，或加案语及解释。

(三)记载　国内外重要问题发生，则追求原委，务为有系统的记述，以供留心时局者之参考。

此外尤有附录两门：

(一)文艺　以译述世界名文为主，所译务采各派各家代表杰作。且随时将作者及其作品在文学界之位置简明介绍，俾读者得明其系统，其本国古今文学，亦间下批评。

＊　刊于《改造》第3卷第1期，1920年9月1日。《解放与改造》1919年9月1日创刊，双月刊。此《发刊词》收入《饮冰室合集》时有改动，今附后。

（二）余载　同人随笔小品及读者投稿入焉，其投稿中有以长篇商榷一问题者，同人认为有价值，则以入"论著"。

以上各门，不必每册皆备，册中亦不必一一区别标题，但其组织梗概，总不越此。

本刊根本精神，曾读《解放与改造》者，当能知之，今当刷新改刊伊始，更为简单之宣言：

本刊所鼓吹，在使文化运动向实际的方向进行。

本刊持论，务向实际的、条理的方面，力求进步。

本刊所主张，当以次续布，今且无事缕述，但其荦荦数要点，为同人所确信者，愿先揭橥以质诸国人：

发刊词

一、同人确信谋人类之福利，当由群性与个性互相助长，务使群性能保持平等，务使个性能确得自由，务使群性与个性之交融能启发向上。

二、同人确信中国民族之不振由于思想不进与制度不良，而不良制度尤为不良之思想所维持，故以为非先思想革命不能颠覆制度。

三、同人确信政治改造，首在打破旧式的代议政治，故主张国民总须得有组织的自决权。

四、同人确信经济改造，在使人人由劳动而得生存权为最低限度，同时对于自由竞争定有最高度之制限。则去其过甚之两端，既不抹杀智能之高下，复不致有生计压迫之现象。

五、同人确信世界改造，在打破国家最高主权之论。国家非人类最高团体，故无论何国人，皆当自觉为全人类一分子而负责任，偏狭之旧爱国主义，不敢苟同。

六、同人确信军事上消极自卫主义，为我国民特性，且适应世界新潮，故主张无设立国军之必要，但采兵民合一制度，以自图抵抗强暴。

七、同人确信国家之组织，全以地方为基础，故主张中央权限当减至必要范围为止。

八、同人确信地方自治当由自动，故主张各地方皆宜自动的制定根本法而自守之，国家须加以承认。

九、同人确信国民的结合，当由地方的与职业的双方骈进，故主张各种职业团体之改良及创设，刻不容缓。

十、同人确信社会生计上之不平，实为争乱衰弱之原，故主张对于土地及其他生产机关，宜力求分配平均之法。

十一、同人确信生产事业不发达，民族无以自存，故主张一面注重分配，一面仍力求不萎缩生产力而加增之。

十二、同人确信教育普及为一切民治之根本，而其实行则赖自治机关，故主张以地方根本法规定强迫教育①。

十三、同人确信劳作神圣为世界不可磨灭之公理，故主张国民有劳作之义务。

以上各节，为同人之公共信条，虽或未备，然大端固在是，同人将终身奉以周旋。本刊则出其所见以请益于国人也。其他尚不乏怀而未决之问题，即此诸信条中，当由何途而始能使理想现于实际，则亦多未敢自信，故欲借本刊为公开研究之一机关，冀国人之我诲焉。《诗》曰："嘤其鸣矣，求其友声。"同人赋此，以俟君子矣。

---

① 即义务教育。

附《饮冰室合集·文集》所载《发刊词》

（一）同人确信旧式的代议政治，不宜于中国，故主张国民总须在法律上取得最后之自决权。

（二）同人确信国家之组织，全以地方为基础，故主张中央权限，当减到以对外维持统一之必要点为止。

（三）同人确信地方自治，当由自动，故主张各省乃至各县各市，皆宜自动的制定根本法而自守之，国家须加以承认。

（四）同人确信国民的结合，当由地方的与职业的双方骈进，故主张各种职业团体之改良及创设，刻不容缓。

（五）同人确信社会生计上之不平等，实为争乱衰弱之原，故主张对于土地及工商业机会，宜力求分配平均之法。

（六）同人确信生产事业不发达，国无以自存，故主张一面注重分配，一面仍力求不萎缩生产力且加增之。

（七）同人确信军事上消极自卫主义，为我国民特性，且适应世界新潮，故主张无设立国军之必要，但采兵民合一制度以自图强立。

（八）同人确信中国财政，稍加整理，优足自给，故主张对于续借外债，无论在何种条件之下，皆绝对排斥。

（九）同人确信教育普及，为一切民治之根本，而其实行则赖自治机关，故主张以地方根本法规定强迫教育。

（十）同人确信劳作神圣，为世界不可磨灭之公理，故主张以征工制度代征兵制度。

（十一）同人确信思想统一，为文明停顿之征兆，故对于世界有力之学说，无论是否为同人所信服，皆采无限制输入主义，待国人别择。

(十二)同人确信浅薄笼统的文化输入,实国民进步之障,故对于所注重之学说,当为忠实深刻的研究,以此自厉,并厉国人。

(十三)同人确信中国文明,实全人类极可宝贵之一部分遗产,故我国人对于先民,有整顿发扬之责任;对于世界,有参加贡献之责任。

(十四)同人确信国家非人类最高团体,故无论何国人,皆当自觉为全人类一分子而负责任,故褊狭偏颇的旧爱国主义,不敢苟同。

9. 本刊启事一*

本刊取公开研究态度，欢迎外界之投稿与通信。惟草创伊始，一切未能悉臻完备，以后总期逐渐改良，如有缺点，尚祈读者原谅，并希赐教，兹将刊例录后。

编例

一、宗旨。主张解放精神、物质两方面一切不自然、不合理之状态，同时介绍世界新潮，以为改造地步。

二、体裁。(甲)社论或评坛(乙)论说(丙)读书录(丁)译述(戊)思潮(己)杂载(庚)附录。

三、范围。凡关于哲学、心理、社会、伦理、政治、经济、教育、法律、生物、文学等著述，与前项宗旨相符者，皆所欢迎。其有关于自然科学之论著，与解放改造无直接关系者不录。

四、收稿。本志取公开态度。凡有宗旨相同，惠寄高文者，揭载之后，每千字奉酬现金二元至五元。

五、稿样。每两页十五行，每行四十五字，稿件最好按此编写。

六、出版。月出两册，初一、十六发行，每期集稿在出版前十五日。

七、文语。文言、白话请作者自便，均以朴实洁净为主。

---

* 《解放与改造》，第1、第2期合刊，1919年9月初版，10月15日再版。第3期也刊登有该启事，内容大同小异。

八、句读。文旁加用简式之西文符号，每句空一格，每节起首低两格。

此外，尚有须请投稿诸君注意之点，合并条举于左：

一、来稿须按本刊规定之格式，缮写清楚。暂由上海西门外陆园金颂华收，转本刊编辑部。

二、本刊编辑部对于来稿，有去取删节之权。

三、来稿如不登，恕不寄还。其有长篇著译，如声明不登寄还，亦可遵办。但万一寄失，本刊不负责任。

四、读者对于投稿者之文字，如由通信质疑，本刊当择要披露，须请投稿者自己答复。

五、投稿者如要求保留著作权，或但由本刊披露，不许他处转载，倘预先声明，均可照行，但本刊对保留著作权者，概不奉酬。

六、投稿者如以译稿见寄，须附寄原文。

10. 本报五千号纪念辞*

本报创自清季①，迄于今日，幸而不致中道夭折，得有五千号之纪念。同人等追怀既往更事之多艰，怵念将来践责之不易，且欣且惧，枨触②万端，谨述所怀，以告读者。

吾侪从事报业者，其第一难关，则在经济之不易独立。报馆恃广告费以维持其生命，此为天下通义。在产业幼稚之中国，欲恃广告所入以供一种完善报纸之设备，在势既已不可能，而后起之报为尤甚。质言之，则凡办报者非于营业收入以外别求不可告人之收入，则其报殆不能自存。本报十余年间，盖无一日不感受此种苦痛，力极声嘶，不能支而思舍去者，不知几何次矣。同人等殊不敢以清高自诩，但酷爱自由，习而成性，常觉得金钱何来，必自势力，无论受何方面金钱之补助，自然要受该方面势力之支配，最少亦受牵掣。吾侪确认现在之中国，势力即罪恶，任受何方面势力之支配或牵制，即与罪恶为邻。吾侪不能革涤社会罪恶，既已滋愧，何忍更假言论机关，为罪恶播种。吾侪为欲保持发言之绝对的自由，以与各方面罪恶的势力奋斗，于是乎吾侪相与矢，无论经若何困难，终不肯与

---

* 刊于《〈时事新报〉五千号纪念增刊》，1922年12月10日(原定4日刊发，因"排印不及"而愆期)。署名"同人"。

① 《时事新报》前身为《舆论时事报》(1909年)，由《时事报》(1907年12月创刊)和《舆论日报》(1908年2月创刊)合并而成。1911年5月18日改名《时事新报》。

② 枨，音chéng。枨触，触动或感触。

势力家发生一文钱之关系。吾侪十余年守此苦节，虽于精神上差获慰安，而事业上之茹痛乃无极。昔有节孀，年八十而被旌，集其妇子，示以念珠一串，齿痕满焉，则五六十年间深宵啜泣时嚼苦茹辛以自策厉所留之遗迹也。吾侪今为本报庆祝五千号，吾侪回检过去之诸号，自觉号号皆饰以深宵之齿痕。吾侪诚不欲以身受之隐痛，哓哓向人。顾最所歉仄者，吾侪以此绵力守此苦节，为经济力所限，常不能依吾侪之原定计画以从事设备，以致吾侪理想中之好报纸，至今仍不能出现，此则吾侪所告罪于读者而欲求一谅者也。

吾侪既不自揣其力之孤微，而誓与恶势力奋斗，故其受恶势力之摧残也亦独酷。十余年间之遘闵①受侮，其鳞次叠起者不暇偻数②，试举其最烈者：当民国三四年间，本报在社会上信用已渐立，销数几与今日埒矣。筹安会起，各方面劝进文电，污我报界洁白之纸者累累相望，我同业盖莫不含愤，而未有以破之也。本报得洪宪政府指授机宜伪造民意之密电数十通，急发表之而为之疏证其真相，天下憬然；然发表未及半，本报已被命停止邮寄，不能有片纸出租界外。本报受此打击，两三年而元气犹不能复。两年前安福凶焰，炙手可热，道路以目。同业中持正论者固自不少，而本报以謇谔过甚，独为彼辈怨毒所集，今日停邮，明日控案，在沪经理，仆仆对簿，在都访事，囚系经年。凡所以摧锄剿折之者，惟力是视。吾侪既致命遂志以与群小宣战，凡此横逆，固早已列入预算表中，曾无所于悔。然坐是乃销磨其无限精力于此种抵抗，而报中内容之充实改良，常有所障而不获兼程以进，此则吾侪虽在今日犹痛定思痛者也。

吾侪以为今日之恶势力，不独一方面，凡所谓势力者大抵皆恶

----

① 遘，音 gòu。遘闵，遭人陷害。
② 偻数，音 lǚ shù，屈指而数。

也。吾侪一不能有所庇纵，故有时对于甲部分恶势力方施攻击，移时而对于与甲正反对之乙部分恶势力而亦施攻击，攻甲时则甲疑其祖乙，攻乙时则乙又疑其祖甲，即旁观者亦或疑其态度之不常。吾侪既抱有一定之方针，固勿之恤，然而已从各方面日日增树其敌。吾侪又确信报馆之天职，在指导社会、矫正社会，而万不容玩弄社会、逢迎社会。故一方面对于深根固蒂之旧思想，常冒不韪以摩其垒；一方面对于稗贩流行之新思想，亦未尝轻予盲从。吾侪诚不敢自谓其所见之必当。虽然，常以天真烂漫的态度，自发表其现时良心所主张，一无瞻顾，从不肯以投合社会心理之故，偶发违心之论，尤不愿作模棱两可之辞，以逃天下之责难。是故吾侪每有建言，在社会上恒见为逆耳。此又本报常遭拂逆之一原因也。

本报十余年之立场既已如此，在势宜若不能以幸存，然而日迈月征，忽已达五千号之纪念。吾侪对于读者宏奖之盛心，不能不感极而泣！而社会上能容此孤介之物，使之遂其发荣滋长，其亦前途光明之一征兆也。同人等受兹奖励，诚欢诚忭①，惟有益自鞭策，永矢固有精神于勿替，而对于所谓理想的计画所以改良本报内容使与时代之需求相应者，更一日不敢怠。同人所以酬读者之爱，如是而已。

---

① 忭，音 biàn，高兴。

11. 为新闻风纪起见忠告投稿家及编辑者[*]

晨报馆编辑诸公鉴：

　　我这封信是为着一件与我无关的事，替社会上的弱者——女子——抱不平，向诸公进些少忠告，希赐采登。

　　这事是贵报三月十九日"社会咫闻"里头所载，题目是"两个恋爱的惨剧"。我今日得着一位朋友的信，详述这件事始末，和那投稿者所讲完全相反，请把这信节钞呈鉴：第一节所说的"某大学的教授……获得沈女士的恋爱"，是指的陶孟和①。孟和结婚是四五年前的事。据我所知道，"男子生了神经病"云云，绝对与事实不符，如此毁谤人家，已经是极可恶的了。第二节的某司长，就是秦景阳②，他新近续弦，是我做的证婚人，所以前后的事实我都是完全知道。陈女士是松江人，他的母亲是在北京女子师范做监学的，家庭本是很开通的。陈女士一年以前同一个北大的学生认识，平时常常往来，但是并没有婚约。到了去年夏天，陈女士看见这位学生举动不甚妥当，就和他绝了交。那时秦景阳还未断弦，那个学生，并且将从前受过陈女士礼物都送还给他。他以后有一封信给陈女士，我是看过的，所以我这话并不是据陈女士一面之词。今年春天有人替秦君做

　＊　刊于《晨报》1922 年 3 月 25 日。

　①　陶孟和(1887—1960)，原名陶履恭，字孟和。

　②　秦景阳，曾任北洋政府教育部专门司司长。

媒，秦君要求先和陈女士见面，以后又先征求陈女士的同意，然后与陈家正式订婚，陈女士并且将从前与北大学生这件事完全告诉秦君。他们未结婚以前，我就在秦家里见过陈女士，他们关系的光明正大，可以想见了。他们结婚的前一天(三月三日)。晚上，天忽然下起雪来，恐怕在中央公园行礼，马车不能进去，新人步行不便，才临时把礼堂改到秦君自己家里。这也是我在北京亲身与闻的。拿我上边说的话，和《晨报》上新闻比较，就知道这一段新闻的用意了。陈女士家里原不是有钱的，但是他母亲只有这一个女儿，自己又在此地当监学，不至于要北大这位学生出学费，大概先生也是可以相信得过的。其余的话，无一句不是诬蔑。陈女士与北大那位学生绝交，秦景阳从前的夫人还没有死，他偏说是嫌贫爱富；人家因为怕下雪改到自己家中结婚，他偏说怕宣布罪状，避到亲戚家里。未结婚以前，陈女士天天和秦君见面的，他偏说他是因北大那位学生在中央公园。这种不道德的谣言，造了出来，毁坏一个妇人的名誉，不是一个极下贱的人，是做不出的。我真不懂《晨报》何以找到这种好的访事。最可恶的是这两节新闻，男子的姓名却都隐起，女子的便大书特书，岂不分明是欺负女子的恶习遗传下来的毒。

我和秦君虽然相识，交情并不深，陈女士更没有见过，但写这封信给我的那位朋友，我知道他生平不会说谎的，凭我的天良，他说一个字我信他一个字。所以我对于这段造谣诬蔑的新闻，异常愤懑！现在正是男女社交公开渐有希望的时代，这点子嫩芽，我们应该很细心保护他，把他培养发达起来。若是一个女子有过男朋友就不能和别人结婚，从前朋友交际的事实，就可以为旁人污蔑的把柄，那么，男女交际的前途，还堪设想吗？投稿造谣的人，自然是那位失恋的学生或他的朋友，我认为这些人，不惟遭塌别人的人格，并且遭塌自己的人格，我很希望他改悔；若不肯改悔，社会上应须给他一种制裁。社会上的坏人敢于横行无忌，都是好人懒管闲事，纵容他们，我想主持舆论的报纸，对于这点，不容轻轻放过。

再者，近来各报设"社会"一栏，要想把社会黑暗方面揭穿，用意原甚好。但稍不审慎，便被坏人利用了。我想凡像这类毁坏别人名誉的新闻，最少也须有投稿者真姓名、真住址，才可采录。否则拿好好的言论机关，供那些害群之马来利用，报纸纵不自爱，奈社会何？我这回以社会一分子的资格要求那条新闻的投稿人把自己真姓名揭出，我信我有这个权利，而且信人人都有这个权利的。那人若不肯揭出，我们就认他为站在黑暗方面含沙射人的败类，当与众共弃之！

十一，三，二十三　梁启超

12.《湘报》序*

丁酉、戊戌间，谭复生、唐绂丞①诸君子发行一日报于长沙，名《湘报》，是为湖南有报纸之始。其报宗旨有二：一曰鼓吹民主政治，二曰发挥湖南人固有精神。虽发行未匝岁而见锢于清政府，然湖南人自此昭苏，后此奇才蔚起以缔造我中华民国，《湘报》之赐也。民国肇建既十有二年，而中枢不纲，俶②扰滋甚，识者思以"省自治"药之，而湖南实首布省宪为全国倡。夫作始之难，天下通义也。湖南之以省宪为治，前无所师，而其事又起于累岁兵争、公私凋敝之后，险艰百倍于常，其不能一蹴而得满志之成绩，有固然矣。虽然，一事之成，未有不自积经验而来者，既确信真理之所在，则躬行之。行之而后，其事之经纬本末，层累曲折见，则所以补救其偏弊，而克胜其困衡者，于是乎出也。吾友唐君规严③及其同志，有见于此，胥谋办一报以阐发自治之真精神，使湖南人知自治之果为真理，而所以能实现之者，又须费莫大之努力也。遂取湖南最初之报之名，仍名曰《湘报》。今者言论自由之保障优于昔，若前《湘报》之见摧残于政府者，盖为事所必无。然则

---

* 《梁启超全集》注"当撰于是年3月25日"。

① 唐才常（1867—1900），字绂丞，湖南浏阳人。

② 俶，音 chù，开始。

③ 唐蟒（1875—1929），字规严，湖南邵阳人。

今《湘报》也，殆永复生、绂丞之精神于不敝，而且进其指导湖南者以指导渴求自治之全国民，其责任之重如是也。规严及报中诸君子，其必有以副之矣。

民国十二年三月二十五日　新会梁启超序

13. 梁启超对《顺天时报》启事*

我不知因什么事得罪了日本人所开的《顺天时报》①，无端接二连三跟我开起玩笑来！

最可恨是他咒我的夫人死了！我的夫人自正月以来患重病，我正在忧苦得狠，但该报说我在南京讲学时夫人已死。我在南京讲学，是两年前事，那时我夫人正从外国回来，和我在宁、沪一带同游吧。该报早不说晚不说，偏在她病重时来咒我，真不知道他什么黑心肝！

该报又说我和什么女人有关系，我本来不是道学先生，并不是"生平不二色"。最可怪者，他所说那女人的名字，我就根本不知道世间上有这个人！

我向来是不看《顺天时报》的。我的朋友看见，气极了，剪来寄给我，说非起诉不可。我听见了伸一伸舌头，说道："挂洋牌的报馆，尚且没有人敢惹，何况货真价实的洋大人生意，我们敢向太岁头上动土吗？算了罢！况且天下同姓名的人尽有。"记得去年还有一位"梁启超"在《黄报》上投了几万字的稿畅谈时务，我写信去止也止不来，只得在《晨报》上登广告说不是我这位梁启超做的罢了。

《顺天时报》登了那段怪话之后，过两天，他却自动的要更正起

---

 * 《梁启超全集》注其发表时间为"1924 年 8 月 4 日后"。

 ① 《顺天时报》是日本人于 1901 年 12 月在北京创办的中文报纸，1930 年 3 月停刊。

来了。说是有人恨我，造我谣言。但他又有新的新闻了，说我要做政治活动，在中外同欢社大请其客，大推其牌九，车马盈门，有某某总长在座！

哈哈，到底洋大人手下的喽啰不弱，消息真灵通！果然我几日前是在中外同欢社请客，但可惜他没有打听客单。原来那日我请的客是德国的林达博士，因为在欧战时候，他保护中国留学生最尽力，我游历德国时，他又狠招呼我。他这回来华，我虽然碰着家里有病人，也不能不请他一请。急忙忙只请得两位陪客，都是从欧洲新回来的青年朋友，可惜该报访事认错人了。

我这位"不道学"的人最爱顽，五块钱一底的麻雀，每礼拜总要打一两场。(但我的穷朋友打不起，近来已改为两块钱一底了。)至于牌九怎样打法，可惜我学问浅，还没有懂得。

做政治活动，并不是什么见不得人的事，但该报说我在这时候做政治活动，而且以请总长推牌九，叫做做政治活动。别的话无可说，我只有钞吴稚晖一句成语："简直拿人不当人。"

我一年到头受这类"无奇不有"的谣言，也不知几多次，本来懒得理他，因为近来天天在病榻旁边，不能做正当功课，写几句散散心罢！

14.《新闻学撮要》序[*]

我国有报纸最早，而发展最迟。其故有关于教育、实业、交通与社会之未进步者，而报界人才之缺乏，亦必居其一。

夫新闻事业，高尚之职业也。惟其感化人民思想及道德之力至大无匹，故训练较善之新闻记者，以编辑较善之报纸，俾服务于公众亦较善，实今日当务之急也。

我国报纸，受世界大战之影响，年来在精神上及物质上，已有显著之进步。欧美新闻家之来游我国者，亦谓我国新闻事业之有希望，可以日本新闻事业推之，在最近二十年内，将有可惊之发展。斯言也，自我国之地大、人众、物博之需要上观之，可证实其非谬。然欲使此希望成为事实，非期诸专门人才不可。所谓专门人才者，即主笔、经理、编辑人、图解者、通信员、发行人，与广告员之关于采集、预备、发行报纸于公众之诸方面各有研究者是也。

近来各大学已有设报学系者；坊间亦渐有新闻书籍出现，在新闻事业幼稚之我国，自为一种好现象。然重理论而略事实，犹未免遗憾也。

斯编组织完善，章节明晰，且于报界之甘苦难易，反复道之。使学者勿无端入此界，勿轻易入此界，与入此界后勿因现状之未善

---

* 1925 年 2 月，戈公振（1890—1935）编译《新闻学撮要》（美国开乐凯原著），以上海新闻记者联欢会的名义出版。《梁启超全集》未收录。

而灰心于此界：斯盖先得我心久蓄而未发者也。

戈君从事《时报》十有四年，独能虚心研究及此。予喜其能重视其职业，与此书之有俾后来者也，爰为之序。

梁启超

中华民国十四年一月十七日

15.《图书馆学季刊》发刊辞[*]

图书馆学成为一专门科学，最近十余年间事耳。顾斯学年龄虽稚，然在欧美则既蔚为大国，骎骎管群学之枢键而司其荣养焉。

我国他事或落人后，而士大夫好读书之习则积之既久，故公私藏书之府彪炳今昔者未易一二数，于是目录之学缘之而兴。自刘《略》、班《志》以下迄于逊清中叶，衍而愈盛，更分支派。其缥帙庋^①藏之法，亦各有颛家。至如类书编辑，肇创萧梁；丛书校刊，远溯赵宋。自尔以来，岁增月盈，其所以津逮学子者亦云美盛矣。所惜者实存爱玩之意多，而公开资用之事少，坐是一切设备乃至纂录，只能为私家增饰美誉，而不适于善群之具。

比年以来，学校日辟，自动教育之主旨亦随而日昌，于是图书馆之需要乃日益迫切。承学之士，负笈海外研掔^②精学者，与夫国内大学特设专科讲习者，既皆不乏。虽然，以此有限之人才，供今后发展之需求，其竭蹶之形盖不待问，如何而能使斯学普及——使多数人得获有现代图书馆学最新之智识，且谙习其运用以为改良旧馆、增设新馆之资，此国人所宜努力者一也。

学问，天下公器，原不以国为界，但各国因其国情不同，有所

---

* 《梁启超全集》注"撰于1925年12月15日"。

① 庋，音 guǐ。庋藏，收藏，置放。

② 掔，音 yán，同"研"。

特别研究贡献，以求一科学中支派内容之充实，此则凡文化的国民所宜有事也。图书馆学之原理、原则，虽各国所从同，然中国以文字自有特色故，以学术发展之方向有特殊情形故，书籍之种类及编庋方法，皆不能悉与他国从同。如何而能应用公共之原则，斟酌损益，求美求便，成一"中国图书馆学"之系统，使全体图书馆学之价值缘而增重，此国人所宜努力者又一也。

同人不揣绵薄，创此季刊，冀以嘤鸣之诚，幸获丽泽之益。海内外好学深思之士，或锡鸿篇，或纠疵误，惠而教之，所愿望也。

16.《司法储才馆季刊》发刊词[*]

古者左史记言，右史记动，言动必书，布在方策。当世资其采访，来者借以征考。不有载笔，厥绩弗彰。

今之官府学校，大抵咸有刊布之书，或以日，或以月，或以旬、以季。虽繁简殊途，洪纤异轨，要皆古史之支流余裔也。兹馆之设，所以储理官之选，顾名思义，其任弥重。草剙①迄今，规制粗具。四方来学者，盖百有八十余人，彬彬称盛焉。是用纂辑季刊，都为七类。凡课程之编订、考试之等第、治事之情状、讲演之纪录、师生之著述、部院之判令，下及书目图画，靡不毕载，汇为一编，灿然具备。庶使执事者益自淬厉，问业者有所观感，即异日海外人士觇我成绩，得斯刊以示之，或亦可为壤流②之助欤？

＊ 刊于《司法储才馆》第 1 期，1927 年 3 月。

① 剙，音 chuàng，同"创"。

② 土壤细流。言其日积月累，能成泰山之大，能就河海之深。

235

四、附　录

1. 三十自述*（附《饮冰室文集》序）

"风云入世多，日月掷人急。如何一少年，忽忽已三十。"此余今年正月二十六日在日本东海道汽车中所作《三十初度·口占十首》之一也。人海奔走，年光蹉跎，所志所事，百未一就，揽镜据鞍，能无悲惭？擎一既结集其文，复欲为作小传。余谢之曰："若某之行谊经历，曾何足有记载之一值。若必不获已者，则人知我，何如我之自知？吾死友谭浏阳曾作《三十自述》，吾毋宁效颦焉。"作《三十自述》。

余乡人也。于赤县神州，有当秦汉之交，屹然独立群雄之表数十年，用其地，与其人，称蛮夷大长，留英雄之名誉于历史上之一省。于其省也，有当宋元之交，我黄帝子孙与北狄异种血战不胜，君臣殉国，自沉崖山，留悲愤之记念于历史上之一县。是即余之故乡也。乡名熊子，距崖山七里强，当西江入南海交汇之冲，其江口列岛七，而熊子宅其中央，余实中国极南之一岛民也。先世自宋末由福州徙南雄，明末由南雄徙新会，定居焉。数百年栖于山谷，族之伯叔兄弟，且耕且读，不问世事，如桃源中人。顾闻父老口碑所述，吾大王父①最富于阴德，力耕所获，一粟一帛，辄以分惠诸族党之无告者。王父讳维清，字镜泉，为郡生员，例选广文②，不就。王

---

* 此文写于1902年12月，作为《饮冰室文集》之一序。

① 大王父，曾祖父。下文的王父、王母，即祖父、祖母。

② 广文，儒学地方教官。

母氏黎。父名宝瑛,字莲涧,夙教授于乡里。母氏赵。

余生同治癸酉正月二十六日,实太平国亡于金陵后十年,清大学士曾国藩卒后一年,普法战争后三年,而意大利建国罗马之岁也。生一月而王母黎卒。逮事王父者十九年。王父及见之孙八人,而爱余尤甚。三岁仲弟启勋生,四五岁就王父及母膝下授四子书、《诗经》,夜则就睡王父榻,日与言古豪杰哲人嘉言懿行,而尤喜举亡宋、亡明国难之事,津津道之。六岁后,就父读,受《中国略史》,五经卒业。八岁学为文,九岁能缀千言,十二岁应试学院,补博士弟子员。日治帖括,虽心不慊之,然不知天地间于帖括外,更有所谓学也,辄埋头钻研,顾颇喜词章。王父、父母时授以唐人诗,嗜之过于八股。家贫无书可读,惟有《史记》一、《纲鉴易知录》一,王父、父日以课之,故至今《史记》之文,能成诵八九。父执有爱其慧者,赠以《汉书》一、姚氏《古文辞类纂》一,则大喜,读之卒业焉。父慈而严,督课之外,使之劳作,言语举动稍不谨,辄呵斥不少假惜,常训之曰:"汝自视乃如常儿乎!"至今诵此语不敢忘。十三岁始知有段王训诂之学,大好之,渐有弃帖括之志。十五岁,母赵恭人见背,以四弟之产难也。余方游学省会,而时无轮舶,奔丧归乡,已不获亲含殓,终天之恨,莫此为甚!时肆业于省会之学海堂,堂为嘉庆间前总督阮元所立,以训诂词章课粤人者也。至是乃决舍帖括以从事于此,不知天地间于训诂词章之外,更有所谓学也。己丑,年十七,举于乡,主考为李尚书端棻、王镇江仁堪。年十八计偕入京师,父以其稚也,挈与偕行,李公以其妹许字焉。下第归,道上海,从坊间购得《瀛环志略》,读之,始知有五大洲各国,且见上海制造局译出西书若干种,心好之,以无力不能购也。

其年秋,始交陈通甫①。通甫时亦肆业学海堂,以高才生闻。既

---

①　陈千秋(1869—1895),字通甫,广东南海人。

而通甫相语曰："吾闻南海康先生上书请变法，不达，新从京师归，吾往谒焉，其学乃为吾与子所未梦及，吾与子今得师矣。"于是乃因通甫修弟子礼事南海先生。时余以少年科第，且于时流所推重之训诂词章学，颇有所知，辄沾沾自喜。先生乃以大海潮音，作狮子吼，取其所挟持之数百年无用旧学更端驳诘，悉举而摧陷廓清之。自辰入见，及戌始退，冷水浇背，当头一棒，一旦尽失其故垒，惘惘然不知所从事，且惊且喜，且怨且艾，且疑且惧，与通甫联床，竟夕不能寐。明日再谒，请为学方针，先生乃教以陆王心学，而并及史学、西学之梗概。自是决然舍去旧学，自退出学海堂，而间日请业南海之门。生平知有学自兹始。

辛卯，余年十九。南海先生始讲学于广东省城长兴里之万木草堂，徇通甫与余之请也。先生为讲中国数千年来学术源流、历史政治沿革得失，取万国以比例推断之。余与诸同学日札记其讲义，一生学问之得力，皆在此年。先生又常为语佛学之精奥博大，余凤根浅薄，不能多所受。先生时方著《公理通》《大同学》等书，每与通甫商榷，辨析入微，余辄侍末席，有听受，无问难，盖知其美而不能通其故也。先生著《新学伪经考》，从事校勘；著《孔子改制考》，从事分纂。日课则宋元明儒学案、二十四史、《文献通考》等，而草堂颇有藏书，得恣涉猎，学稍进矣。其年始交康幼博①。十月，入京师，结婚李氏。明年壬辰，年二十，王父弃养，自是学于草堂者凡三年。

甲午，年二十二。客京师，于京国所谓名士者多所往还。六月，日本战事起，惋愤时局，时有所吐露，人微言轻，莫之闻也。顾益读译书，治算学、地理、历史等。明年乙未，和议成，代表广东公车百九十人，上书陈时局。既而南海先生联公车三千人，上书请变

---

① 康广仁（1867—1898），号幼博，康有为胞弟。

法，余亦从其后奔走焉。其年七月，京师强学会开，发起之者为南海先生，赞之者为郎中陈炽、郎中沈曾植、编修张孝谦、浙江温处道袁世凯等。余被委为会中书记员。不三月，为言官所劾，会封禁。而余居会所数月，会中于译出西书购置颇备，得以余日尽浏览之，而后益斐然有述作之志。其年始交谭复生、杨叔峤①、吴季清铁樵子发父子。

　　京师之开强学会也，上海亦踵起。京师会禁，上海会亦废。而黄公度倡议续其余绪，开一报馆，以书见招。三月去京师，至上海，始交公度。七月《时务报》开，余专任撰述之役，报馆生涯自兹始，著《变法通议》《西学书目表》等书。其冬，公度简出使德国大臣，奏请偕行，会公度使事辍，不果。出使美日秘大臣伍廷芳，复奏派为参赞，力辞之。伍固请，许以来年往，既而终辞，专任报事。丁酉四月，直隶总督王文韶、湖广总督张之洞、大理寺卿盛宣怀，连衔奏保，有旨交铁路大臣差遣，余不之知也。既而以札来，黏奏折上谕焉，以不愿被人差遣辞之。张之洞屡招邀，欲致之幕府，固辞。时谭复生宦隐金陵，间月至上海，相过从，连舆接席。复生著《仁学》，每成一篇，辄相商榷，相与治佛学，复生所以砥砺之者良厚。十月，湖南陈中丞宝箴、江督学标，聘主湖南时务学堂讲席，就之。时公度官湖南按察使，复生亦归湘助乡治，湘中同志称极盛。未几，德国割据胶州湾事起，瓜分之忧，震动全国，而湖南始创南学会，将以为地方自治之基础，余颇有所赞画。而时务学堂于精神教育，亦三致意焉。其年始交刘裴邨②、林暾谷③、唐绂丞，及时务学堂诸生李虎村、林述唐、田均一、蔡树珊等。

---

①　杨锐（1857—1898），字叔峤，四川绵竹人。

②　刘光第（1859—1898），字裴邨，四川自贡人。

③　林旭（1875—1898），字暾谷，福建侯官（今福州）人。

明年戊戌，年二十六。春，大病几死，出就医上海，既痊，乃入京师。南海先生方开保国会，余多所赞画奔走。四月，以徐侍郎致靖之荐，总理衙门再荐，被召见，命办大学堂译书局事务。时朝廷锐意变法，百度更新，南海先生深受主知，言听谏行，复生、暾谷、叔峤、裴邨，以京卿参预新政，余亦从诸君子之后，黾勉尽瘁。八月政变，六君子为国流血，南海以英人仗义出险，余遂乘日本大岛兵舰而东。去国以来，忽忽四年矣。

戊戌九月至日本，十月与横滨商界诸同志，谋设《清议报》。自此居日本东京者一年，稍能读东文，思想为之一变。己亥七月，复与滨人共设高等大同学校于东京，以为内地留学生预备科之用，即今之清华学校是也。其年美洲商界同志，始有中国维新会之设，由南海先生所鼓舞也。冬间美洲人招往游，应之。以十一月首途，道出夏威夷岛，其地华商二万余人，相絷留，因暂住焉，创夏威夷维新会。适以治疫故，航路不通，遂居夏威夷半年，至庚子六月，方欲入美，而义和团变已大起，内地消息，风声鹤唳，一日百变。已而屡得内地函电，促归国，遂回马首而西，比及日本，已闻北京失守之报。七月急归沪，方思有所效，抵沪之翌日，而汉口难作，唐、林、李、蔡、黎、傅诸烈，先后就义，公私皆不获有所救。留沪十日，遂去，适香港。既而渡南洋，谒南海，遂道印度，游澳洲，应彼中维新会之招也。居澳半年，由西而东，环洲历一周而还。辛丑四月，复至日本。

尔来蛰居东国，忽又岁余矣，所志所事百不一就，惟日日为文字之奴隶。空言喋喋，无补时艰，平旦自思，只有惭悚。顾自审我之才力，及我今日之地位，舍此更无术可以尽国民责任于万一。兹事虽小，亦安得已。一年以来，颇竭绵薄，欲草一《中国通史》以助爱国思想之发达，然荏苒日月，至今犹未能成十之二。惟于今春为

《新民丛报》，冬间复创刊《新小说》，述其所学所怀抱者，以质于当世达人志士，冀以为中国国民遒铎之一助。呜呼！国家多难，岁月如流，眇眇之身，力小任重。吾友韩孔广①诗云："舌下无英雄，笔底无奇士。"呜呼，笔舌生涯，已催我中年矣！此后所以报国民之恩者，未知何如？每一念及，未尝不惊心动魄，抑塞而谁语也。

孔子纪元二千四百五十三年壬寅十一月，任公自述

附《饮冰室文集》序

擎一编余数年来所为文，将汇而布之。余曰：恶，恶可！吾辈之为文，岂其欲藏之名山，俟诸百世之后也？应于时势，发其胸中所欲言。然时势逝而不留者也，转瞬之间，悉为刍狗。况今日天下大局日接日急，如转巨石于危崖，变异之速，匪翼可喻。今日一年之变，率视前此一世纪犹或过之，故今之为文，只能以被之报章，供一岁数月之遒铎而已，过其时，则以覆瓿焉可也。虽泰西鸿哲之著述，皆当以此法读之，而况末学肤受如鄙人者，偶有论述，不过演师友之口说，拾西哲余唾，寄他人之脑之舌于我笔端而已。而世之君子，或奖借之，谬以厕于作者之林，非直鄙人之惭，抑亦一国之耻也。昔扬子②云：每著一篇，悔其少作。若鄙人者，无藏山传世之志，行吾心之所安，固靡所云悔。虽然，以吾数年来之思想，已不知变化流转几许次，每数月前之文，阅数月后读之，已自觉期期以为不可，况乃丙申、丁酉间之作，至今偶一检视，辄欲作呕，否

---

① 韩文举(1864—1944)，字树园，号孔广，广东番禺人，康门弟子。
② 扬雄(前53—18)，四川郫县人，西汉著名学者。

亦汗流浃背矣。一二年后视今日之文，亦当若是，乌可复以此戋戋①者为梨枣劫也！

擎一曰："虽然，先生之文公于世者，抑已大半矣。纵自以为不可，而此物之存在人间者，亦既不可得削，不可得洒，而其言亦皆适于彼时势之言也。中国之进步亦缓矣，先生所谓刍狗者，岂遂不足以为此数年之用？用零篇断简，散见报纸，或欲求而未得见，或既见而不获存，国民以此相憾者亦多矣。先生之所以委身于文界，欲普及思想，为国民前途有所尽也。使天下学者多憾之，柱等实尸其咎矣，亦岂先生之志哉？"余重韪其言，且自念撮录此以比较数年来思想之进退，用此自鞭策，计亦良得，遂颔焉。擎一乞自序，草此归之。西哲恒言："谬见者，真理之母也。"是编或亦可为他日新学界真理之母乎？吾以是解嘲。

壬寅十月　梁启超

---

① 戋戋，音 jiān jiān，微细，浅狭。

2. 政治上之监督机关[*]

（前略①）今日之中国，稍有识者皆知其濒于危亡，既知矣而忧之，既忧矣而思所以救之。虽然，言救国者，不一其人，不一其法，而效卒不睹者，则以其于根本的解决未得其道也。国家之生命，系于政治，苟所施之政治，而不适于国之生存，国未有不悴者也。然则欲使所施之政治，常适于国家之生存，为之亦有道乎？曰：斯固不易，而未可云绝无也。凡行政治必以人，而人类也者，以智德不完全之故，有意无意之间，常现出种种之缺点，此根于普通性而无可如何者也。故非有人监督乎其旁，而能轨于正者盖鲜焉。试观儿童就学，苟无师傅，罕能进业。百工居肆，苟无监工，罕能善事。而况于执政者，所处之地位，最易滥用其权力而放弃其责任乎！故无监督机关，则政治终无由以进于良，此万古不易之通义也。我中国政治思想发达甚早，自春秋战国以来，一般学说，已认君主为国家之一机关，而不认国家为君主之私有物，此种大义，久已深入人心，宜其政治可以完满进化，而顾不尔尔者，则徒以监督机关久未立故也。夫我国先民，固未尝不知监督机关之为急也，而所以组织此机关者，苦于不得其术，故屡试屡败，而卒终于废置。试观前史，

---

    * 刊于《政论》第 2 期，1907 年 11 月 15 日。署名"宪民"。原为 1907 年 10 月 11 日在日本东京锦辉馆举行政闻社大会的演讲稿。

    ① 原编者所注。

当汉光武时，曾议以司隶校尉纠察三公矣。盖三公为执政机关，而欲以司隶校尉为监督机关也。然司隶校尉，本亦一行政官耳。且以一人之单独机关，而假以偌大之权，则其滥用将更甚于执政，故事势上万不可行，而议旋废矣。唐太宗尝命执政于会议国政时，谏官得列座预闻，随时纠正，是欲以谏官为监督机关也。然谏官之任命，亦由执政，其断不能举监督之实，无俟论也。就中给事中一职，专主封驳，苟认诏书为不当，可以封还，其职权较确实而有力，得其人以任之，则执政未始不有所惮。故有唐一代，若崔仁师、夏侯铦、许孟容、袁高、孔戣、吕元膺、郭承嘏、卢载辈，皆以给事中封还诏书，匡救失政，前史著为美谈。但给事中之任免，亦由执政意旨，与谏官同，故其能举监督之实者，亦累世不一觏①也。及至宋代其制较备，据《宋史·职官志》云：凡命令之出，由中书省宣奉，门下省审读，然后付尚书省颁行。又曰：门下之职，所以驳正中书违失。又曰：门下省，受天下之成事，审命令，驳正迷失，凡中书省画黄录黄，枢密院录白画旨，及尚书省六部所上，有法式事，皆审驳之。是宋制以门下省为一独立之监督机关，与中书省、尚书省、枢密院诸机关相对峙，其体制较诸前代，可称完备。然考诸当时实情，则所谓审读驳正者，殆成虚设。而省中之封驳房，至元丰间而已废，此何以故？盖此监督机关与其余诸机关，俱出于君主之任免，根本于同一之渊源以成立，故独立之资格不具，而对抗力无自发生也。

其余若历代之御史台，以及今之都察院，亦未尝不以监督政府为其职权，然皆以同一之理由，其监督万不能实行，而其职权之伟大巩固，且远不逮宋之门下省，更无论矣。故欲监督机关之有力，必当使其机关由选举而成立，非由任命而成立，必当使其权力之渊

---

① 觏，音 gòu，遇见。

源，在人民而不在君主。诚非有所靳①于君主，而事实上非此不行也。

我中国历史上有千古仅见最名誉之一事业焉，则汉昭帝始元六年，民党与吏党争议盐铁而胜之之事是也。于时有诏书命丞相、御史大夫与郡国所举贤良文学议国家大计，其时丞相车千秋，固无咎无誉之辈，而御史大夫桑弘羊，则不世之才也。其贤良则茂陵唐生、九江祝生，文学则鲁国万生等为之魁，凡六十余人。咸聚阙庭，贤良、文学首倡罢盐铁之议，以次论列执政之阙失，而诘以政治上之责任，全体一致，侃侃以争，与桑弘羊及其僚属辩论往复凡六十余次，而盐铁恶税，卒缘是而罢。今所传桓宽撰之《盐铁论》，具录其全文，凡五万余言。此实我国史上惟一之大议案也，而其卓著成效也既若彼。由此观之，则知监督机关，苟以选举而成，则必能诘政府之责任，以指陈其缺失，而无论若何专横之政府，终不能抗其锋。此岂必远征泰西，我先民之经验，固既已明告我矣。然汉代之政治，不闻缘此而永即于良者，则以此种贤良、文学之会议，不过一时偶见之现象，而非永久设立之机关也。靡论其选举之者，为郡国守相，仍不能具独立之资格也。抑其选举与否，召集与否，全出于时主一人之意，故经此一役以后，而二千年来无复嗣响，亦何足怪！综此以谈，则我国自秦汉以后，未尝不知监督机关为国家所不可缺，而汲汲思欲建设之。而惜也，不得所以建设此机关之术，其所设者，如欲以左手监督右手，或欲以指监督其臂，以臂监督其身，此所谓"航断潢泛绝港"，未有能至者也。质而言之，则监督、执行两机关之成立与运用，其权力之渊源，同出于君主，彼其效力之所以不著，皆坐是耳。故中国历史上之陈迹，幸而能得贤君主，则良政治行而国以康，不幸而不得贤君主，则恶政治行而国以危，一国之命脉，

---

① 靳，音 jìn，吝惜，奚落。

全系于君主之一身。虽然，彼君主亦人类耳。人类之普通性，有监督则易进于贤，无监督则易流于不肖，岂惟执政，即君主其更甚焉。监督政府之术既不行，而欲求政治之能良，则拔本塞源，其势不得不进而谋监督君主。我中国先圣昔贤，如孔子、墨子、孟子、荀卿、贾谊、董仲舒，与夫周汉间之哲人，其所倡监督君主之学说甚多，今不具引。

而其监督之方法，亦有数种。一曰形式上之监督，二曰名誉上之监督，三曰精神上之监督。所谓形式上之监督者，如立师保、凝丞等官是也，就表面论之，固俨然若有一机关焉。然此种机关，果有能与君主对抗之力乎，虽五尺童子，知其不然矣。虽有贤君主，不过藉之为一补助之用，其不贤之君主，则蹂躏之若拉枯杇，或虚设以伴食而已，是此种监督法不能不失败也。所谓名誉上之监督者，则以生前没后之荣誉导之，所谓"名之曰幽、厉，虽孝子慈孙百世不能改"，欲使时主有所惮焉。虽然，人之能自爱其名者，必其人稍贤者也。夫既贤矣，虽毋监督而可。其不贤者，区区身后之名，安足以劫之也！所谓精神上之监督者，则以宗教之力临之，言必称天，使君主对于天而负责任，稽之经传，实以此法为不二法门。周汉儒者之极言灾异，其微言大义不外促君主之恐惧修省。虽然，所谓天者，不过抽象之一名词耳。欲变抽象的而为具体的，其道无由。故虽在草昧时代之君主，而此种监督法，已不能收多效。若夫智识稍开，科学稍明，则更等诸刍狗矣。先哲亦知其然也，故勉欲使抽象之天，变为具体之天，乃思托其体于人民，故曰：民之所欲，天必从之。又曰：天视自我民视，天听自我民听。天聪明，自我民聪明，天明畏，自我民明畏。凡此皆欲移监督君主之权于人民。其用心可谓良苦。虽然，其所谓民之所欲与夫民视、民听、民聪明、民明畏者，又仍为抽象的而非具体的。盖非有一固定之机关，则所谓民意者，终无从指也。故虽有瞽诵、史讽、工箴、士谏诸文，而听与不听、采与不采，仍惟君主所欲。且于事理上固实不得强君主而听之采之，即听之采之，亦不可指为真正之民意也。夫如是，故先哲所立之监督君主案，遂无往而不穷。

人民欲行其监督权，则将何由？计惟有举国一致，揭竿而与君主为难，易其位而去之耳。故曰：闻诛一夫，未闻弑君。又曰：汤武革命，顺天应人。于此等非常之举，而不得不以正义许之者，盖君主既以一身全荷政治上之责任，苟其失政，则责有所归。孔孟欲其学说一贯，盛水不漏，其结论不得不如是也。虽然，革命之业，固非易举，倘必假途于此乃得行政治上之监督权，则人民能行此权之时，盖亦寡矣。不宁惟是，苟革命屡行，则其国常陷于无政治之地位，视恶政治之害抑更甚焉。不宁惟是，苟革命既行，而监督机关，随而成立，政治可以永即于良，则忍苦痛而为之可也。若虽经一度革命，而后此所以为监督者，依然无完全之术，则革命遂与不革命等，而徒流兆民之血胡为也？

夫我国历史上数千年来缫演之革命，则若是已矣。君主以无监督机关而敢于行恶政治，人民以君主之行恶政治而起革命，革命既终，而监督君主之机关，终无自成立，恶政治终无自销除。故人民以憔悴为恒，而历史以血污充牣[1]，皆此之由。由是言之，人民欲直接监督君主，为事实上所不能，即能矣，亦非国家之福。故所当勉者，曰监督政府而已足矣。顾我先民常若注意于监督君主，而不注意于监督政府者，则以监督政府之道已穷，不得不举此权责委诸君主，而还以监督君主之权责望诸国民也，而其事万不能实行。即行矣，而非国家之福，又既若是。此所以三千年来历史若一邱之貉也。

虽然，此又不能深为我先民咎也。凡无论为监督君主、为监督

---

① 牣，音 rèn，满。

政府，皆非有机关焉而不能实行。而组织此机关之良法，本甚不易，而在我国前代为尤甚。何以言之？夫监督机关权力之渊源，苟发自君主而即为无效，此既不待法理上之解释，即征以中国前事而既较然矣。既不能发自君主，则可以发生此权力者，惟有国民。然国民个个散处于国中，当以何术而使之能共同一致以行此监督权，此即事实上不易解决之一问题也。则还征诸西史，泰西自古代之希腊、罗马即有代表民意之机关发生，乃降及中世，全然沦没，直至近百余年，而此机关乃复活于各国，其一兴一废之间，果孰为之而孰致之耶？是无他故焉。古代希腊，其地势华离错落，各邦骈立，大者数万人，小者或仅数千，而其中所谓公民者，又不过其三分之一或十分之一，故聚诸广场而议政也甚易。罗马亦然，其始建树，不过罗马一城耳，而又惟贵族得与政事，故元老院得建设焉。及夫罗马四征八讨，几壹全欧，疆宇日恢，而元老院之势力日杀，逮其极盛，而以帝政易共和政矣，岂其人民之退化耶？领土既广，人口滋繁，在势无能集之于一堂故耳。日耳曼民族亦然。当其在森林中，万几惟采公议，及其既蹂躏罗马，分建诸大国，乃一变而为武门专擅之政，亦以广土众民，无术可以合议也。于斯时也，惟英国以僻在海隅，为罗马威棱所不及，得延旧制于残喘，而冥冥之中，又若有默示之者，无端而发明代议之制。自有代议之制，则比例人数以选出代表人，不必举全国民集于一堂，而自法理上观之，其效力可以与全国民集于一堂者同视。自有此法则，无论若何大国，若何众民，皆可以设代表民意之机关，而无不普及之为患。近世立宪政体之所以能建设，皆赖是也。

夫此法者，本非有甚深微妙、不可思议之秘密，顾前此诸国民，莫或见及此，而让英人以独创之名誉，此殆文学家所谓妙手偶得之，天也，非人所能为也。然苟不有此偶得，则至今欧、美、日本各国之宪政，且将不能成立，故吾辈生今日，而漫然以监督机关之不蚤立，责备我先民，我先民固不任受矣。我国三代以前，史皆阙文，不可深考。然《洪范》称"谋及庶人"，《周礼·朝士》称"聚万民而询焉"，则古代必有此机关，其迹尚可察见。意其机关，亦必如彼中之希腊，尽人而皆有直接参政权也。而后此所以中绝者，其理由与罗马之不得不变为帝政，当亦正同。盖自春秋以还，历史发展，兼并日盛，大国有众数百万，小者亦数十万，既无代议之制，则前此之旧机关，自不得不废，而后此之新机关，亦自无从成立。秦汉以后，海内为一，幅员更广于罗马，人数抑数倍之，而此种机关，愈不能设立，此所谓事有必至、理有固然者也。顾虽如是，而我先民固确知监督机关之万不可缺，既已殚精竭虑，从种种方面谋所以建设之。谋监督政府不得，则转而谋监督君主，谋监督君主不得，又转而谋监督政府。虽所立方案，尽成幻泡，而谓其无见于此、未尝致力于此焉，决不可也。使当二千年前，而能无意中发明此代议制度，或他国发明之而为我所知，吾敢信孔墨大圣，及历代之哲王哲士，必将采用之若不及矣。吾侪生当今日，目睹此完美之制度，而设法以移植之于我文明祖国之中，实则所以竟数千年来无数哲人怀抱未竟之志，解决其经营惨淡而未能解决之问题，非徒对于我躬及我子孙而应负此责任，且对于我祖宗而应负此莫大之责任也。其责任维何？亦曰务建设一由人民选举代议制之国会，以为政治上巩固永续之监督机关而已。我国民而不认此责任，则吾复何言？虽言抑莫余听也。若诚认之矣，则吾于若何而可以尽此责任之方法，更欲进一言。（编者按：演至此处，拍掌之声方酣，而无意识之革命派，乃起而扰乱会场，逾时始镇静。）

唐人诗曰："锄禾日当午，汗滴禾下土。谁知盘中餐，粒粒皆辛苦。"人之欲得一饭，而其不能无劳而获也，犹且若是，况于欲改良一国之政治，竟数千年先民未竟之志，而为万世子孙谋不刊之乐利者耶。其非可以安坐而得之，抑岂俟论矣。今者中国日言预备立宪，夫立宪之真精神何在？其最重要者，亦曰规定国家各种机关之组织及其权限云尔。质言之，则有人民选举之监督机关与否，即立宪与非立宪之一鸿沟也。夫所谓立宪者，既以设立监督机关为一最重要之业，而监督机关之所监督者维何？则政府也。然则望立宪之动机发自政府，是无异望政府之特建此机关，以待人民之监督自己，此必无之事也。如久放纵之儿童，必不愿有师保，久踶弛之劣马，必不愿就衔勒，故通观近百余年来各国立宪经过之历史，从未闻有其政府三揖三让自为主动以求宪政之成立者。政府岂惟不自为主动而已，且常出种种手段，以图沮其进行，此亦人之恒情，无足怪者。虽然，抑未尝闻以政府设法沮碍之故，而宪政不能进行，其最后之胜利，必归于立宪之新主义，而不归于专制之旧主义，则何以故？盖政府犹舟也，国民犹水也，水则载舟，水则覆舟，无论若何之政府，未有不恃人民承认拥戴之力，而能成立能存在者，彼政府所以能施专制于人民，必其人民甘愿受之而不辞者也。譬有两人于此，甲无故唾乙而乙直受之，则乙必已自认受唾为固有之义务，缘是而甲亦自认唾人为固有之权利，两方之意思表示既已一致，而其权利义务，遂寖假而变成法律的矣，寖假而挟①之而受之焉，寖假而蹴之而受之焉，寖假而縶缚之、脔割之而受之焉，则甲之权利，伸张于无限。而乙之义务，亦负担于无限。使当其唾我也，而嗔目以视之，则亦何敢更挟我。当其挟我也，而大声以斥之，则亦何敢更蹴我。当其蹴我也，而攘臂以抗之，则亦何敢更縶缚我、脔割我。况乎政府之专制人民也，其事势与两私人之相陵则又异，两私人之相陵也，或其天然之膂力，远出我上，我事实上未从抵抗之，则有不能

---

① 挟，音 chì，同"笞"。

不帖服之势。若夫政府与人民交恶，则惟政府于事实上有不能抵抗人民之理由，而决无人民于事实上不能抵抗政府之理由。何则？政府之专制人民，必非能一一直接而自专制之也。必有所假手，其所假手者，则大小官吏也，警察也，兵队也，而官吏、警察、军队，亦皆人民之一分子也。且其所以能养此官吏、警察、兵队而使为用者，必赖财政，而政府非能自擅金穴以支此财政也，而其所仰给者则人民也。故使政府对于人民全体或其大多数而挟敌意以相见乎，则不待交绥，而政府之分崩离析，可立而待也。彼梅特涅，岂非一世之雄哉？当其盛时，十数国之君相，膜拜于其足下者，垂三十年，而不得不放逐以死。俄罗斯贵族，席数百年之积威，当十九世纪政体改革之旋涡，而屹然曾不为动，迄最近两三年间，而一片降幡出石头矣。由此观之，人民不监督政府则已，既监督之，则政府实无术以逃监督。人民不欲建设监督机关则已，诚欲之，则此机关实无术以沮其成立。丁斯时也，苟其政府不自量而冥顽确执，则必徒自取灭亡。如奥国之梅特涅政府是也。以战事拟之，则力屈而乞降之类也。苟其政府而有锐利之眼光，如俗语所谓因风转舵者，幡然蹷起，以承认人民之要求，即利用人民之信任，而自负责任以当政局，则能大行其志，而国亦日趋于荣。如日本之伊藤博文政府是也。以战事拟之，则审敌势之不可侮，而自提出两方有利之媾和条件也。此两国者，其宪政成立之手续虽不同，而其主动力在人民则无不同。奥国苟无人民之主动，则梅特涅决不逊荒。日本苟无人民之主动，则并伊藤博文之钦定宪法，亦未见其遽颁也。今中国之执政，其自欲为梅特涅耶？自欲为伊藤博文耶？非我辈所与知。要之我国民若欲使将来中国之政治，能如现在之奥国、日本，则于千八百二十余年时奥国国民之举动，明治十余年时日本国民之举动，不可以不学。诚能如是，则今之执政，欲为梅特涅也听之，欲为伊藤博文也听之，一趋一舍之间，彼其自身所受之影响，缘此而异。而国民所得之结果，不缘此而异也，所谓奥国、日本当时国民之举动者何？曰：国民对于政府，而为政治上之一致的运动是已。

盖政府之得行专制，不外恃人民承认之力以为后援，而所谓承认者，又非必积极的明认也，仅消极的默认而已足矣。政府欲多数之人民明认其专制，其事固甚难，然欲多数之人民默认其专制，其事则甚易。有人于此，其对于专制政府之举动，本深不谓然，然以种种理由，或不敢过问焉，或不暇过问焉，或不屑过问焉，叩其人之本心，必无袒护专制政府之意甚明。即其人亦自谓，吾始终未尝助专制政府为虐，则虽无功而亦决不至于有罪。而岂知其即此翛然中立不过问之一态度，即畀专制政府以无量之助力，而使之得永肆其毒也。盖专制政府所欲得于人民者，非有他焉，欲得其不过问政治而已。吾方以不过问为中立，彼即以吾之不过问为后援，一人如是，十人如是，百千万人如是，寖假而全国过半数人如是，则专制政府，遂置其基础于国民大多数意思之上，而安如磐石矣。是故当知，当立宪政体与专制政体争胜之时，为国民者，苟非党于立宪，则必党于专制，而于其间决无所谓局外中立者存。凡中立党，皆专制党也。何也？彼专制党所利用以战胜立宪党者，惟此辈之资格为最宜也。然则我辈生今日，而欲除专制之毒，举立宪之实，其所以致此之道当何由？曰：第一，当一变其消极的态度，而为积极的态度。吾始以为吾之消极的态度，充其量不过无功而已，而亦未始有过，而岂知吾之消极，即供给专制政府以唯一之武器，而国家生命所系之宪政，冥冥中即殒于吾手。夫国家生命而殒于吾手，则吾对于吾祖宗、吾子孙而欲免罪人之名，安可得也？故生今日，必当人人奋起为政治上之运动，此第一义也。第二，当一变其单独的行动，而为一致的行动。政府势力所以不能不左右于人民者，以人民之多数而已。使取人民而离析之，各以个人之资格对于政府，则政府亦答畜之已耳。我中国近十年来，人民持积极的态度以对政府者，固不乏人，然皆人自为战，无步伐，无次第，故甲有所倡议而乙不应之，乙有所尽力而丙不援之，非不肯相应援，机关不先备，虽欲应援而未从也。而政府乃得以先摧甲而后拉乙，或于一方面蹴乙，同时于他方面践丙，即不必摧拉蹴践之，而力薄势分，终难有所成就，此皆单独的行动使然也。诚能变为一致的行动，则畴昔以一发之力，不能系一蝉翼者，结千万发为巨绠①，是以回万斛之舟焉，其孰之能御也。第三，当一变暂时的进行，为继续的进行。我国近数年来，国民一致的行动，亦已渐发生，如争路权、争矿权，或对于著名之污吏，而为排斥运动。夫既屡行之，而未始不时时见效。虽然，一事件之起而结合生，一事件之过而结合止，故其结合不成为有机体，未由发荣滋长以臻于硕大，猝有他事件之新发生而重新结合，往往后时而失机，且无常设之机关。惟遇事而临时号召，则其所运动补救者，终不免头痛灸头、脚痛灸脚，虽能为枝叶之纠绳，而终不能为根本之解决。故非设法焉变之为继续的进行，不能有功也。夫诚能合多数国民，持积极的态度，为一致的运动，而复要以继续的进行，则国民势力涨一度，即专制政治势力消一度，政府虽欲维持其专制之旧现状，而谁与共之。此实欧、美、日本诸立宪国所同遵之大路，遵矣而未有不能至者，惜乎我国民之久不为此也。虽然，及今为之，则犹可及也。

问者曰：如子所言，国中能有大多数人反对专制而为立宪的运动，则专制政府自不能存在，吾固信之，然大多数云者，必其过半数以上之谓也。今吾子欲希国中过半数以上之人，同加入于此运动，则当需几何之岁月乎？恐运动未成，而国亡久矣。应之曰：不然。

---

① 绠，音 gěng，汲水用的绳子。

我国自经战国、秦、汉间社会大革命以还，国民政治思想，早已普及。政当顺民意之一大义，久已深入人心。如经冬之花，待春来而旬出萌达。今所缺者，转挨此枢机之人耳。其人为谁？则一国之中流社会是也。中流社会，为一国之中坚，国家之大业，恒藉其手以成。此征诸各国，莫不有然。而今日之中国为尤甚。盖中国阶级制度久废，本无所谓特别之上流社会与下流社会，不过现在之最贵或最富者，强指为上流，其智识程度稍低下者，强指为下流耳。如彼欧洲诸国及日本，其历史上有特别之一贵族阶级，久把持政治上之权力，非使其地位有变动，而政体之改革不可期，我中国则无需是也。又如欧美诸国之现状，贫富悬绝，其国中灼然有下流社会之一阶级存，彼欲为社会革命者，不能不据之为主体，我中国亦无需是也。但使一国中有普通智识居普通地位之中流社会，能以改良一国政治为己任，则居乎其上者，尸居余气，无相与交绥之价值。居乎其下者，本无一定之成见，有人焉为之先，且所导之路，于彼有百利而无一害，有相率景从已耳。不观乎去年抵制美约之举，举国有井水饮处，靡不响应也。故监督机关之能建设与否，宪政之能成立与否，国家之能不亡与否，亦视一国中中流社会之责任心何如耳。

问者曰：如子言，欲各多数国民，持积极的态度，为一致的运动，而后要以继续的进行。诚能如是，则何不一刀两段，径起而行革命，而仅以建设政治上之监督机关自满足，何也？应之曰：吾不知问者所称"革命"，其定义何指？若以英语之 Revolution 为"革命"，则建设监督机关，即政治革命也。故明治初年之日本，史家谓之革命，乃至一千八百三十二年之英国，史家亦谓之革命。若必以中国旧观念为标准，则革命二字相属，始见于大《易》所谓"汤武革命顺乎天而应乎人"，必革君主之统，乃为革命。吾今名之曰"君主革命"。今问者所称革命，不知于此两义何取乎？若取前义，则吾以为

人实行而有效者，则不屑学也；其所实行而素习，虽他国人群起而非笑之，不屑顾也。其国内个人之相视也亦然，人人各自磨炼于阅历而务实行，故不倚赖他人，不为他人所阻挠。惟其如是，故亦不阻挠他人，亦不恃人之倚赖我，以自为重；惟其如是，故并政府亦非所倚赖，并政府亦不得妄干涉个人，而人人皆有轩轩独立求其在我之概；惟其如是，故其政治上之意见不轻相让，而亦不屑诡道以相争，常有两大政党堂堂正正互相督责，互相补助，以图国家之进步。此英国国风之大凡也。

德人反是，德人盖全世界最好学之国民也。其性迟重而矜慎，将有所兴作，则必先求其原则，审之至当，乃始从事，故常于事前预卜事后之成绩，常以先见防弊于未然。其秩序常整齐严肃，而决不许有一度之失败以耗费其精力。往往有期成于数十年后之事业，而数十年前举国已讲求而播植之。惟其然也，故凡百皆仰先觉者之向导，皆赖政府之指挥，其人民不肯妄作聪明，以致甚嚣尘上，而亦以学术、政治皆务核名实，故一切矫诬浮夸之言行，不能见容于社会。惟其然也，故有不学，学则必能；有不谋，谋则必周；有不战，战则必克。彼义务教育之制、全国皆兵之制，皆自十九世纪之初，率先他国以行之，而收其成于六七十年以后。以五旬之力，而夺奥国之霸业，以七月之力，而使法国为城下盟，皆谋定后动，而决胜远在事前。其他举措，无大无小，无公无私，莫不有然。此德国国风之大凡也。

若夫法人，则又与彼二者异。法人凡事先求原理原则，而常赖国家之指挥向导，颇与德人相类，顾无德人服从秩序、沉毅负重之美；其喜事而敢于进取，视英为近，顾无英人百折不回之概。故其奋发也易，其沮丧也亦易。虽然，法人有一特性为全世界人所莫能逮者，则其感觉之敏与愿力之宏也。法人之思想透明洞达，而气魄复能吞吐一世，无论何种理论，一入法人之意识，则不旋踵而煽播遍于全欧。中世十字军之举，屡倡不成，及法人被选为教皇，遂能使十数国之君主人民，咸集其麾下，七兴大军，以开欧洲一新局面。法国大革命所倡三权鼎立说、人民主权说、自由平等博爱主义等，英国则于十七世纪已疾呼之而实行之矣。顾英人仅认为本身固有之权利，而法人则指为人类自然之权利，故英国之革命，虽亦尝放弑厥主，其迹大类法国，而他国未尝一受其影响，法人衍之，则全欧风靡，更展转簸荡以及于全世界。盖应用原理以现于事实，法人所最擅长也，而其病也在浮躁而骛于感情，故基础不坚而难以持久。此法国国风之大凡也。

俄与美建国日浅，日本虽古国，然晚近仅乃统一，故之三国者，其国风皆未甚成熟。虽然，於菟①生七日，而已有食牛之气，其得力所在，固可察见也。美人本英所自出，其性之受于英者最多，然英人尊阶级、务形式，美人则重平等、乐简易，此其所以异也。美人盖全世界中最务实之国民也，故其学问之发明，虽视欧洲诸国瞠乎其后，及其应用科学于实际，则举诸国未有能及之者。俄国于全欧最为晚达，殆如豫章之木，生七年然后可识。若其坚忍强固，不汲汲于近功小利，取势常甚远，而得寸得尺以期大成，则诸国所不逮也。日本人最长于模仿性，常以不若人为耻，人之有善，则急起直追之若不及，而凡有所效，必实事求是，以得其真似，锐于进取而勇于舍短。此美、俄、日三国国风之大凡也。

之六强国者，虽其国风互有长短得失，然皆能善用其长，而有以自得，又有六国所同具之美风二焉：曰重名，曰爱国。彼其人非不好利，然好利不如其好名，苟于其名誉有所点污，往往不惜牺牲身命以恢复之，若徇财而殄名，则社会所不齿也。其人非不爱身，

---

① 於菟，音 wū tú，古时楚人对"虎"的称呼。

然爱身不如其爱国，国家有难，争匍匐以救之；居恒党争虽烈，一旦有事，常能蠲弃小忿，协同一致，以外御其侮。此则六国者之所同也。

彼其国惟有此美风，故能整饬其制度，滋长其学艺，浚发其富源，强劲其军旅；内之人人各遂其生，而外之则举其国以左右世界。世界列国虽百数，而为重者不过六七，盖有由也。若夫西班牙、葡萄牙之国风，好虚荣而勇私斗，故虽尝雄霸宇内，及一蹶而不能复振，其殖民之建国于美洲者，虽号称共和立宪，而日寻干戈，民不聊生。土耳其之国风，迷信而过于服从，蛮勇而疏于实务，故日蹙百里，不自振拔。犹太之国风，嗜利无耻，故国亡而永不克复，其民漂流四海，无寸土以托足。高丽之国风，惰而不事事，好小利而喜倾轧，常倚赖他国以求庇我，故数千年不克自立，而长为人役。由此观之，则国家之盛衰兴亡，孰有不从其风者耶？

我国积数千年之历史以有今日，而结集此最多数之国民，以享有此最形胜之国土，则我先王先民之遗风，其所以诒谋我者，当必有在。而今也我国国风，其有足以夸耀于天下者否耶？以视英、德、法、美、俄、日则何如？以视西、葡、土、犹太、高丽则又何如？嗟乎！国于天地，必有与立。我国人安可不瞿焉以惊蹶焉以兴也！

（中）

国之有风也，将一成而不变耶？抑因时而屡易耶？曰：天下变动不居之物莫如风。夫既谓之"风"矣，则安有一成而不变者，吾征诸史迹而有以明其然也。

当十五六世纪，荷兰、葡萄牙人竞出航海，其时英人犹蛰伏孤岛，未尝有一毫海事思想。不宁惟是，其贱视商业也，与我国古代无异。盖自额里查白女皇即世之后，英人始渐狎海而重商，今则以海与商为其天性矣。日本当庆应之季，举国以闭关攘夷为言，仅阅数稔，迨明治十年前后，则国人之慕西风，若群蚁之趋膻也。此其最切近而彰明较著者也。

更征诸远，则古代希腊人当与波斯战争时，举国一致，同仇敌忾，一若宁聚族而歼，而决不肯臣虏于人者；乃不及二百年，而内阅无虚日，罗马军至，百城迎降，望风而靡。罗马当共和初政，其人以尚勤俭、尊武侠、爱自由闻天下，及其末叶，乃相率俯首帖耳于一二悍将骄主之下为之奴隶；迨帝政既衰，益复骄奢淫佚、文弱柔脆以即于亡。前后仅数百年间，而其品性习尚，一二皆适得其反。又如蒙古人，当宋、元、明之世，骁勇撼大地，所至使欧人股栗，至举其名以止儿啼。曾几何时，其屈如蠖①，其驯如羊，今者举世界不武之民，则蒙古其一也。此不过举一二以为例耳，若其他历史上之陈迹，类此者殆更仆难尽。

即以我国言之，昔顾亭林《日知录》著《世风》一篇，叙历朝风俗变迁升降之迹，而叹息于春秋之美风，至战国而扫地以尽；后汉之美风，至三国、六朝而扫地以尽，言之有余慨焉。今之距亭林又三百余年矣，变迁之剧，使人暗惊。有明之士大夫，尚气谊，重名节，其内行常好矫矫自异，而视国事如其家事，有以为不可者，则相率而争之，虽廷杖痪死不悔，而继起者且相属。及其亡也，而洛邑顽民、东海大老犹遍山泽，自东汉以降，士风之美未有若明代者也。雍、乾而后，此风浸以陵夷衰微矣。昔人谓明人好名，本朝人好利，盖俗之趋婾②，其所由来者渐也。悬崖转石之势，至今日而愈速愈剧，其堕落乃不知所届。

---

① 蠖，音 huò，尺蠖蛾的幼虫，身体一屈一伸地前行。
② 婾，音 yú，同"愉"。

　　自予之始与国中士大夫接也，不过二十年耳，而前后所睹闻已如隔世。前此学子虽什九溺于帖括，而京朝岩穴，所至犹往往有笃学老儒，终岁矻矻，以读书著书为事。寻常学子释褐以后，未尝废学，相见辄复论文谭艺，其所学致用与否勿具论，而要之不失士大夫之面目也。今也不然，举国不悦学，三《传》束阁，《论语》当薪矣。然彼方且曰："此旧学，吾所不屑也。"及叩其所谓新学者，又不过以求一卒业文凭、试业得第为无上之希望。其内地中小学堂以下不必论，即其曾受学位于外国大学者，一得官后，则弃所学若敝屣矣。彼盖以学问为手段，非以学问为目的也。故以新学自炫者，遍国中而忠于学问者无一人，"学绝道丧"一语，今日当之矣。然彼方且曰："吾将为政治家举所学以措诸用，而岂屑埋头伏案作一学者也。"姑无论一国中虽有政治家而亦不可无学者也，又无论政治家不可以废学也，即如彼言，政治家遍朝列矣，顾未闻为国家立一救时之策，树一宏远之规，其敷衍因循，视畴昔所谓老朽更有甚焉；而其撩拾涂附多立名目以病民而肥己者，又往往出新学家之手也。

　　然则所谓守旧者又如何？前此嫉新说若仇，甚或火其书，戮其人。虽然，不过暗于时势耳，然其心口如一，犹不失为光明磊落丈夫之行也。今则心之所是非者犹昔，而口则朝新政而夕立宪也。前此京朝士夫，朴素如老儒，入署大率步行，宴客不过数簋①，岁得俸廉数百金即足以自给；其名士往往敝衣破帽，萧然自得，而举国且仰其风采。今也全国国民富力，视前此有日蹙而无日舒，而中流社会之人，日相炫以豪华，虽以区区一曹郎，而一室之陈设耗中人十户之赋，一席之饮宴，值《会典》半年之俸，而其尤宦达者更无论也。前此偶有游戏，讳莫如深；今则樗蒲之博，以为常课，狭邪之游，

---

　　① 簋，音 guǐ，古代盛食物的器具。

明张旗鼓，职务废于丛脞[①]，神志昏于醉饱，而举国未或以为非也。前此贿赂苞苴，行诸暮夜，馈者受者咸有戒心；今则攫金于市，载宝于朝，按图索骥，选树论价，恬然不以为耻，而且以此夸耀于其侪辈也。

此不过略举其一二二，若悉数者，则累数十纸而不能尽。绳之以仲尼、墨翟之教，则曰："是我之所不屑为。"语之以英、美、德、日之治，则曰"是我之所已几及。"舍一身以外，不复知有职务，不复知有社会，不复知有国家，不复知有世界。即以一身论，舍禽息兽欲外，不复知有美感，不复知有学艺，不复知有人道，不复知有将来。滔滔者天下皆是，以雷霆万钧之力销铄一世，夫岂无节士，入此漩渊而淘卷以去耳。

孟子曰：上无道揆，下无法守，朝不信道，工不信度，君子犯义，小人犯刑，国之所存者幸也。又曰：上无礼，下无学，贼民兴，丧无日矣！国风败坏，一至此极，就使车书一尊，四郊不垒，辛有犹将睹野祭而识为戎，范燮犹将命祝宗以祈速死；又况社鬼日谋于其内，而飞虎日耽于其外者哉！《记》曰：国之将亡，本必先颠。又曰：国家将亡，必有妖孽。呜呼！痛哉！吾壹不解今世之士大夫，曷为忍而自颠其本，而盈天下之妖孽，壹何其多也？夫人人亦知国家之必且无幸矣，而十年以前，呼号匍匐以思救之者，尚有其人，今则视为固然，而漠乎不复以动于其中也。如处堂燕雀，明见火燎之及栋，而犹争稻粱；如在釜游鱼，亦识沸羹之剥肤，而姑戏莲藻。人人怀且以喜乐且以永日之心，人人作我躬不阅遑恤我后之想。物理学所谓"惰力"，兵法所谓"暮气"，医家所谓"鬼脉"，而今日中国之国风，实兼备之。呜呼！二十年前之人心世道，有心人所私忧窃叹谓为浇季者，岂意每下愈况以至今日，反望之若祥麟威凤而不可

---

① 脞，音 cuǒ。丛脞，细碎，杂乱。

复得见耶？循此不变，则希腊、罗马末叶之否运，终无所逃，而我国真千古长夜矣！悠悠万事，惟此为大，我国人其念之哉！

（下）

《易》曰：风以动之。又曰：挠万物者莫疾乎风。《论语》曰：君子之德风，小人之德草，草上之风必偃。《诗·序》曰：关雎，风之始也，所以风天下也。吾尝参合此诸义，而有以知风之体与其用也。夫风之初起于苹末，则调调习习而已；其稍进也，则侵淫而盛于土囊之口；及其卒也，乃飘忽溯滂①，激扬熛怒②，蹶石伐木，捎杀林莽。夫国之有风，民之有风，世之有风，亦若是则已耳。其作始甚简，其将毕乃巨。其始也，起于一二人心术之微，及其既成，则合千万人而莫之能御，故自其成者言之，则曰"风俗"、曰"风气"；自其成之者言之，则曰"风化"、曰"风教"。

教化者，气与俗之所由生也。此又考诸史而可征也，昔汉之风尝大坏矣，王莽盗国，而献符命者遍天下，其寡廉鲜耻，三代以来，未尝有也。光武起而矫之，尊经术，礼独行，海内承风，争自濯磨，人崇廉让，家重名节，故东汉风俗之美，冠绝今古。中叶以降，虽僻主相寻，而大统无恙。范蔚宗论之曰："往车虽折，而来轸方遒，所以倾而未颠，决而未溃。岂非仁人君子心力之为乎？"诚知言也。及三国鼎峙，以狙诈相尚，而魏武复以骁雄之姿束缚驰骤天下士，乃至下诏，求负污辱之名、见笑之行，不仁不孝，而有治国用兵之术者，天下靡然趋之。东京懿媺③，埽地以尽，典午承流，益荡闲

---

① 溯滂，音 péng pāng，风击物声。

② 熛怒，音 biāo nù，风迅猛状。

③ 懿媺，音 yì měi，美善，美好。

检，卒至举国心死，以酿五胡之乱，故于令升论之曰："礼法刑政，于此大坏，如室斯构而去其凿契，如水斯积而决其堤防，如火斯畜而离其薪燎也。"夫以哀、平之世可以一变为东京，以东京之世可以一变为魏晋，则知乎枢机之发，转圜之速，因果相系之符，盖有必至者矣，然又非必帝者之力然后能使然也。

吾闻诸曾文正公之言矣，曰："先王之治天下，使贤者皆当路在势，其风民也皆以义，故道一而俗同。世教既衰，所谓一二人者不尽有位，彼其心之所向，势不能不腾为口说而播为声气。而众人者，势不能不听命而蒸为习尚，于是乎徒党蔚起，而一时之人才出焉。"

吾又征诸史而有以明其然也。昔五季之俗至败坏也，而宋振之；元之俗至败坏也，而明振之。宋、明之君，未闻有能师光武者也，而其所以振之者，则文正所谓"不在位之一二人者播为声气，而众人蒸为习尚"也。夫众人之往往听命于一二人，盖有之矣，而文正独谓其势不能不听者何也？夫君子道长，则小人必不见容而无以自存，虽欲不勉为君子焉而不可得也；小人道长，则君子亦必不见容而无以自存，虽欲不比诸小人而不可得也。此如冠带之国，有不衣裈[1]而处者，人必望而却走，被黼冕以入裸国，其相惊以异物，亦犹是也，是乃所谓势也。而势之消长，其机则在乎此一二人者心力之强弱，此一二人者如在高位，则其势最顺，而其效最捷，此一二人者而不在高位，则其收效虽艰，而其势亦未始不可以成。

我朝圣祖仁皇帝，身教言教，圣于光武，故康熙士习，媲迹东都，而雍、乾以还，其在下者未尝有豪杰卓荦之士，能以道义风厉一世，故流风余韵，浸以陵夷，至道、咸间而甚敝，曾罗诸贤，几振之矣。而适丁大难，精力耗于戎马，其先所以切劘而相应求者，率皆早年凋落，而军旅之事，往往不能不使贪使诈，而跅弛之士，

---

① 裈，音 kūn，裤子。

或反因此以得志于时，故中兴以后之国风，非惟不进于前，而反若退焉，又继之以海疆不靖，举国抢攘。泰西政学，浸润输将，而祖述之者，大率一知半解，莫能究其本源，徒以其所表见于外者，多与我不类，则尽鄙弃吾之所固有，以为不足齿录，而数千年来所赖以立国之道，遂不复能维系人心，举国怅怅然以彷徨于歧路间，其险象固已不可思议矣。

而最近十年来一二赫赫具瞻、炙手可热之当道，虽其才略足以经纶天下与否，吾不敢言，要其以先王之道为不必学，以名节之防为不必谨，则固其所未尝自讳也。其所以风厉天下者，信有如魏武所谓"负污辱之名，见笑之行，不仁不孝"而未或以为病也。所异者，则魏武必以有治国用兵之术始为及格，今则并此资格而豁去之耳。夫以淳朴久漓之民，丁青黄不接之会，而复有居高明强有力者以身作则而纳之于邪，则其祸之烈于洪水猛兽，又岂足怪哉？今也成王典学，周公负扆①，天地清明之象，已渐见端矣。所问者，在下之君子，能正其心之所向以播为声气与否而已。

古人有言：物极必反。吾国历史，往往待蜩唐沸羹、千钧一发之际，然后非常之业乃出其间，而新气运于以开焉。信如是也，则吾其或免于为希腊、罗马末流之续也。抑《诗·序》又曰：上以风化下，下以风刺上。主文而谲谏②，言之者无罪，闻之者足以戒，故曰风。是以自二《南》以迄《曹》《邶》，皆以风名，而先王常使太史乘辀轩以采之，而资以为美教化、移风俗之具焉。本报同人，学谫能薄，岂敢比于曾文正所谓"腾为口说而播为声气"者，顾窃自附于《风》人之旨，矢志必洁，而称物惟芳；托体虽卑，而择言近雅。此则本报命名之意也。

---

① 扆，音yǐ，庙堂的屏风。
② 谲，音jué。谲谏，委婉地规谏。

4. 清代学术概论*（节选）

二十五

对于"今文学派"为猛烈的宣传运动者，则新会梁启超也。启超年十三，与其友陈千秋同学于学海堂，治戴、段、王之学。千秋所以辅益之者良厚。越三年，而康有为以布衣上书被放归，举国目为怪。千秋、启超好奇，相将谒之，一见大服，遂执业为弟子，共请康开馆讲学，则所谓万木草堂是也。二人者学数月，则以其所闻昌言于学海堂，大诋诃旧学，与长老侪辈辩诘无虚日。有为不轻以所学授人。草堂常课，除《公羊传》外，则点读《资治通鉴》《宋元学案》《朱子语类》等，又时时习古礼，千秋、启超弗嗜也，则相与治周秦诸子及佛典，亦涉猎清儒经济书及译本西籍，皆就有为决疑滞。居一年，乃闻所谓"大同义"者，喜欲狂，锐意谋宣传。有为谓非其时，然不能禁也。又二年，而千秋卒，（年二十二。）启超益独力自任。启超治《伪经考》，时复不慊①于其师之武断，后遂置不复道。其师好引纬书，以神秘性说孔子，启超亦不谓然。启超谓孔门之学，后衍

---

* 写于 1920 年 9—10 月间，1921 年 2 月由商务印书馆出版单行本，同时在《改造》杂志上连载。正文共分 33 节。此前 2 节写康有为，此后 2 节写谭嗣同、章太炎。

① 慊，音 qiàn，不满，怨恨。

269

之痼疾，确在"好依傍"与"名实混淆"。若援佛入儒也，若好造伪书也，皆原本于此等精神。以清儒论，颜元几于墨矣，而必自谓出孔子；戴震全属西洋思想，而必自谓出孔子；康有为之大同，空前创获，而必自谓出孔子。及至孔子之改制，何为必托古？诸子何为皆托古？则亦依傍、混淆也已。此病根不拔，则思想终无独立自由之望，启超盖于此三致意焉。然持论既屡与其师不合，康、梁学派遂分。

启超之在思想界，其破坏力确不小，而建设则未有闻。晚清思想界之粗率浅薄，启超与有罪焉。启超常称佛说，谓："未能自度，而先度人，是为菩萨发心。"故其生平著作极多，皆随有所见，随即发表。彼尝言："我读到'性本善'，则教人以'人之初'而已。"殊不思"性相近"以下尚未读通，恐并"人之初"一句亦不能解。以此教人，安见其不为误人？启超平素主张，谓须将世界学说为无制限的尽量输入，斯固然矣。然必所输入者确为该思想之本来面目，又必具其条理本末，始能供国人切实研究之资。此其事非多数人专门分担不能。启超务广而荒，每一学稍涉其樊，便加论列，故其所述著，多模糊影响笼统之谈，甚者纯然错误，及其自发现而自谋矫正，则已前后矛盾矣。平心论之，以二十年前思想界之闭塞萎靡，非用此种卤莽疏阔手段，不能烈山泽以辟新局。就此点论，梁启超可谓新思想界之陈涉。虽然，国人所责望于启超者不止此。以其人本身之魄力，及其三十年历史上所积之资格，实应为我新思想界力图缔造一开国规模。若此人而长此以自终，则在中国文化史上，不能不谓为一大损失也。

启超与康有为有最相反之一点，有为太有成见，启超太无成见。其应事也有然，其治学也亦有然。有为常言："吾学三十岁已成，此后不复有进，亦不必求进。"启超不然，常自觉其学未成，且忧其不成，数十年日在旁皇求索中。故有为之学，在今日可以论定；启超之学，则未能论定。然启超以太无成见之故，往往徇物而夺其所守，其创造力不逮有为，殆可断言矣。启超"学问欲"极炽，其所嗜之种类亦繁杂。每治一业，则沉溺焉，集中精力，尽抛其他；历若干时日，移于他业，则又抛其前所治者。以集中精力故，故常有所得；以移时而抛故，故入焉而不深。彼尝有诗题其女令娴《艺蘅馆日记》云："吾学病爱博，是用浅且芜。尤病在无恒，有获旋失诸。百凡可效我，此二无我如。"可谓有自知之明。启超虽自知其短，而改之不勇，中间又屡为无聊的政治活动所牵率，耗其精而荒其业。识者谓启超若能永远绝意政治，且裁敛其"学问欲"，专精于一二点，则于将来之思想界尚更有所贡献，否则亦适成为清代思想史之结束人物而已。

5. 书信(17 通)

(1) 致汪康年书*

穰卿足下：

前承书见告以译报事将成，命即来沪，当即复书，期以月之十日相见，谅早收矣。顷因此间颇有新政，一二同志又有所整顿，苦被相留，是以迟迟。顷拟在都设一新闻馆，略有端绪，度其情形，可有成也。弟思沪中有君主持，且同志不鲜，今拟独留此间，少俟此事之成否，若能开办，与沪局声气联贯，尤有补益也。此间亦欲开学会，颇有应者，然其数甚微，度欲开会非由报馆不可，报馆之议论既浸渍于人心，则风气之成不远矣。君以为如何？沪局已开否？同事者几人？章程若何？择地在何处？望一一开示。有张经父①、宋燕生②两君，似深可与言者，顷常相见否？穗卿③踪迹如何？尝致两书皆不见复，岂未收到耶？见时望代问之。此间又欲辑《经世文新

＊《梁启超全集》注写于"1896 年 4 月前"。梁启超与汪康年交往很早，《梁启超全集》收录梁汪第一封通信的时间为 1892 年 7 月 24 日。

① 张焕纶(1846—1904)，字经甫，上海人。

② 宋恕(1862—1910)，字燕生，浙江温州人。

③ 夏曾佑(1863—1924)，字穗卿，浙江杭州人。

编》①，专采近人通达之言，刻以告天下，其于转移风气，视新闻纸之力量，似尚过之。已属人在军机总署搜奏稿，兄所自为文字及同志中有所造述，望多觅见寄，以速为佳，陆续寄来可也。兄现定寓何处？望并见示。张、宋二君相见代我致意，并述辑《经世文》之意，属代留意也。敬问起居。

启超再拜

---

① 梁启超后委托同门麦仲华(1876—1956)主编，即上海大同译书局出版的《皇朝经世文新编》(1898 年)。

（2）致汪康年书 *

穰公察：

自归以来，日苦人事，无时不思撰文寄沪，而竟无一刻之暇。正彷徨无所为计，昨忽见十一期报兄大著二首①，为之大喜，不能不合掌阿弥陀佛，曰偏劳偏劳矣。②

已定廿四日由龙门火船返沪。顷偷闲到澳门数日。澳报已成，集股万元，而股商必欲得弟为之主笔，弟言到沪后，常寄文来，而诸商欲弟到澳一行，是以来此。此间人皆欲依附《时务报》以自立，顷为取名曰《广时务报》，中含二义：一、推广之意；一、谓广东之《时务报》也。其广之之法，约有数端：一、多译格致各书、各报，以续《格致汇编》；二、多载京师各省近事，为《时务报》所不敢言者；三、报末附译本年之列国岁计、政要。其格式一依《时务报》。唯派往广东各埠者，则五日一本，十五叶；派往外省者，则两本合订一本。去其上谕辕报各条。似此体例亦尚完善，公谓可以否？至其股东，则皆葡之世爵，澳之议员，拥数十万者也。（有一曹姓者，伯爵也；一何姓者，子爵也；皆华人而兼西籍者。③）此事欲以全力助成之，令彼知我实能办事，则它日用之之处尚多也。惟将来销报，仍藉《时务报》为之代理，但使能得三千份即可支持。公量其情形，

＊　《梁启超全集》注写于"1896 年 11 月 25 日"。

①　指《论今日中国当以知惧知耻为本》《为人为己不分二事说》两篇文章。

②　此前报首论说多由梁启超主笔，现由汪康年兼任。从第 15 期起，梁氏回任。

③　曹姓者，曹子基。何姓者，何廷光（字穗田）。参见胡雪莲：《何廷光与〈知新报〉的诞生——兼及 19 世纪末年澳门华商的交往》，《新闻与传播研究》，2011 年第 2 期。

能否？

此间饮食起居，一切皆省于上海，翻译人员乃自行报效，领薪水极薄，主笔亦不必从丰，故易易也。馆设在大井头第四号洋楼。其地之大，仿佛鸳湖金公馆，而租钱仅十五元，令我妒杀。近日报务日兴，吾道不孤，真强人意！惟广东督抚于"洋务"二字深恶痛绝，不能畅行于粤耳。

沪之日报近何如？彼有成议否？极念。有奉托二事列后：

一、向别发洋行①取西报目录单一张，请凤夒九②或马眉叔③将应购者圈出，并译成华文，（译意为妙。）即寄来沪。时务报馆所已买者亦加标识，以免重复。

又前者曾闻夒九言，（忘其为马之言，为凤之言。）英国有一报馆，专与《太晤士》相反者，其报之畅销，亦不亚于《太晤士》云。望代询其名，即由别发代定一份可也。再，请查英国、美国《商务报》《农务报》《矿务报》《格致报》《算学报》，俄文之《新荷楞雅报》。（此报专骂英国者。）以上各种，别发有之否？即复。

一、请查《时务报》所用之纸，在上海需若干钱一百张？因此间纸甚贵而劣，欲在上海办纸也。《万国公报》之纸样，亦请问明价值见寄。

一、凡复信，即写澳门大井头第四号门牌《广时务报》康幼博收可也。

敬请

大安。

---

① "别发洋行"，又称"英商别发印字房"，1870 年设立。

② 凤仪，字夒九，蒙古正黄旗人。

③ 马建忠(1845—1900)，字眉叔，江苏丹徒人。

则百事可办。故创此报之意，亦不过为椎轮，为土阶，为天下驱除难，以俟继起者之发挥光大之。故以为天下古今之人之失言者多矣，吾言虽过当，亦不过居无量数失言之人之一，故每妄发而不自择也。先生谓毫厘之差，流入众生识田，将成千里之谬。得无视启超过重，而视众生太轻耶？以魂魄属大小囟之论，闻诸穗卿；拉丁文一年有成之言，闻诸眉叔。至今自思魂魄之论，觉有不安，而欧、印性理之学，皆未厝治，未能豁然。拉丁文之说，再质之眉叔，固亦谓其不若是之易也。此亦先生所谓示人以可歆，而反为人所借口者矣。

变法之难，先生所谓一思变甲，即须变乙，至欲变乙，又须变丙，数语尽之。启超于此义，亦颇深知，然笔舌之间无可如何，故诸论所言亦恒自解脱。当其论此事也，每云必此事先办，然后他事可办；及其论彼事也，又云必彼事先办，然后余事可办。比而观之，固已矛盾，而其实互为先后，迭相循环，百举毕兴，而后一业可就。其指事责效之论，抚以自问，亦自笑其欺人矣。然总自持其前者椎轮、土阶之言，因不复自束，徒纵其笔端之所至，以求振动已冻之脑官，故习焉于自欺而不觉也。先生以觉世之责相督，非所敢承。既承明教，此后敢益加矜慎，求副盛意耳。

《古议院考》乃数年前读史时偶有札记，游戏之作。彼时归粤，倚装匆匆，不能作文，故以此塞责。实则启超生平最恶人引中国古事以证西政，谓彼之所长，皆我所有。此实吾国虚骄之结习，初不欲蹈之，然在报中为中等人说法，又往往自不免。得先生此论以权为断，因证中国历古之无是物，益自知其说之讹谬矣。然又有疑者，先生谓黄种之所以衰，虽千因万缘，皆可归狱于君主，此诚悬之日月不刊之言矣。顾以为中国历古无民主，而西国有之，启超颇不谓然。西史谓民主之局，起于希腊、罗马，启超以为彼之世非民主也。若以彼为民主也，则吾中国古时亦可谓有民主也。《春秋》之言治也有三世：曰据乱，曰升平，曰太平。启超常谓，据乱之世则多君为政，升平之世则一君为政，太平之世则民为政。凡世界，必由据乱而升平，而太平；故其政也，必先多君而一君，而无君。多君复有二种：一曰封建，二曰世卿，故其政无论自天子出，自诸侯出，自大夫出，陪臣执国命，而皆可谓之多君之世。（古人自士以上皆称君。）封建之为多君也，人多知之；世卿之为多君也，人恒昧之。其实其理至易明。世卿之俗，必分人为数等，一切事权皆操之上等人，其下等人终身累世为奴隶，上等之与下等，不通婚姻，不交语，不并坐，故其等永不相乱，而其事权永不相越。以启超所闻，希腊、罗马昔有之议政院，则皆王族世爵主其事。其为法也，国中之人可以举议员者，无几辈焉；可以任议员者，益无几辈焉。惟此数贵族展转代兴，父子兄弟世居要津，相继相及耳。至于蚩蚩①之氓，岂直不能与闻国事，彼其待之且将不以人类。彼其政也，不过如鲁之三桓，晋之六卿，郑之七穆，楚之屈、景，故其权恒不在君而在得政之人。后之世家不察，以为是实民权，夫彼民则何权欤？周厉无道，流之于彘②而共和执政。国朝入关以前，太宗与七贝勒朝会燕飨皆并坐，饷械虏掠皆并分，谓之八公。此等事谓之君权欤，则君之权诚不能专也；谓之民权欤，则民权究何在也？故启超以为此皆多君之世，去民主尚隔两层，此似与先生议院在权之论复相应，先生以为何如？地学家言土中层累，皆有一定，不闻花刚石之下有物迹层，不闻飞鼍③大鸟世界以前复有人类。惟政亦尔，既有民权以后，不应改有君权。故民主之局，乃地球万国古来所未有，不独中国也。西人百年以来，民气大伸，遂尔渤兴。中国苟自今日昌明斯义，则数

---

① 蚩，音 chī，敦厚状。

② 彘，音 zhì，地名，今山西霍州。

③ 鼍，音 tuó，一种爬行动物。

十年其强亦与西国同，在此百年内进于文明耳。故就今日视之，则泰西与支那诚有天渊之异，其实只有先后，并无低昂，而此先后之差，自地球视之，犹旦暮也。地球既入文明之运，则蒸蒸相逼，不得不变，不特中国民权之说即当大行，即各地土番野猺亦当丕变，其不变者，即渐灭以至于尽，此又不易之理也。南海先生尝言，地球文明之运，今始萌芽耳。譬之有文明百分，今则中国仅有一二分，而西人已有八九分，故常觉其相去甚远，其实西人之治亦犹未也。然则先生进种之说至矣，匪直黄种当求进也，即白种亦当求进也，先生又谓何如？

来书又谓教不可保，而亦不必保。又曰保教而进，则又非所保之本教矣。读至此，则据案狂叫，语人曰："不意数千年闷胡芦，被此老一言揭破！"不服先生之能言之，而服先生之敢言之也。国之一统未定，群疑并起，天下多才士；既已定鼎，则黔首戢戢①受治，苶然②无人才矣。教之一尊未定，百家并作，天下多学术；既已立教，则士人之心思才力，皆为教旨所束缚，不敢作他想，窒闭无新学矣。故庄子束教之言，天下之公言也。此义也，启超习与同志数人私言之，而未敢昌言之，若其著论之间，每为一尊之言者，则区区之意又有在焉。

国之强弱悉推原于民主，民主斯固然矣。君主者何？私而已矣；民主者何？公而已矣。然公固为人治之极，则私亦为人类所由存。譬之禁攻、寝兵，公理也；而秦桧之议和，不得不谓之误国。视人如己，公理也；而赫德之定税则，不能不谓之欺君。《天演论》云："克己太深，而自营尽泯者，其群亦未尝不败。"然则公私之不可偏用，亦物理之无如何者矣！今之论且无遽及此，但中国今日民智极

---

① 戢，音 jí。戢戢，顺从状。
② 苶，音 nié。苶然，疲惫状。

塞，民情极涣，将欲通之，必先合之；合之之术，必择众人目光心力所最趋注者，而举之以为的，则可合；既合之矣，然后因而旁及于所举之的之外，以渐而大，则人易信而事易成。譬犹民主，固救时之善图也，然今日民义未讲，则无宁先借君权以转移之，彼言教者，其意亦若是而已。此意先生谓可行否？抑不如散其藩篱之所合为尤广也。此两义互起灭于胸中者久矣，请先生为我决之。南海先生读大著后，亦谓眼中未见此等人。如穗卿，言倾佩至不可言喻。惟于择种留良之论，不全以尊说为然，其术亦微异也。书中之言，启超等昔尝有所闻于南海而未能尽。南海曰："若等无诧为新理，西人治此学者，不知几何家几何年矣。"及得尊著，喜幸无量。启超所闻于南海有出此书之外者，约有二事：一为出世之事，一为略依此书之义而演为条理颇繁密之事。南海亦曰："此必西人之所已言也。"顷得穗卿书，言先生谓斯宾塞尔之学，视此书尤有进。闻之益垂涎不能自制，先生盍怜而饷之。

以上所复各节，词气之间有似饰非者，有似愎谏者，实则启超于先生爱之敬之，故有所疑辄欲贡之以自决，不惟非自是之言，抑且非自辨之言也。对灯展纸，意之所及，即拉杂书之。未尝属稿，故不觉言之长，恐有措语不善，类于断断致辨也者，不复省察，以负先生厚意，知我爱我如先生，其亦必不以其见疑也。侪辈之中，见有浏阳谭君复生者，其慧不让穗卿，而力过之，真异才也！著《仁学》三卷，仅见其上卷，已为中国旧学所无矣。此君前年在都与穗卿同识之，彼时觉无以异于常人，近则深有得于佛学，一日千里，不可量也。并以奉告。启超近为《说群》一篇，未成，将印之《知新报》中，实引申诸君子之言，俾涉招众生有所入耳。本拟呈先生改定乃付印，顷彼中督索甚急，遂以寄之。其有谬误，请先生他日具有以教之也。又来书谓时务诸论，有与尊意不相比附者尚多，伏乞仍有以详教。

（4）致陈炽书*

次亮①先生有道：

昨言日报馆之事②，归思其条理，略得数端，谨条上：

一、报纸宜每日出三张。（一）③、专记新政兼译西报，篇首有论，其名曰"新政报"；（二）、专录上谕奏折、江浙辕门抄、上海官场杂事、租界案牍，其名曰"官报"；（三）、专登商务杂闻，杜撰小说，仿阅微草堂之体，随处指点变法自强、保全中国之意，并附货价行情、船轮出口日期等。可以全购，可以零买，全购之值不过与申沪各报等，零购则廉不及半。如此则人必从其廉者，又加以体例之善、议论之通，其畅行必突过各报。现上海诸报合计所销将及三万，此报一出，必可夺其三分之一矣。

一、报之式样宜稍精雅，月前此间所出之《时事日报》，其式尚可采用。

一、"新政报"中所译西报，如能自译最善，若力未逮，则制造局所译之《西国近事》及《官书局汇报》皆可暂行采用。

一、日报以告白为立根之基。今宜定例，凡登告白者，仅登一张，皆值若干；三张全登，其价若干，则所得更不少。报若风行，则告白不招而自来矣。

---

* 《梁启超全集》注"应撰于 1897 年 1 月 9 日"。

① 陈炽（1855—1900），号次亮，江西赣州人。

② 指拟办《公论报》一事。此报原拟由梁启超、李盛铎（1859—1934）、陈炽等人合办，后因故中辍。参见马忠文：《戊戌时期李盛铎与康、梁关系补正——梁启超未刊书札释读》，《江汉论坛》，2009 年第 10 期。

③ 此节序号为编者所加。

一、报必借西人招牌，以免生事。

一、启超每月在报中所撰文不过万言左右，其余撰述、编排各事，约尚须用三四人。又超亦不能驻馆办理一切，仍须别觅一人为总理。

以上诸条，略举一二，容俟谨订。敬请
道安。

超　顿首

（5）上康有为书*（节选）

一、在桂拟办之四事，超惟于学堂一端以为然，其三事皆有异议，请条陈之。日本书同文几半，似易译于西文，然自顷中国通倭文者不过数人，皆有馆地领厚薪，安能就桂中之聘？然则其势必觅之于日本。日本维新三十年，读中国书者几绝，华人疑倭人通汉文甚易者，非也。倭人正以汉文之难通，故创伊吕波①等以代之，伊吕波行，通汉文者希矣。其有一二则皆守旧之徒，视新学如仇敌，必不肯翻我欲翻之书，此是古城②所述情形，如此故觅之于日本，亦不易易也。即能得一二人，月供薪水数十金，能翻几何？超以近日《时务报》《知新报》《农会报》上海新开者，超与闻其事，所请日本翻译艰难情形观之，而知日本书之不易译矣。今所最可恃者，谓速聘日人到澳，会同门人学习，为翻书之用，然而超知其必不能成也。澳报前由此间托古城代请东人，已有成言，将次动身矣。而得澳电，谓东译已觅得，宜止其来，事遂罢。而顷者澳中之东译可恶种种，已遣去之，澳中此席殆缺矣，欲再托古城，而彼于前事且犹有小芥蒂，未必肯再觅也。（澳中亦无信来属再觅。）且所觅来而学者，亦未必有成，何也？顷长驻澳中者，君勉、孝实③二人而已，其余皆若即若离。之二人者，勤劳已甚，安得复有暇日致力于此？草堂诸人，多不顾大局，不听调遣，虽觅得教东文者，超有以知就学之人必寥

---

* 《梁启超全集》注写于"1897年4月4日"。

① 日本人根据汉字偏旁部首创造的五十音图，包括平假名、片假名。

② 古城贞吉（1866—1949），字坦堂，日本熊本人。此时受聘于《时务报》，主持"东文报译"栏目。

③ 君勉，即徐勤（1873—1945）；孝实，即刘桢麟。徐、刘皆为康门弟子。

寥也。超自顷常劝此数处报馆，谓不必骛多备翻译之名，无宁多聘一二通英文者，多译英文之为得也。故译日本书之事，超不以为然，一也。

报馆一举，超于此一年内经手办《时务》《知新》《公论》三馆，（此馆情状详后。）于其中情节颇详知之，而因之谓桂中必不可行也。一馆之股，非万金不办，销报非至三千不能支持，桂中风气未开，阅报者哪得此数？且自来日报无不亏本者，专恃告白为之弥缝。桂中商务未兴，商家皆蹈常习故之招牌，陈陈相因之货物，无藉以登告白，此途一塞，日报万无能开之理。若犹用旬报、日报也，则彼中稍留心者，固已阅《时务》《知新》二报矣。新开之报未必能逾此二种，其谁阅之？若欲寄至外省，则《知新报》尚且不支，何有于桂？且既使报中之文字议论远轶乎二种之上，而亦必不能行，何也？外国之能行多报，道路通也，邮政便也。今中国此事未变，即《时务报》销行各省，运寄已不甚易易；《知新报》则正月廿五之报，至今尚未寄至上海，再由上海运至各省，距出报时已数月，其谁欲观之？使欲行桂报也，恐必至今岁出版而明岁始能阅也。且中国阅报之人未能骤增，而报馆已增数倍，是乌可行之势矣。澳事至今未定，安可复蹈前辙？此报馆之事，超不以为然，二也。

兴筑马路为强国第一义，而粤西尤宜图也。超则以为此事尤万不可行也。马路之股需十万，若一旦桂中大吏果一切听受，立即举行，而以此权全委诸我，我将何处得此巨股？所恃者广东矣。我试细思广东之愿附股者谁耶？且即使有富商达于利病而慨然肯任此，我犹不当任之，何也？其事必不成，徒失桂吏之望，而招股东之怨。曷何其事必不成？无办此事之人也。今试问彼若即允办此，将委之何人乎？其委之候补官员也，则此辈未有不偾①事者，不待言而决

---

① 偾，音 fèn。偾事，败事，坏事。

之。其委之于吾党也，则吾党中无一人更事者，（偾事也。）其有以异于候补官员之所为乎？非超之所敢言也。师濒行时示手谕云：澳中办事者未经阅历，如入机器房触处皆碍，此是实情。今马路之事，其视一报馆，固较重大也。一报馆尚未能尽善其事，安论更重大者哉。故苟其委之于吾党也，则尤当速速引身而退，无稍干预，以逸怨谤也。其不委诸吾党，则明知其事必坏于候补官员之手，则言之何为也，则其事虽坏于他人之手，然彼未有不归罪于倡论之人者。故马路一事，超不以为然，三也。

要之，今日中国之事千条万绪，互相牵络，将欲变甲，必先变乙时，又当先变丙，事事相因，苟欲专办一二事，则如千荆万棘中，直是无插足处。且成事之难也，其中层累曲折，阻力重重，变幻不测，非屡经亲历其事不能知也。即有极相同之事，吾前者既已经历一次，后遇此事宜若可以大明矣。而其变态又常有出前此之外者，故每成一事，必其人于此事屡试屡败，或习见经前人之屡试屡败而及今乃得成之，旁观徒见其成，不见其败也。何也？凡天下始事者必不成，此一定之理也。故老子曰：不为物先，不为物后。未尝先人，而常随人心术，诚坏极矣。然超谓先生不可不师之。何以独谓先生不可不师之？先生之举动，天下人所属耳目也，后世之所瞻仰也，故不可令其多败事。若夫吾党之小子，固无所不可也。不必师老子乎？若师老子，是率天下人以不办事也。虽举事屡败，无伤也。若夫先生，则岂可论？于是千金之子，坐不垂堂，百步穿杨，善刀而藏。愿先生采纳之。

三月三日　启超　跪禀

（6）致汪诒年、龙泽厚书*

《会报叙》拟得数行，乞与穰商定，既冠于报首，何如？（全报之首。）

又，报中有一当改之体例：（指首叶目录言。）凡文编中所列各文，宜并登其文之题目，为东西文各报之例。"时务报馆之编"六字顶格写，（为"东文报译"字样。）其各题目低一格写，（为东西文各条之题目。）乞以后即改定。《会报》亦当如是。"会报"二字为大题目，顶格写。南皮张尚书《戒缠足会章程序》为小题目，低一格。（题可如此写，勿写鄂督张也，与近事类不同故也。）以后所有一切小题目皆照此式，低一格写可也。

又，《会报》所有各会办事情形，却要劳穰老做一访事人，两公谓何如？会课元卷未评定，先奉上，即发抄，抄毕方加批可也。《农学论》不必抄；因《农报》已抄也。上颂谷①、积之②两兄。

超　顿首

---

* 《梁启超全集》注写于"1897 年 9 月上旬前"。

① 汪诒年（1866—1941），字仲策，号颂阁、颂谷，汪康年胞弟。

② 龙泽厚（1860—1945），字积之，广西桂林人。

（7）致汪康年、汪诒年书*

穰、颂两兄鉴：

天道无知，人事无常。戊戌别后，岂料其合并之难至此哉！孝怀①归后，辱损手书，恍如在四马路石路衖②破楼中摊书促膝时情景。嗟夫！走非木石，能不神驰哉！

回銮后泄沓如前，想前途大业，必非可以望诸老朽之辈。吾侪虽屡试屡挫，但相厉岁寒勿衰其志而已。想兄近亦复益精进。《中外日报》之婞直③，实可惊服！前者《清议》论说，尚当退避三舍也。前闻有廷寄罪穰之说，颇为骇愕，今想无事耶？幸见告。

弟在此，惟重理旧业，近出《新民丛报》一至四，想皆已达览。其果能有益国民否？不可知，姑尽吾责任所能及而已。然视《时务》《清议》似稍有进，兄谓何如？赐阅后，望在贵报中赐评骘，并能将第一号所载本报章程、本报特色两段登入报中，尤为感盼。

孝怀想已归蜀。彼在沪果有所得否？前日贵报所登东京留学生一段，此间人皆归咎于孝，欲群起而与为难。吁！可畏也。

枚叔④事究如何？顷在此间，昕夕相见，亦一乐也。肃、荣奏荐芸、严、度、菊四人，日本报登之。此信究确否？内地有什么可喜、

---

* 《梁启超全集》注写于"1902 年 3 月 24 日"。

① 周善培(1875—1958)，号孝怀，浙江诸暨人。

② 衖，音 xiàng，同"巷"。

③ 婞，音 xìng。婞直，刚直。

④ 章太炎(1869—1936)，又名炳麟，字枚叔，浙江余杭(今杭州)人。

可恼、可悲、可笑之事，望告一二。匆匆，即请

　　大安。

　　　　　　　　　　　　　　弟名心①叩　二月十五

---

① 名心，通信隐语，知名不具之意。

（8）上康有为书*

《新民丛报》今年必可以全还清借款，明年以后若能坚持，可为吾党一生力军。（指款项言。）但弟子一人任之，若有事他往，则立溃耳。现销场之旺，真不可思议，每月增加一千，现已近五千矣。似比前此《时务》，尚有过之无不及也。紫珊①、为之②等公议此报，股份分之为六，以二归弟子，而紫珊、为之、荫南③、侣笙（侣笙即陈国镛——原初稿④批注。）各占其一。盖紫珊、为之为吾党公事赔垫不少，现在译局、报局经彼主持，皆未受一文薪水。荫南每月仅支四十元，实亦不足用，且彼为此事亦极尽瘁，广智代派报，亦不除二成，不可无以酬之。侣笙在《清议》数年，备极劳苦，此报无侣笙，犹之无弟子也，而其薪水尤薄，故共议如此办法，亦颇为合情理。但此数人皆如骨肉之交，他日若报款有赢，可以为调剂公费之一道。故初议以此报附译局，今改为此议也。

此间自开《新民丛报》后，每日属文以五千言为率，因此窘甚。无论何处之书，动多搁不能覆，诚无如何也。

---

*　《梁启超全集》注写于"1902 年 11 月"。

①　紫珊，即冯紫珊。

②　为之，即黄为之。

③　邓松盛（1846—1923），字荫南，广东开平人。

④　原初稿，指丁文江（1887—1936）所编《梁任公先生年谱长编（初稿）》。

（9）致梁启勋书*（节选）

《时报》一日千里，最为快意，现每日总添数十份，现已实销至七千二百余份，在上海为第二把交椅矣。（《新闻报》①第一。）《中外》②前此六千余，今跌至三千余。豚子恨我辈入骨髓，（治外法权即驳《中外》也。）日日谋所以相倾陷者，但求无隙为彼所持耳。德国领事最可恶，其心殆欲尽封禁我国报馆，而尤切齿于《时报》。江督周馥亦恨《时报》入骨。（因骂之。）而《新闻报》亦妒我。《新闻报》者，福开森为东家，一则妒我之进步，二则因铁路档案恨我。故《时报》今亦在四面楚歌中，惟步步谨慎而已。《时报》之无龙象告白者，乃大喜事，弟未知耶？前此初开无告白，故不得不以自己的塞纸，今则告白充斥辐辏，私家的反无地可容矣。《商报》③亦大起色，在香港已占第一家之位置矣。年来此两事总算成功也。

近编《国史》，诚大得意，发明许多新境界，常有手舞足蹈之乐。然呕气处亦不少，呕者谁？即前此史家是也，勿论他人，即孔二先生已呕我不少矣。彼将前史许多删去，又任意去取证以他书，彼造谣说谎之处，不知多少，真乃误人！然兄所编已到战国时代，自此以后，不必和二先生呕气，殆又要和阉人呕气矣。

---

* 《梁启超全集》注写于"1905 年 4 月 25 日"。

① 1893 年创刊于上海，后转入美籍客卿福开森（John Calvin Ferguson，1866—1945）之手。

② 即《中外日报》，前身为《时务日报》（1898 年 5 月创刊），汪康年主办。1908 年 8 月被上海道台蔡乃煌（1861—1916）买下，改为官报。1911 年 2 月改名《中外报》，当年底停刊。

③ 《商报》，1904 年创刊于香港，徐勤担任主编。

兄近日在《丛报》之文多属史学的，弟观之自见。《时报》无作新①告白，亦一好现象也。前此与各书局订特别条约，登便宜告白，（二三折之间耳。）今告白充斥，不能容彼等也。老猷与作新断绝关系久矣。《丛报》并非受一般冷视，徒因出版太过自由耳。现最畅销者《政艺通报》《外交报》②，因出版依期也。

公度逝矣，以今之时局失此人真可痛哭，秉三③方全力运动得数要人，欲保公度出，当日俄外交之冲，今忽得噩电，嗒然若丧也。弟闻之谅亦悲苦耶。

---

① 即作新社，1902 年创办于上海。
② 《外交报》，1902 年 1 月 4 日创刊于上海。
③ 熊希龄(1870—1937)，字秉三，湖南凤凰人。

（10）致徐佛苏书*

前函所商出处，诚不易决之问题。西林①为人，弟深知之，此人轻喜易怒，而不学无术，恐不易共事。公所言有人相招邀者，谁乎？窃见现今大吏中，其指日封疆而可借以布画一二者，宜莫如贵乡袁京兆，公盍一图之。若终无绝当意者，则不如仍从民间，一积势力，鄙见仍觉主动者必当在民，若得舆论一途，成一庞大之势力，则上部之动，亦非难耳。

弟顷有游学欧洲之意，此意怀之一年有余，而近者以静生②之苦口怂恿，志乃大决，惟今方与彼党争舆论之动力，故《丛报》不能不办，（本欲今年停报而出游。）行后非有一二人代担任报中一部分不可，不识公允相助否？（观云大反对我最近政见，今存私交而已，言论则自相矛盾。）盼切之至！

今专有恳者，《民报》第四号想已见，强辩如彼，势亦不能不为应敌之师，欲一叩我公意见有以助我。其全篇似皆无甚根据，惟内有（第十五页以下。）"就国民心理上论约法之可行"一段，尚未得所以驳之之道，请公必为我一下思索，并速见复（因欲在第七号发表之。）为盼！

某公好名，弟所以鼓舞之者，已不遗余力，且陈说利害亦既哓痏③，彼若甚感动者。然计必尽力，惟彼尽力能否有效，则不可不知

---

* 《梁启超全集》注写于"1906 年春"。徐佛苏（1879—1943），又名公勉，号佛公，湖南善化（今长沙）人。

① 岑春煊（1861—1933），字云阶，广西西林人。

② 范源濂（1875—1927），字静生，湖南湘阴人。

③ 哓痏，音 xiāo tú，饶舌状。

耳。(顷极注重，令彼开一满洲人会议，彼已允。弟已为之代拟演说稿。)

秉三有一书与公，今寄上。前与秉谋，欲开一报于都中，而请公主文，现不知能遽成否？若成，公欲往否耶？前函忘言，今补述之。章君前久耳其名，今心理能变迁如此，真可敬！

公能偕与枉顾，何幸如之。

本报对于《民报》，以现在(第五、六号。)论仍不能不反驳之，盖不如是，则第三者之观听愈荧也。第十、第十一号已更有文，第十号之题为《暴动与外国干涉》，此实一死生问题，不得不讲也。(公所谓作一来函登报，以停止论战者，此甚妥，望早成之。)

（11）致德富猪一郎书*

苏峰①先生阁下：

三年未拜芝颜，然日诵《国民新闻》，如与先生相晤对也。入春以来，想文祉日增，至慰至颂。

今有请者，顷有友人蒋君智由②，敝邦当代之硕学也。今在上海拟创一日报馆，东来调查一切，欲造谒先生有所请教，并欲一到印刷房(工场。)考查机械及管理之法。谅先生必喜而诺之，若承不弃，请示以一约见之期；或先生无暇，请命工场取缔人③为之案内④，又当以日间来或以夜间来，皆请见示，不胜翘盼。匆匆不一。

敬上。

二月五日
横滨山下町百五十二番新民丛报社梁启超拜

---

* 《梁启超全集》注写于"1907 年前"。
① 德富苏峰(1863—1957)，即德富猪一郎，日本熊本人。
② 蒋智由(1865—1929)，字观云，浙江诸暨人。
③ 即取缔役，管理人，负责人。
④ 和制汉语，あんない，向导，引导。

（12）上康有为书*

再禀者：

启超数月来奔走于上海、神户、东京之间，几于日无暇暑，故禀报殊疏，深罪深罪。

杨晳子初本极热心此事，至今犹然，但征诸舆论，且察其行动，颇有野心，殆欲利用吾党之金钱、名誉，而将来得间则拔戟自成一队，故不惟本党旧人不敢放心，即东京学界各省新进之士表同情于吾党者，亦不甚以彼为然。故现在政闻社之组织，杨氏不在其内，弟子数月来所经画徘徊而久不定者，颇为此也。今则两面俱已布置停妥，令杨氏暂不入会，而彼亦必不相反对也。——革命党之势力，在东京既已销声匿迹，民报社各人互相噬啮①，团体全散，至于并报而不能出，全学界人亦无复为彼所蛊惑者。

盖自去年《新民丛报》与彼血战，前后殆将百万言，复有《中国新报》、（晳子所办。）《大同报》（旗人所办。）助我张目，故其势全熄，孙文亦被逐出境，今巢穴已破，吾党全收肃清克复之功，自今已往，决不复能为患矣。吾党今后但以全力对待政府，不必复有后顾之忧，武侯所谓欲为北征而先入南也。

现在旗人之留学东京者，皆已入会，其中颇有有势力之人，至为可喜。有蒙古土尔扈特亲王，甚为英爽，亦已入会，此人在蒙古

---

* 《梁启超全集》注写于"1907 年 7 月 17 日"。

① 指 1907 年春夏间的《民报》内讧事件。

极有势力。肃邸①所派来见之人，为湖南人李步青，现任贵胄学堂监督，人极朴诚，顷拟派觉顿②偕之同往。余事尚多，容当续禀。

---

① 善耆(1866—1922)，肃亲王，满洲镶白旗人。
② 汤叡(1878—1916)，字觉顿，广东番禺人，康门弟子。

（13）致蒋观云、徐佛苏、黄与之书*

某处顷已有复书，今寄上，请一阅，当如何复之，尚欲公议乃发也。弟意欲即与论国会问题，言手段进行不能一致，何如？若彼处先发分离之议，则于我更易措词矣，诸公谓如何？请即复我。

新报①之文弟即当预备，但此数日间刘鸣博②在座，坐催文债，非四五日后未能著笔也。弟所欲作之文，一为《世界大势与中国前途》，一为《宪政之运用》，一为《货币政策》，（此皆大意如此，命题或尚有斟酌。）颇欲对于政府举措，常为批评训导，如此乃尽我辈之责任。如彼现在有定币制之议，我即发表吾党对此事之意见，以后或自提出问题，促政府反省施行，或对于彼所施行者为之纠正。大率每期中为抽象的论文一二篇，泛论全局者也，为具体的论文一二篇，专论一事者也。如此则庶切实而有效力，诸公谓何如？

报每月出一期，此可决定者，惟观云先生言叶数不必太多，鄙见颇持异同，此则弟为自便起见，盖弟每作文，动辄繁而不杀，而一文分登，号数太多，实令人生厌，若欲一二期登完，则每号将仅一二题矣。故鄙意谓新报必当厚于《新民丛报》，约与《中国新报》相等，定价或如《丛报》，或稍增亦无妨。印刷拟在东京托日人，初时未便，则《丛报》暂代印一二期亦可。盖《丛报》年来亏累太甚，即续出亦不欲自印，其交上海广智印刷所印之，改在未遽收者，实缘所赁之房未满期耳。故此后此报必须在东京托印，其关于印刷校对各

---

* 《梁启超全集》注写于"1907年8月5日"。黄与之，即黄可权。
① 指《政论》月刊。
② 刘士骥（1857—1909），号鸣博，广东龙门人。

小事，亦须在东京有人任之也。弟大约阳历初十前必一来相见后复返须磨①，方从事于报中文字矣。

　　日间与刘君议，欲在桂林开一银行，以党力办之，顷为拟草案，颇须费数日之力也。

---

① 须磨，神户一地名。

（14）致徐佛苏书*

示悉。《新民报》颇有继续之意，前已与仲遥①言之。益诚如公言，普通理论，万不可无，即对于他党之驳论，亦殊所不免，弟亦正同此感也。……尊处有多人欲组织一报，此诚善举，但《丛报》既继续，则自以合并为宜，其关于报名不变更之点，请略陈利害，以备采择。

一、办报固为开通社会起见，亦必须求经济可以独立维持。若崛起一新报，计每册二百页，则印刷费须一角二分内外，（《新民报》百二十页，自印每册约九分，若加以社中杂用，亦须一角，包与人印，数须略增。）印三千部则每期须三四百金。《中国新报》现在东京每期所销不满三百，新起之报亦可略援此为比例。而内地托人代派，亦颇不易，且报费之征收尤甚难，故三千部之报费不易收复，而每期数百金当先支出，若原稿酬费尚在此外。现在《学报》每月共须支出九百六十余元，（原稿费印刷合计。）非三千部全行销完，且报费收足，不足以支，故骤创一报，其实不易；必须略预备二千金之资本，而一年之间，此资本不易回复，故此说弟不能赞成，比较的总以合并为宜。合并有三种办法：（一）凡撰稿之人，皆有连带责任，连带权利者；（二）以《新民报》为主体，对于撰稿之人支拂原稿费而印刷之资本及所得报费，皆《新民报》领受者；（三）兼采以上两法，以《新民报》为主体，担任印刷费及原稿费，而将来所得权利之一部分，略分其几割，以均诸撰稿人者。

---

* 《梁启超全集》注写于"1907 年 8、9 月间"。

① 吴渊(1886—?)，字仲遥，四川达县人。

若采第一法，则无异组织新报，盖如此则弟固必加入此团体中，为连带责任连带权利之一人，然弟只能以私人资格加入耳，不能以《新民报》资格加入；盖《新民报》有其旧组织，（此报资本弟居其六之四，他人居其二。）非离而异之不可，而此团体中出资之若何分割，甚不易易，担任资本与担任撰稿者，其所负责任之性质不同，其所得之分配亦随而不同，团体中人于担任此两种责任之点，不能人人平均，故纠葛甚多，此似不可采。若采第三法，则必当减原稿之酬金，以分诸将来之权利，而撰稿之人所得反甚不确实，盖以《新民报》现在计之，每册印刷费一角内外，售价二角五分，而定阅全年者八折，则为一角八分，代派人复八折，则为一角四分余。若报费收不全，则当减于此数，而此四分余者，则原稿费出焉。现在《新民丛报》每册约五万言，每千字以三元起算，其费为一百五十元，若销三千本，而报费能收足，则略足以相抵，若多销一千则赢余五十元，所销累进，则所赢亦累进。若原稿费减为每千字二元，则其费为一百元，销二千部可以相抵，多销则多赢，其累进亦如之，故为撰稿人利益起见，若能必其一定多销至一万或八千以上者，则稍减取原稿费而均将来之权利，未始不可，然其所得甚不确实矣。且将来于利益计算分配之点，手续极其烦杂，滋多不便，故此法亦不足采也。无已则惟仍采第二法以《丛报》为主体，对于撰稿人以契约支拂原稿费，而其他权利义务撰稿人概不过问，如此则撰稿人对于此报其利害关系不甚切，此其阙点也。虽然，可以避其他种种之障碍，比较的毋宁采之。

一、报名变更，未知尊处诸君有其特别必要之理由否？若有之，则弟固可以曲从，但此稍有不便者，则《新民报》历年被代派处所欠之报费，亦不下万金，用原名则此数当可望收回一二，否则尽付东流，此其不便也。变更报名，可以一新耳目，此其利益之点也，然用旧名，则以旧报之价值，阅报者继续阅之，数千部之销数可必，此亦其利也。请酌之。

以上所陈，类于米盐琐屑，诚足发噱，但弟以为举一事，必计利害，期其经济之可以持久，然后不至中辍，故就种种方面陈之，以公知我之深，必信其为非以营利为目的也。

一、弟前此所以欲停《新民报》者，则一因党报将出，弟一人之力，不能兼顾此报，以余力办之，若赘旒①然，无复精神，亦复何取。一因出报既屡衍期，则阅者生厌，销数亦窒，而经济不能支。以去年计之，既亏衄②矣。故办之而反为私人经济之累，致种种不得自由。若尊处有多人欲组织者而与《新民》合并，则此两病皆可以免。故欲请公之介绍，而与有志诸君结简单之契约，曰：此间以每千字（大率）三元之原稿费广收稿，而撰稿之人别无他义务，惟有一义务，曰：每月允担任若干字者，则必不能缺少而已。如此则诸君欲发表其意见者，可以此报为机关，而其他不必过问，公谓何如？

一、此报若继续办去，则其报中内容组织上必须变更。其第一问题，则每月当出一册乎？抑两册乎？以普通理论，则出一册为宜，然此报既自印刷，仅出一册则其费不足以纶，故仍欲出两册，此亦无关宏旨也。其内容则于论著、译述两门外，弟极欲注重批评及记载，其批评门能如《太阳》之例，将半月中本国及世界出来③之大事批评之最妙，其记载门则采择《外交时报》及《国际法杂志》，有一定之条理足矣。此两门公能觅人专担任否？大约译述及批评两门，可额定为每千字三元。论著门或可略增，（斟酌其文之价值。）多者至四元而止，普通者亦三元为率。记载门则二元内外，此其大较也。

---

① 旒，音 liú。赘旒，实权旁落。
② 衄，音 nù，本意是鼻出血，引申指挫伤、失败。
③ 和制汉语，しゅったい，出现，发生。

既续出《新民报》，则至满一百号时，欲出临时增刊一册。此册以何种材料为善，请公与同志诸君一酌之。弟意欲批评日本各书籍，前此《新民》有"东籍月旦"一种，后未继续，今可为之。所批评者：（一）政治、法律，黄与之任之；（二）经济，弟任之；（三）教育，熊知白①或汤觉顿任之；（四）历史，仲遥任之；（五）地理，张至涛任之；（六）哲学、社会学等，任者未有其人，然谅亦可得。此书若成，嘉惠学者不少，公谓如何？

于此报之外，弟颇欲更组织一报，约如《政治经济讲义录》，其内容则（一）法学通论，（二）宪法，（三）民法，（四）行政法，（五）经济或多添一两门亦可，以辑著为主。其民法、经济两门，弟担任之，其宪法一门，兄可担任，自余则别觅人担任之。此议实因弟数月以来，欲自研究民法，以此自课，因念将所研究者以公诸国人，当较从通译处间接受讲义更为有益。顷弟自有《日本民法集注》之著述，今呈上一阅，公可以见其内容。若各门皆能如此做去，则于内地学法政者甚为有益，必受欢迎，但办此真不容易，盖必须各著者皆自出机杼，其价值确有以加于《法政丛编》等之上，然后可也。公心目中有人能此者否？若办此，则希伯尚可担任一部分，黎砚诒②亦或能，再觅二三人亦非难也。黄与之其最好也。

此《讲义录》之办法，则与《丛报》各担任者不取原稿费，惟其印刷之资本，则弟设法备之，将来所得，则以二成归诸资本，以八成归诸撰稿人，即按字数以为分配。又成书后，若印单行本，则其版权纯归诸撰述者，如此则手续亦不甚烦杂也。

弟于民法及经济学，皆有著述，然杀青无日，若办此讲义，则可以促弟之研究，此弟之利益也。

---

① 熊崇熙（1873—1960），字知白，湖南南县人。
② 黎砚治，字祖健，广东番禺人。

（15）上康有为书[*]

政闻社各费每月一千元，合计能月拨二千元，有不足者则随时由弟子筹划亦得，但似此则每年二万四千元矣，现能拨出否？若能在香港指拨，何幸如之。请先生速图之。但此数之外，现为北事所费，必须尚得数千也。（若能照拨，则二月间收到吴氏捐款便暂移作他用。）昔人问拿破仑战胜之具，其答之也，一曰金，二曰金，三仍曰金，今益信为名言。

最可恼者，香港一帮古董，困死十余万，弟子谓当减价售去，不然此款竟如投诸大海矣。先生谓何如？特恐减价，亦无过问者，则又无如何矣。来书又言为张孝骗去十余万，此事又何如？弟子绝未闻知，尚有挽救否？人心险巇[①]，一至于此，太行孟门，岂云巇绝，愤闷何已。

草堂同学留学此间者，本年六月大约可有七八人卒业，若不续派，则此费可省其半。然弟子之意，谓若稍可筹措，则宜勿惜此费，盖欲续来者与已来而无公费者尚多，此等皆患难旧交，将来必为党用，此两年内所费金钱最有价值者，莫如此款矣。故窃谓筹得的款，则续派为宜，若诚不能，只得停止耳。

广智之局，擎一辛勤备至，然以无款之故，不能扩充，厌厌无生气，真成一赘疣。实则若弟子之《中国史》编成，此局即可立救，其奈无寸暇何。沪上人来书，痛哭流涕，责弟子以此业。弟子亦欲从来春起，闭户数月以成之，但现在局面既开，百事无一不取决于

---

[*]《梁启超全集》注写于"1908 年 1 月 26 日"。

①　巇，音 xī。险巇，艰困险阻。

弟子，何从得此闲暇？言念及此，负疚何似。（前日为腊月二十五日，方从东京返神户，正月初八东京社员开新年会，又必须往，往则最少须六七日。又欲往台湾筹款，奈何杂何。）然弟子誓必成此作，欲必以来年成之，一以偿夙愿，一以为国民精神教育，一以偿广智债也。（弟子负广智债二万余矣。）为今之计，若能筹数万，将广智股份之半分还，而再停一年之息，（如紫山之策。）则累大减。然今何从得此，除又卖墨地耳。然今年广智似万不能不派息，否则美洲信用全失，将无复为将来地，拟派五厘息，亦足稍塞人言，然似此已费六千元，不知能筹否也。望先生速示取进止。

丛报已停办，将其机器为汉口报之用，尽正月内移去矣。此后寄信汇银，皆当寄神户同文学校内弟子名收，其信封西字但写日本神户字样，其中国字则写中山手通三丁目廿四番同文学校△△△收便得。觉顿虽已辞职，然校中皆党人也。

尚有一事极难处置者，则《时报》问题是也。据君勉、觉顿之说，则且指楚卿①为叛党之人，谓其心叵测，君勉想早已有书寄先生处诉之矣。然弟子及孺博之意，则谓其尚不至是，但楚卿入世太深，趋避太熟，持盈保泰之心太多，恐本党累及《时报》，此则诚有之。吾党费十余万金以办此报，今欲扩张党势于内地，而此报至不能为我机关，则要来何用？无怪诸人之愤愤也。即湘伯②、秉三亦深不满于楚卿，其余在沪社员尤愤极，盖缘楚卿信任陈景韩即署名冷者，而此人实非吾党，孝高亦祖此人，怪极！故于党事，种种不肯尽力，言论毫不一致，大损本党名誉。弟子所深恨者在此，若君勉等诉其数日糊涂，谓楚借此牟利，弟子尚信其不至是。

为今之计，惟有使孺博入为总主笔，庶可以从事整顿，而楚卿

---

① 狄平子（1873—1941），字楚青、楚卿，江苏溧阳人。

② 马相伯（1840—1939），名良，字相伯、湘伯、芗伯，江苏丹阳人。

极力阻挠，故同人益恨之，实则弟子亦有权硬派孺博往，楚卿当无如何。所以迟迟者，徒以孺博与西林之关系，坐此累登白简，恐其到沪累及社务，故暂缓须臾耳。此事终当必办，拟二月内孺博即内渡，若孺博不往，则孝实资望浅，不能镇压《时报》，惟有日趋腐败而已。湘老恨本初①刺骨，日欲《时报》为各报之倡以攻之，而楚不敢，此犹可言，而于本社避之若浼②，则不可言也。

今弟子决意于二三月内实行整顿此报，望先生以一书与楚卿，指派孺博为总主笔，则彼更无辞也。惟于此又生出一问题，则《时报》之财政是也。据楚言，现尚需每月津贴，而今年所亏已二万余元，现在无从弥补。君勉谓若孺博不入，则此后《时报》事一切不管，此诚正办，然以艰难所创之《时报》，岂有弃去之理？故孺博之入，无论如何，终须办到。既入之后，则其有不足，不能不管，拿破仑之格言又须记忆矣。奈何奈何。故弟子谓非有十万在手，不能指挥如意，此亦其一也。数日前曾由此间汇一千往，如以杯水救车薪耳。望得一二万，弟子所能为力者止此，其余则不得不仰给先生矣。最可恨者，君勉本订明游美，今忽图南，南中虽好，岂能确有把握？荏苒数月，将索于枯鱼之肆矣。先生前赐书，言欲往澳洲，澳洲弟子亦曾有书往，属其设法筹捐二万，彼中人极热心，或不须先生亲往亦得，弟子之意欲先生往中美、南美一行，彼处三邑人③极多，而地力又未尽，当有所得，先生谓何如？

惟此信到时，能速拨二万内外来，庶足应北事之用，特恐先生处亦不能为力耳。但此事之关系，非同寻常，有可设法，望必应之。盖二月间，此间虽得款二万，然为汉口报开办费及其他社中开销费，

---

① 袁绍字本初，此处代指袁世凯。

② 浼，音 měi，污染。

③ 广东三邑：南海、番禺、顺德。

（派人往各省及两处事务所。）恐不旋踵而尽耳。至于弟子私费，月得三百元即足，先生能为筹每年四千，则优优有余，不复作内顾忧矣。孺博二月间亦必往沪，（别有原因详下，）每月为筹二百，不足则由弟子从他处设法亦可矣。觉顿近来老练勇猛，诚吾党后出之奇英，现在彼所负责任最大，每月所费亦不少，弟子已托坚伯①照料其家，（每月五十两。）当可必得，（尚未回信。）至其在外所费，实属不能预定，若弟子有款在手，随时拨给则足矣。

墨地能卖去否？现在苦思力索，希望惟此一途，足以救燃眉之急，但远隔不知情形，不敢遥断耳。

为今之计，若能设法，在北中南美为政闻社捐得十万，最善也。不能，则有如先生前此所言，每月筹拨定款之一法，略计其数，则弟子及孺博所需每月合五百元，东京留学公费每月四百余元。

---

① 张鸣岐（1875—1945），字坚白，山东无棣人。

（16）致袁世凯书*（节选）

　　政党之论，今腾喧于国中，以今日民智之稚，民德之漓，其果能产出健全之政党与否，此当别论。要之，既以共和为政体，则非有多数舆论之拥护，不能成为有力之政治家，此殆不烦言而解也。善为政者，必暗中为舆论之主，而表面自居舆论之仆，夫是以能有成。今后之中国，非参用开明专制之意，不足以奏整齐严肃之治。夫开明专制与服从舆论，为道若大相反，然在共和国非居服从舆论之名，不能举开明专制之实。以公之明，于此中消息，当已参之极熟，无俟启超词费也。然则欲表面为仆而暗中为主，其道何由？亦曰访集国中有政治常识之人，而好为政治上之活动者礼罗之，以为己党而已。今国中出没于政界人士，可略分三派：一曰旧官僚派，二曰旧立宪派，三曰旧革命派。旧官僚派公之所素抚循也，除阘冗金壬①决当淘汰外，其余佳士大率富于经验，宜为行政部之中坚。以入立法部，使竞胜于言论，殊非用其所长。夫以我公之位置运用行政部，非所忧也，最当措意者，思所以博同情于立法部而已。此其道固不可不求诸旧官僚派以外。旧革命派自今以往，当分为二，其纯属感情用事者，殆始终不能与我公合并，他日政府稍行整齐严肃之政，则诋议纷起。但此派人之性质，只宜于破坏，不宜于建设，其在政治上之活动，必不能得势力，其人数之多寡，消长无常，然虽极多，终不能结为有秩序之政党。政府所以对待彼辈者，不可威压之，威压之则反激，而其焰必大张；又不可阿顺之，阿顺之则长

---

　　*　《梁启超全集》注写于"1912年2月23日"。

　　①　金壬，音 qiān rén，小人，奸人。

骄，而其焰亦大张；惟有利用健全之大党，使为公正之党争，彼自归于劣败，不足为梗也。健全之大党，则必求之旧立宪党与旧革命党中之有政治思想者矣。虽然，即此两派人中，流品亦至不齐，有出于热诚死生以之者，有善趋风气随声附和者。善趋风气之人，不能以其圆滑而谓为无用也。政党道贵广大，岂能限以奇节？先后疏附，端赖此辈。多多益办，何嫌何疑。然欲植固党基，则必以热诚之士为中坚，若能使此辈心悦诚服，则尽瘁御侮，其势莫之与抗。若失其心而使之立于敌位，则不能以其无拳无勇也而易视之，虽匹夫可以使政府旰食矣。所谓政党运画问题者，此也。

壬子二月二十三日

（17）致陈叔通、黄溯初、张东荪、张君劢书*

叔通①、溯初②、东荪③、君劢④诸公：

放园⑤南归，对于《时事新报》问题，此间之意见及进行方法，想已详达。现在情形除此亦别无办法，想诸公皆所赞同也。受主正着手交涉，有无效果殊不敢知。惟不管能售与否，周刊之改组此时便当预备。鄙意须由东荪负全部编辑之责，（放园主张用我名义，亦无不可，但事实上须东荪总揽耳。）每周出三张，第一张政谈及中外政治之纪载，（经济状况及其他杂件。）由东荪、君劢主任。第二张即"学灯"变相，（学行及教育事项。）由我主任。第三张文艺，请志摩主任。若能鼓起兴致办去，必有异彩。现在请东荪即行计画，先编一预算，每张每月（每月四张。）共须若干字，稿费几何，其余印刷纸张发行费等，皆大略估计，定一标准，务赶至十三年一月出第一号，（能提早更佳，早一月则报馆基金多留得一月也。）至此间所进行，能成固佳，不成亦听之，有万余金之基金办一周刊，想必能支也。内中惟"政谈"一门方针颇须商酌，（鄙见主张承认宪法，廓清选举。）求共同一致，若决定办后，当更熟商也，如何之处，幸示及。

＊《梁启超全集》注写于"1923 年 3 月 18 日"。

① 陈叔通（1876—1966），清末翰林，浙江杭州人。

② 黄群（1883—1945），字溯初，浙江温州人。

③ 张东荪（1886—1973），原名万田，笔名圣心，浙江杭州人。

④ 张君劢（1887—1969），原名嘉森，江苏宝山（今上海）人。

⑤ 刘道铿（1883—1957），字放园，福建闽侯（今福州）人。

后　记

本书所录文章，大部分参考了《梁启超全集》。《梁启超全集》总共二十集，由汤志钧、汤仁泽历经 30 余年辛苦工作最终编成，2018 年由中国人民大学出版社出版。在此向尊敬的汤氏父子表示衷心的感谢！

本书正文部分共收录 61 篇，其中包括 10 余篇《梁启超全集》未收的文章，如《报馆考略》（1895 年 9 月）、《本报改定章程告白》（1899 年 4 月）、《中国各报存佚表》（1901 年 12 月）、《丛报之进步》（1903 年 2 月）、《〈新闻学撮要〉序》（1924 年 12 月）等。

本书正文部分，分三编：上编为戊戌变法时期，凡 8 篇；中编为流亡海外时期，凡 37 篇；下编为民国时期，凡 16 篇。所录各篇文章皆以发表时间为序，同期发表者则以版面前后为序。

本书在正文之外，还有"附录"部分，其中主要是 17 通书信。这些书信多涉及梁启超的办报活动，对其报刊思想的理解也不无裨益。读者诸君可与正文部分相参照，必能有所发现。

此外，我们对本书中涉及的一些人物、报刊和事件，以及少量的生僻词汇、外来语，作了简单的注释，供读者诸君参考。本书在编辑过程中，一定存在若干疏漏之处，这由编者负全责。敬请各位读者不吝赐教!

　　武汉大学出版社的徐胡乡女士是本书的责任编辑,从立项开始,直到书稿付印,她都认真负责,有问必答。在此,对徐女士的敬业精神表示衷心的感谢! 新闻与传播学院研究生唐轶、全椹梓、文爽、王琦、吴丹、楚娟、张钊等同学,也参与了部分的资料搜录工作,一并致谢!

编者

2023 年 8 月于珞珈山